Rudolf Steiner

Der anthroposophische Weg

Herausgegeben von
Kurt E. Becker, Friedrich Hiebel
und Hans-Peter Schreiner

Fischer Taschenbuch Verlag

Perspektiven der Anthroposophie

Herausgegeben von
Johannes M. Mayer und Wolfgang Niehaus

Ungekürzte Ausgabe
Fischer Taschenbuch Verlag
September 1983
Umschlaggestaltung: Jan Buchholz / Reni Hinsch
Fischer Taschenbuch Verlag GmbH, Frankfurt am Main

Die Originalausgabe erschien 1982 in der Reihe ›Geist und Psyche‹,
herausgegeben von Nina Kindler, im Kindler Verlag, München
Druck und Bindung: Hanseatische Druckanstalt GmbH, Hamburg
Printed in Germany
880-ISBN-3-596-25504-X

Inhalt

KURT E. BECKER/HANS PETER SCHREINER

Vorwort

„. . . Aufhören müßte die Anmaßung und der Hochmut derer, die sich als Praktiker dünken und die doch durch ihren als Praxis maskierten engen Sinn das Unglück herbeigeführt haben. Berücksichtigt müßte werden, was die als Idealisten verschrienen, aber in Wahrheit wirklichen Praktiker über die Entwicklungsbedürfnisse der neuen Zeit zu sagen haben."

RUDOLF STEINER (1919)[1])

Die Ankündigung einer globalen Katastrophe zum Ende dieses Jahrhunderts ist lange fast ausschließlich den philosophischen Untergangspropheten vorbehalten gewesen. Heute ist die Angst vor einem möglichen Untergang ein Symptom, das bis in die Wohnzimmer vorgedrungen ist: ökologisch in ein stabiles Ungleichgewicht manövriert, ökonomisch aus allen Fugen geraten, durch den Rüstungswahn an den Rand der »Selbstvernichtung auf einen Schlag« getrieben, rast das »Raumschiff Erde« mehr denn je in eine ungewisse Zukunft hinein.

Die Existenz der Erde ist bedroht. Fraglos. Keinesfalls muß sie aber zwangsläufig untergehen. Jedenfalls dann nicht, wenn die Menschheit zur Wandlung bereit und fähig ist.

DESCARTES' Rationalismus, der das Dasein als Folge des Denkens beschrieb, kündigte im 17. Jahrhundert das Aufkommen des positivistischen Weltbildes an. Zum Ende dieses Jahrtausends kann nur die Atomisierung, Ergebnis angewandter positivistischer Wissenschaft, das logische materialistische Ende der Menschheit bedeuten, wenn keine neue Mutation wirksam wird. JEAN GEBSER, der Schweizer Kulturphilosoph[2]), hat an das Ende unserer von ihm als »mental« bezeichneten Epoche eine Mutation gestellt – die Mutation in ein neues Zeitalter: »Denn nur eine gänzliche Neueinstellung«, meint Gebser, »und nicht irgendwelche sektorhafte Teilreform [Reformen sind ja stets nur Wiederbelebungsversuche] würden einen Weiterbestand der Erde und der Menschheit verbürgen –, dann werden die Auswirkungen der defizienten Reste einer selber defizienten Epoche wie der unseren bald Formen annehmen, ja, dann müssen sie Formen annehmen, denen gegenüber die bisherigen Ereignisse wahrscheinlich ein Kinderspiel gewesen sind. Wenn man nüchtern darauf vorbereitet ist, liegt darin nichts Erschreckendes. Erschrecken werden nur die, die sich getroffen fühlen, und sie werden auch die Betroffenen sein.«[3])

Jean Gebser hat klar, logisch und nüchtern Abstieg und Wandel angekündigt, als gerade Spengler[4]) dem Untergang des Abendlandes auf ganz andere Weise gehuldigt hatte – und wenige Jahre zuvor eine der schillerndsten und umstrittensten Figuren der »mentalen Epoche« den Übertritt in die neue Zeit vorzeichnen half: Rudolf Steiner. Dieser vermittelt einen Weg zu höherer Erkenntnis, der für jeden begehbar ist, der sich darum müht. Die Entwicklung zum idealen Menschen ist bei Steiner nicht philosophisch-seherisch geblieben: Steiners Anthroposophie ist die einzige umfassende Weltanschauung, die in den bald sechzig Jahren seit dem Tod ihres Begründers immer wieder praktische Beispiele aufgezeigt hat, die sich im Alltag bewährt haben. Die Erfahrungen mit der Steinerschen Pädagogik (Waldorfschulen), mit der biologisch-dynamischen Landwirtschaft oder mit der anthroposophischen Medizin (vgl.: Kurt E. Becker u. Hans-Peter Schreiner *Anthroposophie heute*, Reihe »Geist und Psyche«, Band 2224) haben Perspektiven aufgezeigt, die dem Weltbild Rudolf Steiners als ihrer Grundlage eine entscheidende Bedeutung für eine mögliche Neuorientierung unserer Gesellschaft zuweisen können.

Steiners Weltbild, sein »Bewußtsein von Menschentum« (Anthroposophie), sein Wissen über Herkunft, Entwicklung, Leib, Seele und Geist des Menschen, über Wiedergeburt (Reinkarnation) und Schicksal (Karma) als Grundlage der anthroposophischen Praxis gewinnen zunehmend an Bedeutung. Die Abwendung vom rein positivistischen Denken und die Hinwendung zum Geistigen im Menschen, die Steiner forderte, bedeutet eine Hinwendung zur Menschlichkeit, von der wir uns in der Gegenwart immer mehr entfernt haben.

Steiner ist, um mit Friedrich Hiebel[5]) zu sprechen, ein

»unsentimental ausgesprochenes Prinzip Hoffnung« geworden. »Die Hoffnung nämlich, daß der Geist – als göttlicher Keim und Same, der in jeden Menschen gelegt ist – aufgehen kann und wird. Aber das geschieht eben doch innerhalb des ganzen Dramas – im Kampf und durch die allmähliche Überwindung der abirrenden Kräfte, die den Menschen immer wieder hindern wollen, zu seinem wahren und besseren Selbst zu gelangen.«[6]) Das im Menschen vorhandene Geistige muß erweckt werden; durch Schulung der Seele soll der Mensch zur geistigen Erkenntnis gelangen. »Von der Hebung der geistigen Werte im Westen hängt es ab, ob die Menschheit das Chaos von heute meistert oder ob sie hilflos in demselben weiter irren muß.«[7])

Die Anthroposophie will praktisch verstanden werden und nicht als das »utopisch-mystische Schwärmen unpraktischer Leute«.[8])

Die praktische Arbeit der anthroposophisch orientierten Schulen, der landwirtschaftlichen Betriebe und der Kliniken hat den Vorwurf der Schwärmerei längst widerlegt. Anthroposophische Erkenntniswege dagegen werden auch heute noch vielfach in die Bannmeile dieser Schwärmerei zurückgedrängt. Eigentlich ist der Vorwurf, utopisch zu sein, jetzt denen zu machen, die glauben, daß unsere augenblickliche Weltkonstellation, unsere Gesellschaftsform unersetzbar und unverrückbar sei. All die Systeme, die angeblich nicht wandelbar sind, weil sie »die besten sind, die wir je hatten«, degradieren sich vielfach nur noch zur verbalen Phrase, der jeglicher Geist entzogen ist. ». . . Die Phrase ist heute das Kennzeichen des öffentlichen Lebens, die Parteien prägen die Phrasen. Sie agieren mit Phrasen, sie finden Glauben in den Phrasen . . . Die Phrase betäubt. Sie zieht die Menschenseelen in ihren Bann. Diese glauben, durch sie könnten sie das öffentliche Leben meistern. Man wird aber nicht eher zu einer Gesundung kommen, als bis eine genügend große Anzahl von Menschen die Phrase in ihrer Lebensunfruchtbarkeit erkannt haben. Bis dahin wird man die Wurzel der gegenwärtigen Völkerkrankheiten nicht einmal sehen können.«[9])

Als Krankheitssymptom unserer Zeit sieht Steiner nicht allein die Oberflächlichkeit der Phrasen, sondern auch die Schwierigkeit für den einzelnen, im anderen den Menschen, den Partner zu finden, weil er nicht das Geistige im Gegenüber sieht: »Wie viele junge Leute sind heute da, die wirklich mit dem

Bewußtsein, nirgends verstanden zu werden, einsam durch die Welt ziehen.«[10]) Diese Einsamkeit der aufmüpfigen Jugend in einer statischen Gesellschaft kann nur durchbrochen werden durch den eisernen Willen, »zusammenzuhalten, richtig zusammenzuhalten«, meinte STEINER 1924 in Breslau. »Da können wir gar nicht immer darauf hinschauen, ob der eine ein bißchen eine andere Meinung hat als man selber. Es handelt sich wirklich darum, daß man sich zusammenfindet, auch in der größten Differenz der Gefühle und Empfindungen.«[11])

Die europaweite Friedensbewegung der Jugend, die sich jetzt zusammengefunden hat, erkennt und realisiert, was schon die Pfadfinder und die Wandervögel zu STEINERS Lebzeiten gewollt haben: persönliche Differenzen zu überwinden, um etwas zu bewegen. STEINER damals: »Es ist ja heute für den jungen Menschen wirklich so, daß er vor allen Dingen vermißt, den Menschen zu finden. Er fand unter denen, wo er hineingesteckt wurde, eben nicht den Menschen, weil der Mensch erstorben ist. Masken sind da, nicht Menschen. Überall Masken! Nun trat natürlich das hervor, was hervortreten mußte. Man suchte den Menschen! Und das ist etwas ungeheuer Ergreifendes. Denn all die verschiedenen Pfadfinderbewegungen, Wandervogelbewegungen und so weiter sind alle ein Suchen nach dem Menschen. Man sucht sich zusammenzuschließen. Jeder sucht beim anderen den Menschen . . .«[12])

Phrasen, Geistlosigkeit, Maskenhaftigkeit, Un-Menschlichkeit als Manifestationen unserer Gesellschaft, deren Zusammenbruch auch RUDOLF STEINER noch für dieses Jahrhundert befürchtete, sind äußere Zeichen des oft nur noch auf das Materielle reduzierte Streben des »Zivilisations«-Menschen. Noch ein äußeres Zeichen des Verfalls: die Unfähigkeit zum echten Kompromiß, die Unfähigkeit, von sich aus einzulenken. Dein Standpunkt, mein Standpunkt. Und dazwischen? Meist nichts. Die Menschen, hat STEINER gesagt, gehen alle aneinander vorbei. »Es kann nicht einmal einer mit dem anderen leben, weil keiner dem anderen zuhört. Jeder schreit dem anderen etwas in die Ohren: seine eigene Meinung. Und sagt dann, das ist meine eigene Meinung, das ist mein Standpunkt. Man hat heute wirklich lauter Standpunkte. Mehr Inhalt ist nicht da, denn das, was von den Standpunkten aus geltend gemacht wird, ist gleichgültig . . .«[13])

Wir stehen, um noch einmal GEBSERS Gedanken aufzugreifen,

an der Schwelle zum Wandel oder zum Untergang. Perspektiven für diesen Wandel bietet die Anthroposophie. RUDOLF STEINER, sein Weg, sein Denken können über eine mögliche Katastrophe, sei sie ökologischer oder militärischer oder sonstwie gearteter Natur, hinausweisen, vielleicht gar können sie mithelfen, die Katastrophe zu verhindern. Im Abstieg unserer Epoche bietet die Anthroposophie praktikable Möglichkeiten einer Überwindung und Neuformierung.

Dieser Band soll in das Werk STEINERS, sein Bild vom Menschen einführen. Die Auswahl der Texte begründet FRIEDRICH HIEBEL in der folgenden Einleitung.

In einem Nachwort (S. 175) wird die Frage aufgeworfen, was die Anthroposophie zur Überwindung der Menschheitskrise beitragen kann.

Dank gebührt der Rudolf Steiner-Nachlaßverwaltung in Dornach, die uns so großzügig die Möglichkeit gegeben hat, die Texte RUDOLF STEINERS in dieser Auswahl zu veröffentlichen.

FRIEDRICH HIEBEL

Einleitung

Die folgenden Texte stammen ausnahmslos aus dem Teil des Gesamtwerkes von RUDOLF STEINER, der seit mehr als einem halben Jahrhundert weltweite Verbreitung findet und sich von vornherein an die Öffentlichkeit wendet. RUDOLF STEINER äußerte sich am Ende seines Erdenwirkens in der Selbstbiographie *Mein Lebensgang* über die Geisteshaltung, die dem für den Buchdruck bestimmten Teil seines Werkes eigen ist – im Gegensatz zu den Vortragsveröffentlichungen innerhalb der über 350 Bände umfassenden Gesamtausgabe. »Wer mein eigenes inneres Ringen und Arbeiten für das Hinstellen der Anthroposophie vor das Bewußtsein der gegenwärtigen Zeit verfolgen will, der muß das an Hand der allgemein veröffentlichten Schriften tun. In ihnen setze ich mich auch mit alledem auseinander, was an Erkenntnisstreben in der Zeit vorhanden ist . . . Die ganz öffentlichen Schriften sind das Ergebnis dessen, was in mir rang und arbeitete.«

An anderer Stelle seiner autobiographischen Aufzeichnungen sagt er: »Ein richtig verfaßtes anthroposophisches Buch soll ein *Aufwecker* des Geistlebens im Leser sein, nicht eine Summe von Mitteilungen . . . Ich schildere dem Stile nach nicht so, daß man in den Sätzen mein subjektives Gefühlsleben verspürt. Ich dämpfe im Niederschreiben, was aus Wärme und tiefer Empfindung heraus ist, zu trockener, mathematischer Stilweise. Aber *dieser* Stil kann allein ein Aufwecker sein, denn der Leser muß Wärme und Empfindung in sich selbst erwachsen lassen.«

Die Haltung solcher schriftstellerischen Intention fordert im Leser die Freiheit selbständiger Urteilsbildung heraus und appelliert an das eingeborene Wahrheitsempfinden, das sich durch unbefangene Vorurteilslosigkeit aus dem Wesenskern der menschlichen Individualität zu entfalten vermag.

Das Lebensgeschick ließ Rudolf Steiner, Sohn eines österreichischen Eisenbahntelegraphisten, auf Stationsgebäuden inmitten der damalig fortschrittlichsten Technik aufwachsen. Er widmete sich als Student der Technischen Hochschule in Wien dem Studium der mathematisch-physikalischen Wissenschaftsdisziplinen. Dies verband er gleichzeitig mit einem sich stetig steigernden Einleben in die Philosophie.

Der Fünfundzwanzigjährige schrieb bereits als Herausgeber der Naturwissenschaftlichen Schriften Goethes – noch vor seiner Doktorpromotion – sein erstes Buch über *Die Grundlinien einer Erkenntnistheorie der Goetheschen Weltanschauung.* Es erschien damals (1886) als erster Meilenstein schöpferischer Eigenständigkeit. Der junge Philosoph vermochte – auf der Grundlage seiner mathematischen Denkdisziplin in Verbindung mit dem physikalischen Erfahrungsbereich der Elektrotechnik als Erkenntnistheoretiker – die in ihm urtümlich veranlagte Gedankenseherkraft so zu vereinen, daß sich diese fortan aus seiner einheitlichen Bewußtseinslage individuell steigern konnte.

Die »trockene, mathematische Stilweise«, zu der er sich bekannte und die er folgerichtig bis an sein Lebensende weiter entwickelte, gehörte zur einzigartigen Signatur seines schöpferischen Ingeniums.

Es gibt, namentlich innerhalb unseres Jahrhunderst, eine größere Anzahl von Persönlichkeiten, die sich auf Einsichten ihrer Sehergaben zu bestimmten Kulturmissionen berufen fühlen. Was unterscheidet Rudolf Steiner von allen Heilsaposteln und Kultpredigern, Okkultisten und Mystikern östlicher oder westlicher Herkunft grundsätzlich, von vornherein und ein für allemal?

Bringen wir es auf die einfachste Formulierung, die alle weiteren Subtilitäten einzuschließen vermag: Er drang von Anfang an mit seinen seherisch veranlagten Seelenkräften in die Denkdisziplinen der höheren Mathematik ein und beschäftigte sich erkenntnismäßig als Naturwissenschaftler mit den physikalischen Gesetzmäßigkeiten der Elektrizitätslehre, um auf der Basis dieser Erkenntisgrundlage methodisch die verborgenen Schichten des Seelenseins und Geisteswirkens Schritt für Schritt zu enthüllen.

In einem Autoreferat eines Kongreßvortrages in Amsterdam (am 21. Juni 1904) über »Mathematik und Okkultismus«[1])

schrieb RUDOLF STEINER zu Beginn seines geisteswissenschaftlichen Wirkens: »Das ist das Wesentliche der mathematischen Anschauung, daß mich ein einzelnes sinnliches Gebilde über sich selbst hinausführt, daß es mir nur Gleichnis sein kann für eine umfassende Tatsache. Und dabei bleibt doch wieder die Möglichkeit bestehen, daß ich das Geistige auf diesem Gebiete zu sinnlicher Anschauung bringe. An dem mathematischen Gebilde kann ich auf sinnliche Art übersinnliche Tatsachen kennenlernen. Das war für PLATO das Wichtige. Die Idee muß rein geistig angeschaut werden, soll sie in ihrer wahren Wesenheit erkannt werden. Dazu kann man sich erziehen, wenn man im Mathematischen die Vorstufe dazu übt, wenn man sich klar macht, was man eigentlich an einem mathematischen Gebilde gewinnt.– Lerne an der Mathematik, dich frei zu machen von den Sinnen, dann kannst du hoffen, zur sinnenfreien Ideen-Erfassung aufzusteigen – das wollte PLATO seinem Schüler einprägen.«

An anderer Stelle dieses Aufsatzes heißt es: »So wahr es ist, daß in allem Naturerkennen nur so viel wahres Erkennen ist, als Mathematik in ihm lebt, so wahr ist es, daß auf allen höheren Gebieten nur dann Erkennen erworben werden kann, wenn dieses nach dem Muster des mathematischen Erkennens sich gestaltet.« In bezug auf die Infinitesimalrechnung weist STEINER auf ein erkenntnismäßiges Grenzgebiet. »Wir werden mathematisch aus dem Sinnlich-Anschaulichen hinausgeführt, und wir bleiben dabei so sehr im Wirklichen, daß wir das Unanschauliche berechnen. Und haben wir gerechnet, dann erweist sich das Anschauliche als das Ergebnis unserer Rechnung aus dem Unanschaulichen heraus. Mit der Anwendung der Infinitesimalrechnung auf die Naturvorgänge in Mechanik und Physik vollziehen wir in der Tat nichts anderes, als daß wir Sinnliches aus Übersinnlichem errechnen.«

Den ersten Beitrag aus dem Schrifttum RUDOLF STEINERS entnehmen wir dem Buch *Theosophie. Einführung in übersinnliche Welterkenntnis und Menschenbestimmung*, das in der Erstauflage 1904 erschien. Es war die erste größere Buchveröffentlichung nach Übernahme des Generalsekretariats der Deutschen Sektion der Theosophischen Gesellschaft. Es ist aber in jeder Hinsicht in bezug auf den Inhalt sowie die Form ein eigenständiges Werk des Begründers der anthroposophischen Geisteswissenschaft.

Warum Rudolf Steiner keinen Grund einer späteren Titeländerung seines Buches sah, nachdem er 1913 mit der Begründung der Anthroposophischen Gesellschaft den äußerlichen Trennungsstrich deutlich gezogen und mit der Darstellung seiner Anthroposophie rückhaltlos begonnen hatte, geht aus vielfachen Darstellungen hervor. »Das Höchste, zu dem der Mensch aufzublicken vermag, bezeichnet er als das ›Göttliche‹. Und er muß seine höchste Bestimmung in irgendeiner Art mit diesem Göttlichen in Zusammenhang denken. Deshalb mag wohl auch die über das Sinnliche hinausgehende Weisheit, welche ihm sein Wesen und damit seine Bestimmung offenbart, ›göttliche Weisheit‹ oder *Theosophie* genannt werden. Der Betrachtung der geistigen Vorgänge im Menschenleben und im Weltall kann man die Bezeichnung *Geisteswissenschaft* geben. Hebt man aus dieser, wie in diesem Buche geschehen ist, im besonderen diejenigen Ergebnisse heraus, welche auf den geistigen Wesenskern des Menschen sich beziehen, so kann für dieses Gebiet der Ausdruck ›Theosophie‹ gebraucht werden, weil er durch Jahrhunderte hindurch in einer solchen Richtung angewendet worden ist.«

In einem Aufsatz, den Steiner zwei Jahre nach dem Erscheinen seiner *Theosophie* als Autoreferat eines in Paris gehaltenen Vortrages vom 4. Juni 1906 niederschrieb und den er »Theosophie in Deutschland vor hundert Jahren« nannte[2]), wird gerade in Frankreich während eines Kongresses der Theosophischen Gesellschaft auf die ununterbrochene Geistesströmung hingewiesen, die sich von Werken der großen Mystiker wie Paracelsus, Jakob Böhme und Angelus Silesius herleitet, in den Gedankenwelten von Lessing, Herder, Goethe, Schiller, Novalis, Fichte, Schelling und Hegel fortsetzte und sich in Joseph Ennemoser, Gotthilf Heinrich Schubert, Carl Gustav Carus, Justinus Kerner und am unmittelbarsten in Ignaz Paul Vital Troxler zur letzten Kulmination erhob.

Aus dieser Geisteshaltung ist es verständlich, daß die ersten Sätze im Einleitungskapitel der *Theosophie* einem ausführlichen Zitat aus Fichtes Wissenschaftslehre entnommen sind.

Jeder Mensch kann sich die Erkenntnis höherer Seinsgebiete erwerben, weil der Weg zum übersinnlichen Bewußtseinserleben durch das Denken gehen muß. Die Gedankenkraft ist einem jeden Menschenwesen eigen. Wird sie nicht zur ständigen Selbstkontrolle geübt, dann verfällt das Seelenleben mediumistischen, somnambulen und hypnotischen Mächten, welche die Ich-Kraft verdunkeln oder ausschalten. Anstatt das Bewußtsein zu erhöhen, drohen sie den Menschen in seinem Wesen der freien Erkenntnis zu erniedrigen.

Die Gedanken haben aber in der Reinheit ihres Wesens eine Kraft des dauernden Weiterwirkens. In ihrer bloß intellektuellen Anwendung auf Sinneswahrnehmungen erscheinen sie von dem schöpferischen Weltengrund abgezogen und sind in ihrer Abstraktion nur vorbeihuschende Schatten. Aber in der Vertiefung auf ihr Wesen kraften sie als schaffende Wirklichkeiten, die ihre Wirkensweise steigernd offenbaren.

Der Pfad, der zur Erkenntnis höherer Daseinsreiche den Weg weist, ist zugleich der begnadende Schutzgeist, der den wahren Willen zur menschlichen Freiheit erwecken hilft. »Denn Freiheit ist Handeln aus sich heraus. Und aus sich darf nur handeln, wer aus dem Ewigen die Beweggründe schöpft. Ein Wesen, das dies nicht tut, handelt nach anderen Beweggründen, als den Dingen eingepflanzt sind. Ein solches widerstrebt der Weltordnung.« Das Wesen des Menschen verbaut sich auf diese Weise den Weg zu seiner eigenen Freiheit. Unfreiheit aber, die sich in Willkür des Individuellen ausleben will, fällt der Vernichtung anheim.

Unter all den mannigfaltig auftretenden Okkultisten, die ihre Heilpraktiken und Seelenübungen anpreisen, unterscheidet sich Rudolf Steiner aus unvergleichbarer Distanz geistiger Überhöhung, weil er den Weg des unbeirrbaren Denkers mit beispielloser Folgerichtigkeit von allem Anfang bis zum letzten Ende geht. Dies zeigt in programmatischer Denkmethodik der Aufsatz über »Philosophie und Anthroposophie«, dem ursprünglich ein in Stuttgart gehaltener Vortrag zugrunde liegt und der vom Vortragenden wegen der methodischen Wichtigkeit der denkerischen Aussagen alsbald für die Druckveröffentlichung ausgearbeitet wurde. Die erste Veröffentlichung als Schrift erschien im Jahre 1908, dem zehn Jahre später eine erweiterte Ausgabe folgte.

Die Schrift, die eine philosophische Rechtfertigung der anthroposophischen Erkenntnisanschauung ist, stellt zugleich einen genialen Abriß der Entwicklung des Aristotelismus durch die nachfolgenden zwei Jahrtausende hin und erscheint auf diese Weise als ein skizzierter Abriß der Entfaltung des abendländischen Denkens von den griechischen Anfängen bis zur Gegenwart.

Die Erkenntnis, die den Menschen einerseits zu dem Inneren seines Wesens führt und die ihm anderseits in der Natur gegenübertritt, muß sich von zwei Einseitigkeiten frei zu halten wissen, die sich ihm als gefährliche Irrwege erweisen. Es sind die beiden Extreme, die sich entweder in ausschließlicher Vertiefung in die Mystik oder in einem schrankenlosen Geltenlassen des naturwissenschaftlich Erfahrbaren zum Ausdruck bringen.

»Anthroposophie«, so heißt es im Hinblick auf diese zwei Einseitigkeiten, in die sich menschliches Erkennen den Ausweg zu verrammeln droht, »will den Menschen nicht von der Wirklichkeit weg- und zu einer unwirklichen, ersonnenen Welt hinführen, sie will vielmehr eine Erkenntnisart suchen, der sich die wirkliche Welt erst erschließt. Sie muß, nach ihren Erfahrungen mit der Naturerkenntnis und der von dem gewöhnlichen Bewußtsein erlebten Mystik, zu der Anschauung sich durchringen, daß aus diesem gewöhnlichen Bewußtsein heraus ein anderes zu entwickeln ist, etwa so, wie aus dem dumpfen Traumbewußtsein das wache Tagesbewußtsein. Für die Anthroposophie würde dadurch der Erkenntnisvorgang ein innerlich wirkliches Geschehen, das hinausführt aus dem gewöhnlichen Bewußtsein, während Naturerkenntnis nur ein logisches Urteilen und Schließen dieses gewöhnlichen Bewußtseins aufgrund der von außen gegebenen materiellen Wirklichkeit, und Mystik nur ein vertiefteres Innenleben, aber doch ein solches ist, das innerhalb des gewöhnlichen Bewußtseins stehenbleibt.«

Die Ausführungen über »Goethes Faust als Bild seiner esoterischen Weltanschauung« wurden 1902 veröffentlicht, zur Zeit, als Rudolf Steiner gerade die Leitung der deutschen Sektion der Theosophischen Gesellschaft übernahm und von Berlin aus die Tätigkeit für die Verbreitung seiner anthroposophischen Geisteswissenschaft begann. Die kleine Schrift, die dann 1918 durch hinzugefügte Betrachtungen erweitert wurde und jetzt unter dem Titel *Goethes Geistesart* vorliegt, bildet die unmittelbare Brücke zu den vorangegangenen Goethe-Studien, wie diese sich durch die Herausgabe der Naturwissenschaftlichen Schriften (1883–1897) und das Buch *Goethes Weltanschauung* (1897) dokumentiert hatten.

GOETHES Faustdichtung begleitete RUDOLF STEINER seit den Studentenjahren auf der Technischen Hochschule in Wien unter der schicksalhaften Leitung des dortigen Literarhistorikers KARL JULIUS SCHRÖER.

Der Fünfundzwanzigjährige schrieb in seiner Erstlingsschrift *Grundlinien einer Erkenntnistheorie der Goetheschen Weltanschauung* (1886), die wissenschaftlich erkennende und die künstlerisch gestaltende Tätigkeit beruhten darauf, daß der Mensch vom Geschaffenen zum selbständigen Schaffen sich zu erheben vermag. Das Ziel wahrer Wissenschaft und echter Kunst liege in der Überwindung der Sinnlichkeit durch den Geist, wenn in beiden das *Was* des Stoffes durch das *Wie* der Form besiegt werden kann.

Das ist faustisches Ringen um die schöpferisch-göttliche Freiheit des Ich. »Den Menschen als auf sich selbst gegründete, freie Persönlichkeit zu begreifen«, bleibt das Anliegen des Dreißigjährigen, der in seinem Buch *Wahrheit und Wissenschaft* (1892) auf den Grundzug des Freiheitsbewußtseins hinwies, die Gesetzmäßigkeit menschlichen Handelns zur Grundlage der Erkenntnis zu machen.

So drückt sich das Faust-Problem weiterhin im Buch *Goethes Weltanschauung* (1897) in paradigmatischen Sätzen aus: »In jeder einzelnen menschlichen Individualität vollzieht sich der Prozeß, der im Ganzen der Natur sich abspielt: die Schöpfung eines Tatsächlichen aus der Idee heraus. Und der Mensch selbst ist der Schöpfer. Denn auf dem Grunde seiner Persönlichkeit lebt die Idee, die sich selbst einen Inhalt gibt.«

Folgerichtig über GOETHES Naturanschauung hinausgehend wird zur Darstellung gebracht, daß in jeder menschlichen Individualität der Prozeß wiederholt wird, durch den die Natur aus der Idee heraus alle Geschöpfe hervorbringt. In seinem sittlichen Handeln verwirklicht sich der Mensch selbst. Die Erkenntnis des Menschen, der in seinem Tun auf sich selbst gestellt ist, geht aus der Anschauung der eigenen Wesenheit hervor, die sich in das Unbegrenzte steigern und erweitern kann.

GOETHE gelang eine kopernikanische Wende im Bereich der Erkenntnis der organischen Welt. Auf dem Gebiete philosophischer Erkenntnislehre und Ethik hat er bekanntlich nichts Bahnbrechendes geleistet, weil in seinem Wesen eine Abneigung gegen Selbsterkenntnis verankert war. Die Erkenntnis des Menschen als einer freien, auf sich selbst gegründeten Persönlichkeit liegt jedoch im Weltbild GOETHES durchaus als Keim vor. Ein solcher Erkenntniskeim schließt die Weltdichtung ein, die in den Worten des sterbenden Faust als »der Weisheit letzter Schluß« ausklingt:

»Nur der verdient sich Freiheit wie das Leben,
Der täglich sie erobern muß.«

Die Vielzahl der Vorträge und Aufsätze über GOETHES *Faust* bleiben bei RUDOLF STEINER niemals in buchstabengetreuer Erklärung bloß rückwärtsgewandter Textkritik. Sie sind Deutungen und Winke aus seherischer Schau, die über die Philologie hinaus zu den urbildlichen Schöpferquellen vordringen.

Zum Bedeutendsten dessen, was die Faustforschung RUDOLF STEINERS unter der Vielzahl neuer Deutungen gebracht hat, gehört die Durchleuchtung der Mephistopheles-Gestalt in ihrer Doppelnatur der diabolisch-luziferischen Verführungsmacht und der satanisch-ahrimanischen Verirrungsgewalt.

Mitten in die Weimarer Zeit seiner GOETHE-Studien und Faust-Erfassungen fiel das denkerische Hauptwerk RUDOLF STEINERS: *Die Philosophie der Freiheit (Grundzüge einer modernen Weltanschauung)* 1894.

Es ist ein Buch der Menschheitswissenschaft. Als solches enthält es bereits den Inhalt der Anthroposophie als rein gedanklichen Grundriß. Es ist ein Wegweiser auf dem Entwicklungsgang des Menschen. Es deutet auf die Werdestufen des Menschen mit dem Ausblick auf das Höchstziel, das sich mit dem Ideal des ethischen Idealismus zum Ausdruck bringt.

Individuell geartet ist in uns, was sich aus der Summe der Ideen als unsere eigene Welt entfalten kann. »Das Ausleben dieses Gehalts ist die höchste moralische Triebfeder und zugleich das höchste Motiv«, denn »das Individuelle in mir ist nicht mein Organismus mit seinen Trieben und Gefühlen, sondern das ist die einige Ideenwelt, die in diesem Organismus aufleuchtet.«

Dreifach ist der Mensch in die Erdenwelt hineingestellt. Durch den Leib ist er ein Wesen der Natur. Durch die Gesellschaftsordnung, in die er seelisch hineingestellt ist, wird er zu einem gesetzmäßig handelnden Wesen erzogen und lebt im legal geordneten Verhalten zu seinen Mitmenschen. Erst als Persönlichkeit aber gewinnt er sich im Ich als ein Wesen der *Freiheit*, das er nur aus sich selbst machen kann, und zwar im Vollzug einer Sittlichkeit, die im Sinne des ethischen Individualismus sich in der *Liebe* zur Handlung jeweils verwirklicht.

Die Menschheitswissenschaft, wie sie *Die Philosophie der Freiheit* im Umriß entwirft, erkennt den wahren Menschen in dessen Entwicklungsziel als Geist der Freiheit und der Liebe.

Was die Freiheitsphilosophie im rein Ideellen als Prinzip der Entwicklung des menschlichen Bewußtseins aufweist, stellt *Die Geheimwissenschaft im Umriß* (1910) vom Standpunkt des Sehers dar, dem sich der Bau der Menschheit in imaginativer Anschauung offenbart.

Auch hier, im Anfangs- und Grundkapitel »Wesen der Menschheit«, kreist die Darstellung um den Mittelpunkt der Ichheit. Dem aufmerksamen Leser geht dies auf, wenn er bemerkt, wie mehr als zwei Drittel des gesamten Abschnittes von diesem Mittelpunkt aus den Inhalt der Aussage unmittelbar entscheiden.

Die auf diese Weise bewirkte Wendung beginnt mit dem Augenmerk auf den Gegensatz zur Tierheit. Beim Tier ist die Veranlassung zu einer Handlung so zu beobachten, daß sie stets außerhalb oder innerhalb des Leibeslebens liegt. Beim Menschen geht der Ursprung einer Handlung über das Animalisch-Naturhafte hinaus. Wenn dies nicht so wäre, gäbe es keinen eigenen Bereich menschlicher Sittlichkeit. Anders aber als in der *Philosophie der Freiheit* wird hier auf die Entwicklungsmöglichkeit zur Verwirklichung der sittlichen Selbstbestimmung verwiesen. Es wird der Blick auf das Phänomen gelenkt, daß der Mensch im Gegensatz zum Tier in seinen leibesbedingten Funktionen (wie z. B. Hunger und Durst) etwas Bleibendes erlebt. In dieser Erfahrung eines Dauernden, im Erlebnis einer bleibenden Wiederholung, dämmert das erste primitive Ichgefühl auf. Der Mensch erinnert sich an die vergangene Lust der vollzogenen Nahrungsaufnahme, während er diese Lust gegenwärtig wieder wahrnimmt.

Der Trieb, den er mit dem Tier gemeinsam hat, läßt den Menschen nicht nur von Augenblick zu Augenblick *treiben*, sondern will auch erinnert *bleiben*. Was dieses Bleibende erlebt, das ist das Ich. »Mit dem Gewahrwerden eines Dauernden,

Bleibenden im Wechsel der inneren Erlebnisse beginnt das Aufdämmern des ›Ichgefühls‹.«

Es wird deutlich, daß mit diesen Hinweisen der Blick auf den frühesten Selbstbewußtseinsvorgang des Primitiven gelenkt wird, wobei es STEINER in erster Linie darum geht, auf den Wesensunterschied zwischen Tier und Mensch aufmerksam zu machen.

Von dieser fundamentalen Feststellung aus entfaltet sich vor unseren Augen das Drama der gesamten Ich-Entwicklung des Menschen. Es erhält seinen Mittelpunkt in der inneren Wesensbeziehung mit der waltenden Welt der göttlichen Geistigkeit. »Der Mensch kann in sich ein Göttliches finden, weil sein ureigenstes Wesen dem Göttlichen entnommen ist.« Das Ich, das jeder Mensch nur zu sich selbst sagen kann, weil es von allem Äußeren unabhängig existiert, ist im Sinne der biblischen Heilsbotschaft die Bezeichnung für den unaussprechlichen Namen der Gottheit. »Hier ist das ›verborgene Heiligtum‹ der Seele. Nur ein Wesen kann da Einlaß gewinnen, mit dem die Seele gleicher Art ist. . . . Wie der Tropfen sich zu dem Meere verhält, so verhält sich das ›Ich‹ zum Göttlichen. Der Mensch kann in sich ein Göttliches finden, weil sein ureigenstes Wesen dem Göttlichen entnommen ist.«

So entfalten sich die weiteren Werdestufen des menschlichen Bewußtseins aus diesem göttlich gegebenen Seinsgrund der Ichheit.

Das Kapitel »Wiederverkörperung des Geistes und Schicksal« ist ein Meisterwerk stilistischer Gedankenführung. Es hat innerhalb der verschiedenen Auflagen des Buches *Theosophie* seit dessen erstmaligem Erscheinen im Jahre 1904 die verschiedenartigsten Umarbeitungen und Erweiterungen gefunden, die dann besonders in der neunten Auflage 1918 so vielfältig wurden, daß RUDOLF STEINER im Vorwort schreiben konnte, dieser Abschnitt sei »fast ganz umgearbeitet« worden.

In der Vorrede zur dritten Auflage (die 1910 gleichzeitig mit dem Erscheinen der *Geheimwissenschaft* erschien) heißt es mit Nachdruck, daß solche Bücher vom Leser Satz für Satz erarbeitet werden müßten, wenn sie auf das richtige Verständnis stoßen. Die stilistische Formgebung der einzelnen Abschnitte ist mit voller Absicht in einer Diktion gehalten, durch die die einzelnen

Tatbestände allmählich vom Leser selbständig erlebt werden können.

»Vom Standpunkt der landläufigen Wissenschaft kann das Buch nicht beurteilt werden, wenn nicht der Gesichtspunkt zu solcher Beurteilung aus dem Buche selbst gewonnen wird. Wenn der Kritiker diesen Gesichtspunkt einnehmen wird, dann wird er freilich sehen, daß durch diese Ausführungen wahrer Wissenschaftlichkeit in nichts widersprochen werden soll. Der Verfasser weiß, daß er durch kein Wort mit seiner wissenschaftlichen Gewissenhaftigkeit hat in Widerspruch kommen sollen. – Wer noch auf einem anderen Wege die hier dargestellten Wahrheiten suchen will, der findet einen solchen in meiner *Philosophie der Freiheit.* In verschiedener Art streben diese beiden Bücher nach dem gleichen Ziele.«

In vier Hauptabschnitten vollzieht sich der methodische Gang einer Logik, die auf einem lebendigen Erfassen von Denkvorgängen beruht. Es ist ein Meisterstück geisteswissenschaftlicher Sprache, die vom Leser nicht nur eine mehrfache Wiederholung des Denkvollzugs verlangt, sondern zugleich auch eine Unbefangenheit erfordert, die bei diesen ziemlich ungewohnten Darlegungen entfaltet und erzogen werden soll. Die Schlußfolgerung der Ideen STEINERS, wonach jeder Mensch eine Gattung für sich selbst ist, soll zur innersten Überzeugung des Lesenden werden.

Im Geistigen hat der Wunsch seine ihm ureigene Lebensschrift, die er in ihrer Ausgestaltung nur durch sich selbst erhält. Er kann also als seine eigene Gattung nur von dieser selbst abstammen. Diese Art von »Abstammung« ist nicht aus diesem einen Erdenleben erklärlich. Sie weist in denkerischer Folgerichtigkeit auf eine vorangegangene Existenz. »In einem Leben erscheint der menschliche Geist als Wiederholung seiner selbst mit den Früchten seiner vorigen Erlebnisse in vorhergehenden Lebensläufen.«

Solche Früchte können Kräfte in sich enthalten, die aufbauen oder abbauen, die junge Lebenskeime enthalten oder alte, zu Ende gehende Sterbenskräfte austragen müssen. Sie bedingen in jedem Falle das Schicksal, das wir einerseits ertragen und das wir anderseits jeden Augenblick aus der Freiheit unserer Wesensgestaltung neu zu formen vermögen. Glück und Unglück, Erfolg oder Mißerfolg, Gesundheit oder Krankheit sind vom Standpunkte solcher Schicksalsbetrachtung aus Werte, die einen geistig erneuerten Wortsinn erhalten.

Haben wir in dem Kapitel über Wiederverkörperung und Schicksal eine abermalige Metamorphose der geisteswissenschaftlichen Untersuchungen, die zum Erschließen der Ich-Natur des Menschen führt, so geschieht dies wiederum mit einer unerwarteten Erweiterung in der Schrift *Die geistige Führung des Menschen und der Menschheit* (1911). Hier wird unmittelbar auf den Gottesgrund hingewiesen, der jeder Ichheit eingeborenes Eigentum ist.

Der Mensch vollbringt oftmals Taten, deren Tragweite ihm erst später aufgehen. Die Erkenntnis solcher Willensentschlüsse und Schicksalsentscheidungen erschließt sich uns in voller Klarheit meist erst in einem reiferen Lebensalter. Wir ahnen in unserer Seele eine Kraft als wirksam, die weit über unsere gegenwärtige Erkenntnismöglichkeit hinausweist. Das bleibt zunächst ein bloßes Seelenempfinden, das noch keine unmittelbare Beweiskraft in sich schließt.

Anders ist es aber, wenn der Blick auf die Tatsache gelenkt wird, daß der Mensch seine entscheidenste Bewußtseinsleistung gerade innerhalb des Zeitabschnittes vollbringt, von dem wir überhaupt keine Erinnerung besitzen. Das sind die drei ersten Kindheitsjahre. Während dieser drei Jahre entfalten sich die Fähigkeiten des aufrechten Ganges, des artikulierten Sprechens und des allmählichen Unterscheidenlernens und Denkenkönnens. Die Muskulatur des Leibes, die uns Raumorientierung ermöglicht, die Ausgestaltung des Kehlkopfes, die die Modulationsfähigkeit des Sprechens und Singens bedingt und die feinere Ausprägung aller Funktionen des Gehirnnervensystems sind bereits von Kräften geprägt, noch bevor das Kind zum ersten Selbstbewußtsein erwacht ist und sich als ein Ich gewahr wird.

Die drei Grundfähigkeiten des Gehens, Sprechens und Denkens unterscheiden den Menschen prinzipiell vom Tier. Das Kindeswesen ist innerhalb der drei ersten Lebensjahre – vom physisch-leiblichen Zustande aus betrachtet und im Gegensatz zu dem neugeborenen Tierjungen – unfertig. Es ist der helfenden Pflege bedürftig, während das Tier bereits unmittelbar nach der Geburt im Besitz seiner Fähigkeiten der Bewegungsfunktionen (Laufen, Klettern, Kriechen, Kauen, Schlucken usw.) ist.

Um dieses Kindeswesen aber, dessen Leibliches noch durchaus der pflegenden Hilfe bedarf, webt ein Höheres, ein Übermenschlich-Weiseres. Das Kind, das leiblich unfertiger als jegliches Tierjunge erscheint, wird seelisch-geistig von einem Höheren umschwebt, das viel vollkommener ist als das Bewußtsein, das der Mensch dann später besitzt.

»Der Mensch kann sich, bis zu diesem Zeitpunkte zurück, als zusammenhängendes Ich empfinden« – so prägt RUDOLF STEINER die geisteswissenschaftliche Entdeckung der Kleinkindentwicklung durch diesen Satz aus –, »weil dasjenige, was früher an die höheren Welten angeschlossen war, dann in sein Ich hineingezogen ist.«

Die Aufgabe, die der Geistesschulung erwächst, besteht darin, allmählich, Stufe für Stufe, zu diesen höheren Kräften bewußt zu gelangen, die das Kind unbewußt in ihre göttliche Hut genommen haben. Das Bibelwort „So ihr nicht werdet wie die Kinder, könnt ihr nicht in die Reiche der Himmel kommen« gewinnt hier eine umfassend neue Bedeutung. Die schöpferische Gotteswesenheit, die gesagt hat: »Ich bin der Weg, die Wahrheit und das Leben«, steht im Geisteshintergrunde der Entwicklung, die zur Entfaltung von Gehen (Weg), Sprechen (Wort, Wahrheit) und Denken (schöpferisches Regsamwerden im lebendigen Geiste) führt. So gelangt RUDOLF STEINER zu der lapidaren Aussage von umfassender Weltsichtigkeit, wenn er zum Ergebnis kommt: »Die am Menschen im Kindheitsalter wirksamen Kräfte erkennen, heißt, den Christus im Menschen erkennen.«

Die Menschheitswissenschaft im Sinne des anthroposophischen Erkenntnisweges erweist sich in ihrem Wesen aus den Aspekten aller ihrer Erkenntnisrichtungen als eine Offenbarung des menschlichen Ich. Als Apokalypse der Ich-Natur führt sie, unabhängig von jeglicher Kirchenbindung, zu einem Erschließen der biblischen Schriften, in denen die Worte der Mysteriensprache, deren Sinn wir längst verloren haben, eine uns begnadende Auferstehung gewinnen.

Das Buch *Christentum als mystische Tatsache und die Mysterien des Altertums* (1902) steht am Anfang der geisteswissenschaftlichen Tätigkeit mit der grundlegenden Erkenntnis, die mit dem Vorgang der Jordantaufe den Punkt ihres zentralen Verständnisses festhält. Dies ist nur dann zugänglich, wenn man zur

Anschauung der Ichwesenheit fähig wird, die nicht nur mit dem Leibe verbunden ist, sondern ohne denselben vor dieser Verbindung schon vorgeburtlich existiert und nach dem Tode weiter wirkt.

Im Doppelnamen *Jesus Christus* wird durch die anthroposophische Betrachtung die Menschen-Natur und Gottes-Wesenheit in deren Wechselverhältnis nicht nominalistisch abstrakt, sondern wesensgegliedert konkret. »Die Persönlichkeit des Jesus wurde fähig, in die eigene Seele aufzunehmen Christus, den Logos, so daß dieser in ihr Fleisch wurde. Seit dieser Aufnahme ist das ›Ich‹ des Jesus von Nazareth der Christus, und die äußere Persönlichkeit ist der Träger des Logos. Dieses Ereignis, daß das ›Ich‹ des Jesus der Christus wird, das ist durch die Johannes-Taufe dargestellt.«

Der Menschheitswissenschaft erschließt sich Stufe für Stufe die Gotteskunde, wenn das Werk im Sinne seines Schöpfers in der Seele des Lesers ein allmähliches Aufwecken bewirkt. Dann erschließt sich ein neuer Weg zum Mittelpunktsereignis der Menschheitsentwicklung, und das Ostergeschehen vermag sich als Mysterium von Golgatha aus tausendfältigen Betrachtungen in immer erhöhterer Geistigkeit zu eröffnen.

Rudolf Steiner

1. Der Pfad der Erkenntnis*

Die Erkenntnis der in diesem Buche gemeinten Geisteswissenschaft kann *jeder* Mensch sich selbst erwerben. Ausführungen von der Art, wie sie in dieser Schrift gegeben werden, liefern ein Gedankenbild der höheren Welten. Und sie sind in einer gewissen Beziehung der *erste Schritt* zur eigenen Anschauung. Denn der Mensch ist ein Gedankenwesen. Und er kann seinen Erkenntnispfad nur finden, wenn er vom Denken ausgeht. Wird seinem Verstande ein Bild der höheren Welten gegeben, so ist dieses für ihn nicht unfruchtbar, auch wenn es vorläufig gleichsam nur eine Erzählung von höheren Tatsachen ist, in die er durch eigene Anschauung noch keinen Einblick hat. Denn die Gedanken, die ihm gegeben werden, stellen selbst eine Kraft dar, welche in seiner Gedankenwelt weiter wirkt. Diese Kraft wird in ihm tätig sein; sie wird schlummernde Anlagen wecken. Wer der Meinung ist, die Hingabe an ein solches Gedankenbild sei überflüssig, der ist im Irrtum. Denn er sieht in dem Gedanken nur das Wesenlose, Abstrakte. Dem Gedanken liegt aber eine lebendige Kraft zugrunde. Und wie er bei demjenigen, der Erkenntnis hat, als ein unmittelbarer Ausdruck vorhanden ist dessen, was im Geiste geschaut wird, so wirkt die Mitteilung dieses Ausdrucks in dem, welchem er mitgeteilt wird, als *Keim*, der die Erkenntnisfrucht aus sich erzeugt. Wer sich behufs höherer Erkenntnis, unter Verschmähung der Gedankenarbeit, an andere Kräfte im Menschen wenden wollte, der berücksichtigt nicht, daß das Denken eben die höchste Fähigkeiten ist, die der Mensch in der Sinnenwelt besitzt. Wer also fragt: wie gewinne ich selbst die höheren Erkenntnisse der Geisteswissenschaft? – dem ist zu sagen: unterrichte dich zunächst durch die Mitteilungen anderer

* Aus: Rudolf Steiner, Theosophie – Einführung in übersinnliche Welterkenntnis und Menschenbestimmung, Gesamtausgabe Band 9, Dornach 1978.

von solchen Erkenntnissen. Und wenn er erwidert: ich will selbst sehen; ich will nichts wissen von dem, was andere gesehen haben, so ist ihm zu antworten: eben in der Aneignung der Mitteilungen anderer liegt die erste Stufe zur eigenen Erkenntnis. Man kann dazu sagen: da bin ich ja zunächst zum blinden Glauben gezwungen. Doch es handelt sich ja bei einer Mitteilung nicht um Glauben oder Unglauben, sondern lediglich um eine unbefangene Aufnahme dessen, was man vernimmt. Der wahre Geistesforscher spricht niemals mit der Erwartung, daß ihm blinder Glaube entgegengebracht werde. Er meint immer nur: dies habe ich erlebt in den geistigen Gebieten des Daseins, und ich erzähle von diesen meinen Erlebnissen. Aber er weiß auch, daß die Entgegennahme dieser seiner Erlebnisse und die Durchdringung der Gedanken des andern mit der Erzählung für diesen andern lebendige Kräfte sind, um sich geistig zu entwickeln.

Was hier in Betracht kommt, wird richtig nur derjenige anschauen, der bedenkt, wie alles Wissen von seelischen und geistigen Welten in den Untergründen der menschlichen Seele ruht. Man kann es durch den »Erkenntnispfad« heraufholen. »Einsehen« kann man nicht nur das, was man selbst, sondern auch, was ein anderer aus den Seelengründen heraufgeholt hat. Selbst dann, wenn man selbst noch gar keine Veranstaltungen zum Betreten des Erkenntnispfades gemacht hat. Eine richtige *geistige* Einsicht erweckt in dem nicht durch Vorurteile getrübten Gemüt die Kraft des Verständnisses. Das unbewußte Wissen schlägt der von andern gefundenen geistigen Tatsache entgegen. Und dieses Entgegenschlagen ist nicht blinder Glaube, sondern rechtes Wirken des gesunden Menschenverstandes. In diesem gesunden Begreifen sollte man einen weit besseren Ausgangsort auch zum Selbsterkennen der Geistwelt sehen als in den zweifelhaften mystischen »Versenkungen« und dergleichen, in denen man oft etwas Besseres zu haben glaubt als in dem, was der gesunde Menschenverstand anerkennen kann, wenn es ihm von echter geistiger Forschung entgegengebracht wird.

Man kann gar nicht stark genug betonen, wie notwendig es ist, daß derjenige die ernste Gedankenarbeit auf sich nehme, der seine höheren Erkenntnisfähigkeiten ausbilden will. Diese Betonung muß um so dringlicher sein, als viele Menschen, welche zum »Seher« werden wollen, diese ernste, entsagungsvolle Gedankenarbeit geradezu geringachten. Sie sagen, das »Denken«

kann mir doch nichts helfen; es kommt auf die »Empfindung«, das »Gefühl« oder ähnliches an. Demgegenüber muß gesagt werden, daß *niemand* im höheren Sinne (das heißt wahrhaft) ein »Seher« werden kann, der nicht vorher sich in das Gedankenleben eingearbeitet hat. Es spielt da bei vielen Personen eine gewisse innere Bequemlichkeit eine mißliche Rolle. Sie werden sich dieser Bequemlichkeit nicht bewußt, weil sie sich in eine Verachtung des »abstrakten Denkens«, des »müßigen Spekulierens« und so weiter kleidet. Aber man verkennt eben das Denken, wenn man es mit dem Ausspinnen müßiger, abstrakter Gedankenfolgen verwechselt. Dieses »abstrakte Denken« kann die übersinnliche Erkenntnis leicht ertöten; das lebensvolle Denken kann ihr zur Grundlage werden. Es wäre allerdings viel bequemer, wenn man zu der höheren Sehergabe unter Vermeidung der Gedankenarbeit kommen könnte. Das möchten eben viele. Es ist aber dazu eine innere Festigkeit, eine seelische Sicherheit nötig, zu der nur das Denken führen kann. Sonst kommt doch nur ein wesenloses Hin- und Herflackern in Bildern, ein verwirrendes Seelenspiel zustande, das zwar manchem Lust macht, das aber mit einem wirklichen Eindringen in höhere Welten nichts zu tun hat. – Wenn man ferner bedenkt, welche rein geistigen Erlebnisse in einem Menschen vor sich gehen, der wirklich die höhere Welt betritt, dann wird man auch begreifen, daß die Sache noch eine andere Seite hat. Zum »Seher« gehört absolute *Gesundheit* des Seelenlebens. Es gibt nun keine bessere Pflege dieser Gesundheit als das echte Denken. Ja, es kann diese Gesundheit ernstlich leiden, wenn die Übungen zur höheren Entwicklung nicht auf dem Denken aufgebaut sind. So wahr es ist, daß einen gesund und richtig denkenden Menschen die Sehergabe noch gesunder, noch tüchtiger zum Leben machen wird, als er ohne dieselbe ist, so wahr ist es auch, daß alles Sich-Entwickeln-Wollen bei einer Scheu vor Gedankenanstrengung, alle Träumerei auf diesem Gebiete, der Phantasterei und auch der falschen Einstellung zum Leben Vorschub leistet. Niemand hat etwas zu fürchten, der unter Beobachtung des hier Gesagten sich zu höherer Erkenntnis entwickeln will; doch sollte es eben nur unter dieser Voraussetzung geschehen. *Diese* hat nur mit der Seele und dem Geiste des Menschen zu tun; zu reden von einem irgendwie gearteten schädlichen Einfluß auf die leibliche Gesundheit ist bei dieser Voraussetzung absurd.

Der unbegründete Unglaube allerdings ist schädlich. Denn er wirkt in dem Empfangenden als eine zurückstoßende Kraft. Er verhindert ihn, die befruchtenden Gedanken aufzunehmen. Kein blinder Glaube, wohl aber die Aufnahme der geisteswissenschaftlichen Gedankenwelt wird bei der Erschließung der höheren Sinne vorausgesetzt. Der Geistesforscher tritt seinem Schüler entgegen mit der Zumutung: *nicht glauben* sollst du, was ich dir sage, sondern es *denken,* es zum Inhalte deiner eigenen Gedankenwelt machen, dann werden meine Gedanken schon selbst in dir bewirken, daß du sie in ihrer Wahrheit erkennst. Dies ist die Gesinnung des Geistesforschers. Er gibt die Anregung; die Kraft des Fürwahrhaltens entspringt aus dem eigenen Innern des Aufnehmenden. In diesem Sinne sollten die geisteswissenschaftlichen Anschauungen gesucht werden. Wer die Überwindung hat, sein Denken in diese zu versenken, kann sicher sein, daß über kurz oder lang sie ihn zu eigenem Anschauen führen werden.

Schon in dem Gesagten liegt eine erste Eigenschaft angedeutet, die derjenige in sich ausbilden muß, der zu eigener Anschauung höherer Tatsachen kommen will. Es ist die *rückhaltlose, unbefangene Hingabe* an dasjenige, was das Menschenleben oder auch die außermenschliche Welt offenbaren. Wer von vornherein mit dem Urteil, das er aus seinem bisherigen Leben mitbringt, an eine Tatsache der Welt herantritt, der verschließt sich durch solches Urteil gegen die ruhige, allseitige Wirkung, welche diese Tatsache auf ihn ausüben kann. Der Lernende muß in jedem Augenblicke sich zum völlig leeren Gefäß machen können, in das die fremde Welt einfließt. Nur diejenigen Augenblicke sind solche der Erkenntnis, wo jedes Urteil, jede Kritik schweigen, die von uns ausgehen. Es kommt zum Beispiel gar nicht darauf an, wenn wir einem Menschen gegenübertreten, ob wir weiser sind als er. Auch das unverständigste Kind hat dem höchsten Weisen etwas zu offenbaren. Und wenn dieser mit seinem noch so weisen Urteil an das Kind herantritt, so schiebt sich seine Weisheit wie ein trübes Glas vor dasjenige, was das Kind ihm offenbaren soll.* Zu dieser Hingabe an die Offenba-

* Man sieht wohl gerade aus dieser Angabe, daß es sich bei der Forderung der »rückhaltlosen Hingabe« *nicht* um die Ausscheidung des eigenen Urteils oder um Hingabe an blinden Glauben handelt. Dergleichen hätte doch einem Kinde gegenüber keinen Sinn.

rungen der fremden Welt gehört völlige innere Selbstlosigkeit. Und wenn sich der Mensch prüft, in welchem Grade er diese Hingabe hat, so wird er erstaunliche Entdeckungen an sich selbst machen. Will einer den Pfad der höheren Erkenntnis betreten, so muß er sich darin üben, sich selbst mit allen seinen Vorurteilen in jedem Augenblicke auslöschen zu können. Solange er sich auslöscht, fließt das andere in ihn hinein. Nur hohe Grade von solch selbstloser Hingabe befähigen zur Aufnahme der höheren geistigen Tatsachen, die den Menschen überall umgeben. Man kann zielbewußt in sich diese Fähigkeit ausbilden. Man versuche zum Beispiel gegenüber Menschen seiner Umgebung sich jedes Urteils zu enthalten. Man erlösche in sich den Maßstab von anziehend und abstoßend, von dumm oder gescheit, den man gewohnt ist anzulegen; und man versuche, ohne diesen Maßstab die Menschen rein aus sich selbst heraus zu verstehen. Die besten Übungen kann man an Menschen machen, vor denen man einen Abscheu hat. Man unterdrücke mit aller Gewalt diesen Abscheu und lasse alles unbefangen auf sich wirken, was sie tun. – Oder wenn man in einer Umgebung ist, welche dies oder jenes Urteil herausfordert, so unterdrücke man das Urteil und setze sich unbefangen den Eindrücken aus.* – Man lasse die Dinge und Ereignisse mehr *zu sich* sprechen, als daß man über sie spreche. Und man dehne das auch auf seine Gedankenwelt aus. Man unterdrücke *in sich* dasjenige, was diesen oder jenen Gedanken bildet, und lasse lediglich das, was draußen ist, die Gedanken bewirken. – Nur wenn mit heiligstem Ernst und Beharrlichkeit solche Übungen angestellt werden, führen sie zum höheren Erkenntnisziele. Wer solche Übungen unterschätzt, der weiß eben nichts von ihrem Wert. Und wer Erfahrung in solchen Dingen hat, der weiß, daß Hingabe und Unbefangenheit wirkliche Krafterzeuger sind. Wie die Wärme, die man in den Dampfkessel bringt, sich in die fortbewegende Kraft der Lokomotive verwandelt, so verwandeln sich die Übungen der selbstlosen geistigen Hingabe in dem Menschen zur Kraft des Schauens in den geistigen Welten.

* Dieses unbefangene Hingeben hat mit einem »blinden Glauben« nicht das geringste zu tun. Es kommt nicht darauf an, daß man blind an etwas glaubt, sondern darauf, daß man nicht das »blinde Urteil« an Stelle des lebendigen Eindruckes setzt.

Durch diese Übung macht sich der Mensch aufnahmefähig für alles dasjenige, was ihn umgibt. Aber zur Aufnahmefähigkeit muß auch die richtige Schätzung treten. Solange der Mensch noch geneigt ist, sich selbst auf Kosten der ihn umgebenden Welt zu überschätzen, so lange verlegt er sich den Zugang zu höherer Erkenntnis. Wer einem jeglichen Dinge oder Ereignisse der Welt gegenüber sich der Lust oder dem Schmerze hingibt, die sie *ihm* bereiten, der ist in solcher Überschätzung seiner selbst befangen. Denn an *seiner* Lust und an *seinem* Schmerz erfährt er nichts über die Dinge, sondern nur etwas über sich selbst. Empfinde ich Sympathie für einen Menschen, so empfinde ich zunächst nur *mein* Verhältnis zu ihm. Mache ich mich in meinem Urteil, in meinem Verhalten lediglich von diesem Gefühle der Lust, der Sympathie abhängig, dann stelle ich meine Eigenart in den Vordergrund; ich dränge diese der Welt auf. Ich will mich, so wie ich bin, in die Welt einschalten, aber nicht die Welt unbefangen hinnehmen und sie im Sinne der in ihr wirkenden Kräfte sich ausleben lassen. Mit anderen Worten: ich bin nur duldsam mit dem, was meiner Eigenart entspricht. Gegen alles andere übe ich eine zurückstoßende Kraft. Solange der Mensch in der Sinneswelt befangen ist, wirkt er besonders zurückstoßend gegen alle nicht sinnlichen Einflüsse. Der Lernende muß die Eigenschaft in sich entwickeln, sich den Dingen und Menschen gegenüber in deren Eigenart zu verhalten, ein jegliches in seinem Werte, in seiner Bedeutung gelten zu lassen. Sympathie und Antipathie, Lust und Unlust müssen ganz neue Rollen erhalten. Es kann nicht davon die Rede sein, daß der Mensch diese ausrotten soll, sich stumpf gegenüber Sympathie und Antipathie machen soll. Im Gegenteil, je mehr er in sich die Fähigkeit ausbildet, nicht alsogleich auf jede Sympathie und Antipathie ein Urteil, eine Handlung folgen zu lassen, eine um so feinere Empfindungsfähigkeit wird er in sich ausbilden. Er wird erfahren, daß Sympathien und Antipathien eine höhere Art annehmen, wenn er diejenige Art in sich zügelt, die schon in ihm ist. Verborgene Eigenschaften hat selbst das zunächst unsympathischste Ding; es offenbart sie, wenn der Mensch in seinem Verhalten nicht seinen eigensüchtigen Empfindungen folgt. Wer sich in dieser Richtung ausgebildet hat, der empfindet feiner nach allen Seiten hin als andere, weil er sich nicht von sich selbst zur Unempfänglichkeit verführen läßt. Jede Neigung, der man blindlings folgt, stumpft dafür ab, die Dinge der Umgebung im rechten Licht zu sehen. Wir drängen uns gleichsam, der Neigung folgend, durch die Umgebung hindurch, statt uns ihr auszusetzen und sie in ihrem Werte zu fühlen.

Und wenn der Mensch nicht mehr auf jede Lust und jeden Schmerz, auf jede Sympathie und Antipathie hin seine eigensüchtige Antwort, sein eigensüchtiges Verhalten hat, dann wird er auch unabhängig von den *wechselnden* Eindrücken der Außenwelt. Die Lust, die man an einem Dinge empfindet, macht einen sogleich von diesem abhängig. Man verliert sich an das Ding. Ein Mensch, der je nach den wechselnden Eindrücken sich in Lust und Schmerz verliert, kann nicht den Pfad der geistigen Erkenntnis wandeln. Mit *Gelassenheit* muß er Lust und Schmerz aufnehmen. Dann hört er auf, sich in ihnen zu verlieren; dann fängt er aber dafür an, sie zu verstehen. Eine Lust, der ich mich hingebe, verzehrt mein Dasein in dem Augenblicke der Hingabe. Ich aber soll die Lust nur benutzen, um durch sie zum Verständnisse des Dinges zu kommen, das mir Lust bereitet. Es soll mir nicht darauf ankommen, *daß* das Ding mir Lust bereitet: ich soll die Lust erfahren und durch die Lust des *Wesen* des Dinges. Die Lust soll für mich nur sein Verkündigung dessen, daß in dem Dinge eine Eigenschaft ist, die sich eignet, Lust zu bereiten. Diese Eigenschaft soll ich erkennen lernen. Bleibe ich bei der Lust stehen, lasse ich mich ganz von ihr einnehmen, so bin ich es nur selbst, der sich auslebt; ist mir die Lust nur die Gelegenheit, eine Eigenschaft des Dinges zu erleben, so mache ich durch dieses Erlebnis mein Inneres reicher. Dem Forschenden müssen Lust und Unlust, Freude und Schmerz *Gelegenheit* sein, durch die er von den Dingen lernt. Der Forschende wird dadurch nicht stumpf gegen Lust und Schmerz; aber er erhebt sich über sie, damit sie ihm die Natur der Dinge offenbaren. Wer nach dieser Richtung hin sich entwickelt, wird einsehen lernen, welche Lehrmeister Lust und Schmerz sind. Er wird mit jedem Wesen mitempfinden und dadurch die Offenbarung von dessen Innerem empfangen. Der Forschende sagt sich niemals allein: oh, wie leide ich, wie freue ich mich, sondern stets: wie spricht das Leid, wie spricht die Freude. Er gibt sich hin, um Lust und Freude der Außenwelt auf sich einwirken zu lassen. Dadurch entwickelt sich in dem Menschen eine völlig neue Art, sich zu den Dingen zu stellen. Früher ließ der Mensch diese oder jene Handlung auf diesen oder jenen Eindruck nur deshalb folgen, weil die Eindrücke ihn freuten oder ihm Unlust machten. Jetzt aber läßt er Lust und Unlust auch die Organe sein, durch die ihm die Dinge sagen, wie sie, ihrem Wesen nach, selbst sind. Lust und Schmerz werden aus bloßen Gefühlen *in ihm* zu Sinnesorganen, durch welche die Außenwelt wahrgenommen wird. Wie das Auge nicht selbst handelt, wenn es etwas sieht, sondern die Hand handeln läßt, so bewirken Lust und Schmerz in dem geistig Forschenden, insofern er sie als Erkenntnismittel anwendet, nichts, sondern sie empfangen Eindrücke, und das, was durch Lust und Unlust erfahren ist, das bewirkt die Handlung. Wenn der Mensch in der Art Lust und Unlust übt, daß sie Durchgangsorgane werden, so bauen sie ihm in seiner Seele die eigentlichen Organe auf, durch die sich ihm die seelische Welt erschließt. Das Auge kann nur dadurch dem Körper dienen, daß es ein Durchgangsorgan für sinnliche Eindrücke ist; Lust und Schmerz werden zu *Seelenaugen* sich entwickeln, wenn sie aufhören, bloß für sich etwas zu gelten, und anfangen, der eigenen Seele die fremde Seele zu offenbaren.

Durch die genannten Eigenschaften setzt sich der Erkennende in die Lage, ohne störende Einflüsse seiner Eigenheiten dasjenige auf sich einwirken zu lassen, was in seiner Umwelt wesenhaft vorhanden ist. Er hat aber auch sich selbst in die geistige Umwelt in richtiger Art einzufügen. Er ist ja als denkendes Wesen Bürger der geistigen Welt. Er kann das nur in rechter Weise sein, wenn er während des Geisterkennens seinen Gedanken einen Ablauf gibt, der den ewigen Gesetzen der Wahrheit, den Gesetzen des Geisterlandes, entspricht. Denn nur so kann dieses Land auf ihn wirken und ihm seine Tatsachen offenbaren. Der Mensch gelangt nicht zur Wahrheit, wenn er sich nur den fortwährend durch sein Ich ziehenden Gedanken überläßt. Denn dann nehmen diese Gedanken einen Verlauf, der ihnen dadurch aufgedrängt wird, daß sie innerhalb der leiblichen Natur zum Dasein kommen. Regellos und wirr nimmt sich die Gedankenwelt eines Menschen aus, der sich der zunächst durch sein leibliches Gehirn bedingten Geistestätigkeit überläßt. Da setzt ein Gedanke ein, bricht ab, wird durch einen anderen aus dem Felde geschlagen. Wer prüfend das Gespräch zweier Menschen belauscht, wer sich unbefangen selbst beobachtet, der erhält eine Vorstellung von dieser irrlichtelierenden Gedankenmasse. Solange nun der Mensch sich bloß den Aufgaben des Sinnenlebens widmet, so lange wird sein wirrer Gedankenablauf durch die Tatsachen der Wirklichkeit immer wieder zurechtgerückt. Ich mag noch so verworren denken: der Alltag drängt mir in meinen Handlungen die der Wirklichkeit entsprechenden Gesetze auf. Mein Gedankenbild einer Stadt mag sich als das regelloseste gestalten: will ich in der Stadt einen Weg machen, so muß ich mich den vorhandenen Tatsachen fügen. Der Mechaniker kann mit noch so bunt durcheinanderwirbelnden Vorstellungen seine Werkstätte betreten; er wird durch die Gesetze seiner Maschinen zu richtigen Maßnahmen geführt. Innerhalb der Sinnenwelt üben die Tatsachen ihre fortwährende Korrektur für das Denken. Wenn ich eine falsche Ansicht über die physische Erscheinung oder über die Gestalt einer Pflanze ausdenke, so tritt mir die Wirklichkeit entgegen und rückt mein Denken zurecht. Ganz anders ist es, wenn ich mein Verhältnis zu den höheren Gebieten des Daseins betrachte. Sie enthüllen sich mir nur, wenn ich ihre Welten schon mit einem streng geregelten Denken betrete. Da muß mir mein Denken den rechten, den sicheren Antrieb geben, sonst finde ich nicht die entsprechenden Wege. Denn die geistigen Gesetze, die sich in diesen Welten ausleben, sind nicht bis zur physisch-sinnlichen Art verdichtet und üben also auf mich nicht den gekennzeichneten Zwang aus. Ich vermag diese Gesetze nur zu befolgen, wenn sie mit meinen eigenen, als denen eines denkenden Wesens, verwandt sind. Ich muß mir hier selbst ein sicherer Wegweiser sein. Der Erkennende muß also sein Denken zu einem streng in sich geregelten machen. Die Gedanken müssen sich bei ihm allmählich ganz entwöhnen, den alltäglichen Gang zu nehmen. Sie müssen in ihrem ganzen Verlaufe den inneren Charakter der geistigen Welt annehmen. Er muß sich nach dieser Richtung beobachten können und in der Hand haben. Nicht willkürlich darf sich bei ihm ein Gedanke an den anderen anreihen, sondern allein so, wie es dem strengen Inhalte der Gedankenwelt entspricht. Der Übergang von einer Vorstellung zur andern muß den strengen Denkgesetzen entsprechen. Der Mensch muß als Denker gewissermaßen stets ein Abbild dieser Denkgesetze darstellen. Alles, was nicht aus diesen Gesetzen fließt, muß er seinem Vorstellungsablauf verbieten. Tritt ihm ein Lieblingsgedanke in den Weg, so muß er ihn abweisen, wenn der in sich geregelte Ablauf dadurch gestört wird. Will ein persönliches

Gefühl seinen Gedanken eine gewisse, nicht in ihnen liegende Richtung aufzwingen, so muß er es unterdrücken. – Plato hat von denjenigen verlangt, die in seiner Schule sein wollten, daß sie zuerst einen mathematischen Lehrgang durchmachen. Und die Mathematik mit ihren strengen Gesetzen, die sich nicht nach dem alltäglichen Gang der Sinneserscheinungen richten, ist wirklich eine gute Vorbereitung für den Erkenntnis Suchenden. Er muß sich, wenn er in ihr vorwärtskommen will, aller persönlichen Willkür, aller Störungen entschlagen. Der Erkenntnis Suchende bereitet sich für seine Aufgabe dadurch vor, daß er durch Willkür alle selbsttätig waltende Willkür des Denkens überwindet. Er lernt, rein den Forderungen des Gedankens zu folgen. Und so muß er lernen, in jeglichem Denken, das der Geisterkenntnis dienen soll, vorzugehen. Dies *Gedankenleben* selbst muß ein Abbild des ungestörten mathematischen Urteilens und Schließens sein. Er muß bestrebt sein, wo er geht und steht, in solcher Art denken zu können. Dann fließen die Gesetzmäßigkeiten der geistigen Welt in ihn ein, die spurlos an ihm vorüber- und durch ihn hindurchziehen, wenn sein Denken den alltäglichen, verworrenen Charakter trägt. Ein geordnetes Denken bringt ihn von sicheren Ausgangspunkten aus zu den verborgensten Wahrheiten. Solche Hinweise sollen aber nicht einseitig aufgefaßt werden. Wenn auch Mathematik eine gute Disziplinierung des Denkens bewirkt, so kann man doch zu einem reinen, gesunden und lebensvollen Denken auch kommen, ohne Mathematik zu treiben.

Und was der Erkenntnis Suchende für sein Denken anstrebt, das muß er auch für sein Handeln anstreben. Dies muß, ohne störende Einflüsse von seiten seiner Persönlichkeit, den Gesetzen des edlen Schönen und ewig Wahren folgen können. Diese Gesetze müssen ihm die Richtung geben können. Beginnt er etwas zu tun, was er als das Richtige erkannt hat, und befriedigt sich an diesem Tun sein persönliches Gefühl nicht, so darf er den betretenen Weg *deswegen* nicht verlassen. Er darf ihn aber auch nicht verfolgen, weil er ihm Freude macht, wenn er findet, daß er mit den Gesetzen des ewig Schönen und Wahren nicht übereinstimmt. Im alltäglichen Leben lassen sich die Menschen von dem zu ihren Handlungen bestimmen, was sie persönlich befriedigt, was *ihnen* Früchte trägt. Dadurch zwingen sie die Richtung ihrer Persönlichkeit dem Gang der Welterscheinungen auf. Sie verwirklichen nicht das Wahre, das in den Gesetzen der geistigen Welt vorgezeichnet ist, sie verwirklichen die Forderung ihrer Willkür. Erst dann wirkt man im Sinne der geistigen Welt, wenn man allein deren Gesetze befolgt. Aus dem, was bloß aus der Persönlichkeit heraus getan wird, ergeben sich keine Kräfte, die eine Grundlage bilden können für Geisterkenntnis. Der Erkenntnis Suchende kann nicht bloß fragen: was bringt mir Frucht, womit habe ich Erfolg, sondern er muß auch fragen können: was habe ich als das Gute erkannt? Verzicht auf die Früchte des Handelns für die Persönlichkeit, Verzicht auf alle Willkür: das sind die ernsten Gesetze, die er sich muß vorzeichnen können. Dann wandelt er in den Wegen der geistigen Welt, sein ganzes Wesen durchdringt sich mit diesen Gesetzen. Er wird frei von allem Zwang der Sinnenwelt: sein Geistmensch hebt sich heraus aus der sinnlichen Umhüllung. So gelangt er hinein in den Fortschritt zum Geistigen, so vergeistigt er sich selbst. Man kann nicht sagen: was nützen mir alle Vorsätze, rein den Gesetzen des Wahren zu folgen, wenn ich mich vielleicht über dieses Wahre irre? Es kommt auf das Streben, auf die Gesinnung an. Selbst der Irrende hat in dem Streben nach dem Wahren eine Kraft, die ihn von der unrichtigen Bahn ablenkt. Ist er im Irrtum, so ergreift ihn diese Kraft und führt ihn die Wege zum Rechten. Schon der Einwand: ich kann auch irren, ist störender Unglaube. Er zeigt, daß der Mensch kein Vertrauen hat in die Kraft des Wahren. Denn gerade darauf kommt es an, daß er sich nicht vermißt, von seinem eigensüchtigen Standpunkte aus sich die Ziele zu geben, sondern darauf, daß er sich selbstlos hingibt und von dem Geiste sich die Richtung bestimmen läßt. Nicht der eigensüchtige Menschenwille kann dem Wahren seine Vorschriften machen, sondern *dieses Wahre selbst* muß in dem Menschen zum Herrscher werden, muß sein ganzes Wesen durchdringen, ihn zum Abbild machen der ewigen Gesetze des Geisterlandes. Erfüllen muß er sich mit diesen ewigen Gesetzen, um sie ins Leben ausströmen zu lassen.

Wie sein Denken, so muß der Erkenntnis Suchende seinen Willen in strengem Gewahrsam haben können. Er wird dadurch in aller Bescheidenheit – ohne Anmaßung – ein Bote der Welt des Wahren und Schönen. Und dadurch, daß er dies wird, steigt er zum Teilnehmer der Geisteswelt auf. Dadurch wird er von Entwicklungsstufe zu Entwicklungsstufe gehoben. Denn man kann das geistige Leben nicht allein durch Anschauen, sondern man muß es dadurch erreichen, daß man es erlebt.

Beobachtet der Erkenntnis Suchende diese dargestellten Gesetze, so werden bei ihm diejenigen seelischen Erlebnisse, die sich auf die geistige Welt beziehen, eine völlig neue Gestalt annehmen. Er wird nicht mehr bloß *in ihnen* leben. Sie werden nicht mehr bloß eine Bedeutung für sein Eigenleben haben. Sie werden sich zu seelischen Wahrnehmungen der höheren Welt ausbilden. In seiner Seele wachsen die Gefühle, wachsen Lust und Unlust, Freude und Schmerz zu Seelenorganen aus, wie in seinem Körper Augen und Ohren nicht bloß ein Leben für sich führen, sondern selbstlos die äußeren Eindrücke durch sich hindurchgehen lassen. Und dadurch gewinnt der Erkenntnis Suchende die *Ruhe* und *Sicherheit* in der Seelenverfassung, die für das Forschen in der Geisteswelt nötig sind. Eine große Lust wird ihn nicht mehr bloß jauchzen machen, sondern ihm Verkünderin sein können von Eigenschaften der Welt, die ihm vorher entgangen sind. Sie wird ihn ruhig lassen; und durch die Ruhe werden die Merkmale der lustbringenden Wesenheiten sich ihm offenbaren. Ein Schmerz wird ihn nicht mehr bloß mit Betrübnis ganz ausfüllen, sondern ihm auch sagen können, welche Eigenschaften das Schmerz verursachende Wesen hat. Wie das Auge nichts für sich begehrt, sondern dem Menschen die Richtung des Weges angibt, den er zu gehen hat, so werden Lust und Schmerz die Seele ihre Bahn sicher führen. Dies ist der Zustand des seelischen Gleichgewichtes, in den der Erkennende kommen muß. Je weniger Lust und Schmerz sich in den Wellen erschöpfen, die sie im Innenleben des Erkennenden aufwerfen, desto mehr werden sie Augen bilden für die übersinnliche Welt. Solange der Mensch in Lust und Leid lebt, so lange *erkennt* er nicht durch sie. Wenn er *durch* sie zu leben lernt, wenn er sein Selbstgefühl aus ihnen herauszieht, dann werden sie seine Wahrnehmungsorgane; dann sieht, dann erkennt er durch sie. Es ist unrichtig, zu glauben, der Erkennende werde ein trockener, nüchterner, lust- und leidloser Mensch. Lust und Leid sind in ihm vorhanden, aber dann, wenn er in der Geisteswelt forscht, in verwandelter Gestalt; sie sind »Augen und Ohren« geworden.

Solange man persönlich mit der Welt lebt, so lange enthüllen die Dinge auch nur das, was sie mit unserer Persönlichkeit verknüpft. Das aber ist ihr Vergängliches. Ziehen wir uns selbst von unserem Vergänglichen zurück und leben wir mit unserem Selbstgefühl, mit unserem »Ich« in unserem Bleibenden, dann werden die vergänglichen Teile an uns zu Vermittlern; und was sich durch sie enthüllt, das ist ein Unvergängliches, ein Ewiges an den Dingen. Dieses Verhältnis *seines* eigenen Ewigen zum Ewigen in den Dingen muß bei dem Erkennenden hergestellt werden können. Schon bevor er andere Übungen der beschriebenen Art aufnimmt, und auch während derselben soll er seinen Sinn auf dieses Unvergängliche hinlenken. Wenn ich einen Stein, eine Pflanze, ein Tier, einen Menschen beobachte, soll ich eingedenk sein können, daß sich in all dem ein Ewiges ausspricht. Ich soll mich fragen können, was lebt als Bleibendes in dem vergänglichen Stein, in dem vergänglichen Menschen? Was wird die vorübergehende sinnliche Erscheinung überdauern? – Man soll nicht glauben, daß solches Hinlenken des Geistes zum Ewigen die hingebungsvolle Betrachtung und den Sinn für die Eigenschaften des Alltags in uns austilge und uns der unmittelbaren Wirklichkeit entfremde. Im Gegenteil. Jedes Blatt, jedes Käferchen wird uns unzählige Geheimnisse enthüllen, wenn unser *Auge* nicht nur, sondern *durch* das *Auge* der Geist auf sie gerichtet ist. Jedes Glitzern, jede Farbennuance, jeder Tonfall werden den Sinnen lebhaft und wahrnehmbar bleiben, nichts wird verloren gehen; nur unbegrenztes neues Leben wird hinzugewonnen werden. Und wer nicht mit dem Auge das Kleinste zu beobachten versteht, wird auch nur zu blassen, blutleeren Gedanken, nicht aber zu geistigem Schauen kommen. – Es hängt von der *Gesinnung* ab, die wir uns in dieser Richtung erwerben. Wie weit wir es bringen, das wird von unseren Fähigkeiten abhängen. Wir haben nur das Rechte zu tun und alles übrige der Entwicklung zu überlassen. Zunächst muß es uns genügen, unseren Sinn auf das Bleibende zu richten. Tun wir das, dann wird *eben dadurch* die Erkenntnis des Bleibenden uns aufgehen. Wir müssen warten, bis uns gegeben wird. Und es wird zur entsprechenden Zeit jedem gegeben, der in Geduld wartet und – arbeitet. – Bald bemerkt unter solchen Übungen der Mensch, welche gewaltige Verwandlung mit ihm vorgeht. Er lernt jedes Ding nur mehr in derjenigen Beziehung wichtig oder unwichtig zu nehmen, als er das Verhältnis dieses Dinges zu einem Bleibenden, Ewigen erkannt hat. Er kommt zu einer anderen Wertung und Schätzung der Welt, als er sie früher gehabt hat. Sein Gefühl bekommt ein anderes Verhältnis zu der ganzen Umwelt. Das Vergängliche zieht ihn nicht mehr bloß um seiner selbst willen an wie früher; es wird ihm auch noch ein Glied und Gleichnis des Ewigen. Und dieses Ewige, das in allen Dingen, lebt, lernt er lieben. Es wird ihm vertraut, wie ihm vorher das Vergängliche vertraut war. Auch dadurch wird er nicht dem Leben entfremdet, sondern er lernt nur ein jegliches Ding seiner wahren Bedeutung nach schätzen. Selbst der eitle Tand des Lebens wird nicht spurlos an ihm vorüberziehen; aber der Mensch verliert sich, indem er nach dem Geistigen sucht, nicht mehr an ihn, sondern erkennt ihn in seinem begrenzten Wert. Er sieht ihn im rechten Lichte. Der ist ein schlechter Erkennender, der nur in Wolkenhöhen wandeln wollte und darüber das Leben verlöre. Ein wirklich Erkennender wird von seiner Gipfelhöhe aus durch klare Übersicht und rechte Empfindung für alles ein jegliches Ding an seinen Platz zu stellen wissen.

So eröffnet sich dem Erkennenden die Möglichkeit, nicht mehr den unberechenbaren Einflüssen der äußeren Sinnenwelt allein zu folgen, die sein Wollen bald da-, bald dorthin lenken. Er hat durch Erkenntnis in der Dinge ewiges Wesen geschaut. Er hat durch die Umwandlung seiner inneren Welt die Fähigkeit in sich, dieses ewige Wesen wahrzunehmen. Für den Erkennenden erhalten die folgenden Gedanken noch eine besondere Wichtigkeit. Wenn er aus sich heraus handelt, so ist er sich bewußt, aus dem ewigen Wesen der Dinge heraus zu handeln. Denn die Dinge sprechen in *ihm* dieses ihr Wesen aus. Er handelt also im Sinne der ewigen Weltordnung, wenn er aus dem in ihm lebenden Ewigen diesem seinem Handeln die Richtung gibt. Er weiß sich dadurch nicht mehr bloß von den Dingen getrieben; er weiß, daß er sie nach den ihnen selbst eingepflanzten Gesetzen treibt, welche die Gesetze seines eigenen Wesens geworden sind. – Dieses Handeln aus dem Innern kann nur ein Ideal sein, dem man zustrebt. Die Erreichung dieses Zieles liegt in weiter Ferne. Aber der Erkennende muß den Willen haben, die Bahn klar zu sehen. Dies ist sein *Wille zur Freiheit.* Denn Freiheit ist Handeln aus sich heraus. Und aus sich darf nur handeln, wer aus dem Ewigen die Beweggründe schöpft. Ein Wesen, das dies nicht tut, handelt nach anderen Beweggründen, als den Dingen eingepflanzt sind. Ein solches widerstrebt der Weltordnung. Und diese muß ihm gegenüber dann obsiegen. Das heißt: es kann letzten Endes nicht geschehen, was es seinem Willen vorzeichnet. Es kann nicht frei werden. Willkür des Einzelwesens vernichtet sich selbst durch die Wirkung ihrer Taten.

Wer in solcher Art auf sein inneres Leben zu wirken vermag, schreitet von Stufe zu Stufe in der Geisterkenntnis vorwärts. Die Furcht seiner Übungen wird sein, daß seinem geistigen Wahrnehmen gewisse Einsichten in die übersinnliche Welt sich eröffnen. Er lernt, wie die Wahrheiten über diese Welt gemeint sind, und er wird von ihnen durch eigene Erfahrung die Bestätigung erhalten. Ist diese Stufe erstiegen, dann tritt an ihn etwas heran, was nur durch diesen Weg Erlebnis werden kann. Auf eine Art, deren Bedeutung ihm erst jetzt klarwerden kann, wird ihm durch die »großen geistigen Führermächte des Menschengeschlechtes« die sogenannte Einweihung (Initiation) zuteil. Er wird zum »Schüler der Weisheit«. Je weniger man in einer solchen Einweihung etwas sieht, das in einem äußerlichen menschlichen Verhältnisse besteht, desto richtiger wird die darüber gebildete Vorstellung sein. Nur angedeutet kann hier werden, was mit dem Erkennenden nun vorgeht. Er erhält eine neue Heimat. Er wird dadurch bewußter Einheimischer in der übersinnlichen Welt. Der Quell geistiger Einsicht strömt ihm nunmehr aus einem höheren Orte zu. Das Licht der Erkenntnis leuchtet ihm nunmehr nicht von außen entgegen, sondern er wird selbst in den Quellpunkt dieses Lichtes versetzt. In ihm erhalten die Rätsel, welche die Welt aufgibt, ein neues Licht. Er redet fortan nicht mehr mit den Dingen, die durch den Geist gestaltet sind, sondern mit dem gestaltenden Geiste selbst. Das Eigenleben der Persönlichkeit ist dann in den Augenblicken der Geisterkenntnis nur noch da, um bewußtes Gleichnis zu sein des Ewigen. Zweifel an dem Geist, die vorher in ihm noch aufkommen konnten, verschwinden; denn zweifeln kann nur, wen die Dinge über den in ihnen waltenden Geist täuschen. Und da der »Schüler der Weisheit« vermag, mit dem Geiste selbst Zwiesprache zu halten, so schwindet ihm auch jede falsche Gestalt, unter der er sich vorher den Geist vorgestellt hat. Die falsche Gestalt, in der man sich den Geist vorstellt, ist Aberglaube. Der Eingeweihte ist über den Aberglauben hinaus, denn er weiß, welche des Geistes wahre Gestalt ist. *Freiheit* von den Vorurteilen der Persönlichkeit, des

Zweifels und des Aberglaubens, das sind die Merkmale dessen, der auf dem Erkenntnispfade zur Schülerschaft aufgestiegen ist. Man soll nicht verwechseln dieses Einswerden der Persönlichkeit mit dem umfassenden Geistesleben mit einem die Persönlichkeit vernichtenden Aufgehen derselben in dem »Allgeist«. Ein solches »Verschwinden« findet bei wahrer Entwicklung der Persönlichkeit nicht statt. Diese bleibt in dem Verhältnis, das sie mit der Geisteswelt eingeht, als Persönlichkeit gewahrt. Nicht Überwindung, sondern höhere Ausgestaltung der Persönlichkeit findet statt.

Will man ein Gleichnis für dieses Zusammenfallen des Einzelgeistes mit dem Allgeist, dann kann man nicht das wählen von verschiedenen Kreisen, die in einen zusammenfallen, um in diesem unterzugehen, sondern man muß das Bild vieler Kreise wählen, deren jeder eine ganz bestimmte Farbennuance hat. Diese verschiedenfarbigen Kreise fallen übereinander, aber *jede* einzelne Nuance bleibt in dem Ganzen ihrer Wesenheit bestehen. Keine verliert die Fülle ihrer Eigenkräfte.

Die weitere Schilderung des »Pfades« soll hier nicht gegeben werden. Sie ist, soweit dies möglich ist, in meiner »Geheimwissenschaft«, welche die Fortsetzung dieses Buches bildet, gegeben.

Was hier über den geistigen Erkenntnispfad gesagt ist, kann nur allzuleicht *durch eine mißverständliche Auffassung* dazu verführen, in ihm eine Empfehlung solcher Seelenstimmungen zu sehen, die eine Abkehr vom unmittelbaren freudigen und tatkräftigen Erleben des Daseins mit sich bringen. Demgegenüber muß betont werden, daß diejenige Stimmung der Seele, welche diese geeignet macht, die Wirklichkeit des Geistes unmittelbar zu erleben, nicht wie eine allgemeine Anforderung über das ganze Leben ausgedehnt werden kann. Der Erforscher geistigen Daseins kann es in seine Gewalt bekommen, für diese Erforschung die Seele in die dazu notwendige Abgezogenheit von der sinnenfälligen Wirklichkeit zu bringen, ohne daß diese Abgezogenheit ihn im allgemeinen zu einem weltfremden Menschen macht. – Auf der anderen Seite muß aber auch erkannt werden, daß ein Erkennen der geistigen Welt, nicht etwa nur ein solches durch Betreten des Pfades, sondern auch ein solches durch Erfassen der geisteswissenschaftlichen Wahrheiten mit dem vorurteilsfreien gesunden Menschenverstande, auch zu einem höheren sittlichen Lebensstand, zu wahrheitsgemäßer Erkenntnis des sinnlichen Daseins, zu Lebenssicherheit und innerer seelischer Gesundheit führt.

2. Philosophie und Anthroposophie*

Vorbemerkung

Die folgenden Ausführungen über »Philosophie und Anthroposophie« sind im Wesentlichen die Wiedergabe eines Vortrages, den ich 1908 in Stuttgart gehalten habe.[1]) Unter Anthroposophie verstehe ich eine wissenschaftliche Erforschung der geistigen Welt, welche die Einseitigkeiten einer bloßen Natur-Erkenntnis ebenso wie diejenigen der gewöhnlichen Mystik durchschaut, und die, bevor sie den Versuch macht, in die übersinnliche Welt einzudringen, in der erkennenden Seele erst die im gewöhnlichen Bewußtsein und in der gewöhnlichen Wissenschaft noch nicht tätigen Kräfte entwickelt, welche ein solches Eindringen ermöglichen. – Eine solche Geisteswissenschaft gilt der anerkannten Philosophie zumeist als eine dilettantische Betrachtungsart. Durch eine kurze Darstellung des Entwicklungsganges der Philosophie versuche ich zu zeigen, daß dieser Vorwurf völlig unberechtigt ist, und daß er nur erhoben werden kann, weil die gegenwärtige philosophische Betrachtungsart sich in Irrwege verrannt hat, die es ihr, wenn sie sie nicht verläßt, unmöglich machen, zu erkennen, daß ihre eigenen, wahren Ausgangspunkte von ihr die Verfolgung des Weges fordern, der zuletzt zur Anthroposophie führt.

Rudolf Steiner

Ein gesund ausgebildetes Seelenleben kommt ganz naturgemäß an zwei Klippen, deren Widerstand es überwinden muß, wenn es nicht wie ein führerloses Schiff sich auf dem Lebenspfade treiben lassen will. Ein solches Treibenlassen bringt zuletzt Unsicherheit in das eigene Innere und endet in eine irgendwie geartete Lebens-

* Aus: Rudolf Steiner, *Philosophie und Anthroposophie – Gesammelte Aufsätze 1904–1918*, Gesamtausgabe Band 35, Dornach 1964.

not; oder auch es benimmt dem Menschen die Möglichkeit, sich im Sinne der wahren Daseinsgesetze in die Weltordnung einzuleben und macht ihn so zu einem störenden, nicht zu einem fördernden Gliede dieser Ordnung.

Eine derjenigen Kräfte, durch die der Mensch die Möglichkeit der inneren Sicherheit in der Lebensentwicklung und der wesenswahren Einordnung in das Dasein gewinnen kann, ist die Erkenntnis, die in bezug auf den Menschen Selbsterkenntnis werden muß.

Der Trieb nach Selbsterkenntnis ist in jedem Menschen. Er kann mehr oder weniger unbewußt bleiben, aber er ist immer vorhanden. Er kann sich äußern in ganz unbestimmten Gefühlen, die wie Wogen aus den Seelenuntergründen heraufschlagen in das Bewußtsein, die als unbefriedigtes Leben empfunden werden. Man deutet oft solche Gefühle ganz unrichtig; man sucht für sie einen Ausgleich in äußeren Lebensumständen. Man ist in einer – auch oft ihrem Wesen nach unbewußt bleibenden – Ängstlichkeit gegenüber diesen Gefühlen. Könnte man diese Ängstlichkeit überwinden, so würde man sehen, daß eine rückhaltlose Erkenntnis des menschlichen Wesens, nicht äußerliche Mittel, zur Abhilfe führt. Aber eine solch rückhaltlose Erkenntnis erfordert, daß man an den zwei Klippen auch wirklich Widerstand empfindet, an welche die menschliche Erkenntnis geführt wird, wenn sie Erkenntnis des menschlichen Wesens werden will. Diese Klippen sind aus zwei Täuschungen aufgebaut, aus zwei Felsen, durch die der Mensch im Erkenntnisleben nicht vorwärts kommen kann, wenn er sie nicht in ihrer wahren Wesenheit erkennt. Diese beiden Klippen sind die Naturerkenntnis und die Mystik. Beide Erkenntnisarten ergeben sich naturgemäß auf dem menschlichen Lebenswege. Mit beiden muß der Mensch seine innere Erfahrung machen, wenn sie ihn fördern sollen. Daß er die Kraft entfaltet, bei jeder dieser beiden Erkenntnisarten wohl anzukommen, aber bei keiner von ihnen stehen zu bleiben, davon hängt es ab, ob er Menschheit-Erkenntnis gewinnen kann oder nicht. Er muß, bei beiden angelangt, Unbefangenheit genug bewahrt haben, um sich zu sagen: Keine von ihnen kann ihn dahin bringen, wohin seine Seele verlangt; aber er muß, um diese Einsicht zu gewinnen, erst beide innerlich in ihrem Erkenntniswert erlebt haben. Er darf nicht davor zurückscheuen, ihre Wesenheit wirklich zu erleben, um an dem

Erlebnis zu erkennen, daß über beide hinausgegangen werden muß, um sie erst wertvoll zu machen. Man muß zu den beiden Erkenntnisarten den *Zugang* suchen; denn erst, wenn man sie recht gefunden, ergibt sich der *Ausweg* aus ihnen.

Wer das Naturerkennen durchschaut, der findet – bei innerer Unbefangenheit –, daß es eine Täuschung ist, wenn man glaubt, man ergreife in demselben die wahre Wirklichkeit. In gesundem Erfühlen der eigenen menschlichen Wirklichkeit stellt sich ein ganz bestimmtes Erlebnis ein. Dies tritt um so mehr auf, je mehr man die Naturerkenntnis auf das Begreifen der Menschenwesenheit ausdehnen will. Der Mensch als Naturwesen stellt sich für diese Erkenntnis als ein Zusammenfluß der Naturwirkungen dar. Den Aufbau der Menschenwesenheit nach Maßgabe dessen zu durchschauen, was man im Felde der Naturreiche als Wirkungsarten erfaßt hat, kann ein Erkenntnis-Ideal werden. Dieses Ideal ist für die echte Naturerkenntnis berechtigt. Man mag sich auch sagen, es liege in unermeßlicher Ferne die Zeit, in der man erkennen werde, wie der Wunderbau des menschlichen Organismus naturgesetzlich sich gestaltet: als Ideal der Naturerkenntnis muß ein dahingehendes Streben gelten. Aber unerläßlich ist auch, daß man gegenüber diesem berechtigten Ideal zu einer Einsicht vordringt, die einem gesunden Wirklichkeitsgefühl entspringt. Man muß es *erleben,* wie fremd und immer fremder der innerlich erlebten Wirklichkeit dasjenige wird, was die Naturerkenntnis vor den Menschen hinstellt. Je vollkommener sie wird, desto mehr wird sie ein dem Innenleben Fremdes vor das menschliche Erkenntnisbedürfnis stellen. Stoffliches, materielles Geschehen *muß* sie ihrem berechtigten Ideale gemäß hinstellen. Das unbefangene Erleben muß sich zuletzt an der Klippe stoßen, die Du Bois-Reymond empfunden hat, als er glaubte, in seinem berühmten Vortrage »Über die Grenzen des Naturerkennens« sagen zu müssen: niemals werde das menschliche Erkennen das in der Welt erfassen, was als Materie im Raume spukt. Gesund ist ein inneres Erleben, das Naturerkenntnis zwar mit allen dazu geeigneten Kräften anstrebt, aber in demselben zugleich empfindet: es *nähere* sich mit demselben nicht der wahren Wirklichkeit, sondern es *entferne* sich mit ihm von derselben. Man muß dieses an den *Ergebnissen* der Naturerkenntnis erleben. Man muß es diesem ansehen, daß sie sich keinem Begreifen, keinem Erfühlen ergeben. Und man wird dann dazu gelangen, sich zu sagen: es ist gar nicht in Wahrheit so, daß der Mensch Naturerkenntnis anstrebt, um der *Wirklichkeit* nahe zu kommen; er glaubt dies zunächst in seinem Bewußtsein, doch der unbewußte Urquell dieses Strebens muß eine ganz andere Bedeutung haben. Er wird gewiß für das Menschenleben eine Bedeutung haben. Sie muß gesucht werden. Erkenntnis der wahren Wirklichkeit aber kann nicht Naturerkenntnis sein. Ein Wendepunkt des Seelenlebens kann diese Einsicht werden. Man erkennt durch innere Erfahrung, daß man habe der Naturerkenntnis nachgehen müssen; daß aber diese nicht geben kann, was man sich im eifrigen Suchen nach ihr von ihr versprochen hat. Wahre, erlebte Einsicht in das Naturgeschehen bringt zuletzt dem Menschen diese Erkenntnis. Er hört dann auf, zu glauben, daß ihm jemals Erkenntnis des Menschenwesens durch einen, wenn auch noch so vollkommenen Ausbau der Naturwissenschaft werden kann. Wer zu dieser Einsicht nicht gelangt ist, wer noch hoffen kann, das Ideal naturwissenschaftlicher Erkenntnis könne den Menschen über sein eigenes Wesen aufklären, der ist eben noch nicht weit genug vorgedrungen in den Erlebnissen, die man mit der Naturerkenntnis haben kann.

Dies ist die eine Klippe, auf die das Streben nach Erkenntnis des Menschheitswesens aufstößt. Mancher Denker hat den Stoß empfunden und sich nach der anderen Seite gewandt, nach derjenigen der mystischen Versenkung in das eigene Selbst. Man kann auch nach dieser Richtung eine Zeitlang vorwärtsdringen in dem Glauben, im Innern die wahre Wirklichkeit unmittelbar zu erleben. Man kann etwas wie eine Vereinigung mit dem Urquell allen Seins zu erfahren glauben. Geht man aber mit diesem Erleben weit genug, zerstört man die Kräfte der Täuschung, so wird man gewahr, wie das innere Erleben, wenn man sich auch noch so tief in dasselbe zu versenken sucht, doch *machtlos* bleibt gegenüber der Wirklichkeit. Wie stark man auch, durch diesen oder jenen Umstand verführt, gemeint hat, das Sein zu ergreifen: zuletzt erweist sich das innere Erleben als eine irgendwie geartete *Wirkung* eines unbekannten Seins, nicht aber als etwas, das im Stande wäre, die wahre Wirklichkeit zu erfassen und festzuhalten. Der auf einem solchen Wege wandelnde Mystiker macht die Erfahrung, daß er mit seinem inneren Erleben die wahre Wirklichkeit, die er sucht, verlassen hat, und daß er nicht wieder an sie herankommen kann. – Der Natur-Erkenner gelangt zu einer

Außenwelt, die sich mit dem Innern nicht ergreifen läßt; der Mystiker kommt zu einem Innenleben, das ins Leere faßt, indem es eine Außenwelt greifen will, nach der es verlangt.

Die Erfahrungen, welche der Mensch mit der Naturerkenntnis einerseits, mit der Mystik andererseits macht, erweisen sich nicht als eine Erfüllung seines Strebens, die Wirklichkeit zu finden, sondern als Ausgangspunkt des Weges zu ihr. Denn diese Erfahrung zeigt einen Abgrund zwischen dem materiellen Geschehen und dem seelischen Erleben; sie führt dazu, diesen Abgrund zu *sehen*, und zu der Einsicht zu gelangen, daß er weder durch Naturerkenntnis, noch durch bloße Mystik für das wahrhaftige Erkennen ausgefüllt werden kann. Das Gewahrwerden dieses Abgrundes führt dazu, die Einsicht in die wahre Wirklichkeit in seiner Ausfüllung mit Erkenntniserlebnissen zu suchen, die im gewöhnlichen menschlichen Bewußtsein noch gar nicht vorhanden sind, sondern aus diesem erst entwickelt werden müssen. Wer mit der Naturerkenntnis und der Mystik die rechten Erfahrungen gemacht hat, der sagt sich: zu diesen beiden hinzu muß eine andere Erkenntnis gesucht werden, welche die materielle Außenwelt näher heranrückt an das menschliche Innenleben, als dies durch die Naturerkenntnis geschieht, und die zugleich das Innenleben in die wirkliche Welt tiefer hineinversenkt, als es durch bloße Mystik geschehen kann.

Eine solche Erkenntnisart kann eine anthroposophische genannt werden und das durch sie erlangte Wissen von der Wirklichkeit Anthroposophie. Denn sie muß davon ausgehen, daß sich der wahrhaft wirkliche Mensch (Anthropos) hinter demjenigen verbirgt, den die Naturerkenntnis offenbart und den das Innenleben im gewöhnlichen Bewußtsein in sich findet. Im dunklen Gefühl, im unbewußten Seelenleben kündigt sich dieser wahrhaft wirkliche Mensch an; durch die anthroposophische Forschung soll er in das Bewußtsein erhoben werden. Anthroposophie will den Menschen nicht von der Wirklichkeit weg – und zu einer unwirklichen, ersonnenen Welt hinführen, sie will vielmehr eine Erkenntnisart suchen, der sich die wirkliche Welt erst erschließt. Sie muß, nach ihren Erfahrungen mit der Naturerkenntnis und der von dem gewöhnlichen Bewußtsein erlebten Mystik, zu der Anschauung sich durchringen, daß aus diesem gewöhnlichen Bewußtsein heraus ein anderes zu entwickeln ist, etwa so, wie aus dem dumpfen Traumbewußtsein das wache

Tagesbewußtsein. Für die Anthroposophie würde dadurch der Erkenntnisvorgang ein innerlich wirkliches Geschehen, das hinausführt aus dem gewöhnlichen Bewußtsein, während Naturerkenntnis nur ein logisches Urteilen und Schließen dieses gewöhnlichen Bewußtseins auf Grund der von außen gegebenen materiellen Wirklichkeit, und Mystik nur ein vertiefteres Innenleben, aber doch ein solches ist, das innerhalb des gewöhnlichen Bewußtseins stehenbleibt.

Weist man in der Gegenwart darauf hin, daß es einen solchen innerlich wirklichen Erkenntnisvorgang, eine anthroposophische Erkenntnis gibt, so stößt man auf Denkgewohnheiten, die einerseits durch die zu wundervoller Größe herangewachsene Naturerkenntnis, andererseits durch Einleben in gewisse mystische Vorurteile erzeugt sind. Und die hier gemeinte Anthroposophie wird von der einen Seite abgewiesen, weil sie angeblich der Naturerkenntnis nicht gerecht wird, von der andern Seite, weil sie den mystischen Neigungen, die glauben, durch sich selbst in der wahren Wirklichkeit stehen zu können, als etwas Überflüssiges erscheint. Von denjenigen Persönlichkeiten aber, die »echte« Erkenntnis frei halten möchten von allem, was über das gewöhnliche Bewußtsein hinausgeht, wird geglaubt, solche Anthroposophie verleugne den wahrhaft wissenschaftlichen Charakter, den zum Beispiel die philosophische Welterkenntnis sich aneignen müsse, und verfalle in Dilettantismus.

In den folgenden Ausführungen soll nun gezeigt werden, wie wenig berechtigt dieser Vorwurf des Dilettantischen gegenüber anthroposophischem Streben gerade von seite der Philosophie ist. Es soll in kurzen Zügen an dem Entwicklungsgang der Philosophie dargetan werden, wie oft diese sich von der echten Wirklichkeit dadurch entfernt, daß sie die beiden hier angedeuteten Erkenntnisklippen nicht sieht, und wie unbewußt doch dem philosophischen Streben ein Trieb zu Grunde liegt, der zwischen diesen Klippen hindurch auf eine Anthroposophie loszielt. (Ausführlich hat der Verfasser dieses Aufsatzes dieses Loszielen aller Philosophie auf eine Anthroposophie in seinem Buche »Die Rätsel der Philosophie« dargestellt.)

Philosophie wird zumeist von denjenigen, die sie treiben, als etwas Unbedingtes angesehen, nicht als etwas, das im Laufe der Menschheitsentwicklung aus gewissen Voraussetzungen heraus hat entstehen und sich wandeln müssen. Über den eigentlichen

Charakter der Philosophie ist mancher im Irrtum. Gerade ihr gegenüber ist man imstande, auch aus äußerlichen historischen Dokumenten, nicht bloß aus inneren Erkenntniserlebnissen, anzugeben, wann sie als solche ihren Ursprung innerhalb der Menschheitsentwicklung genommen hat und nehmen mußte. Das haben auch die meisten, namentlich älteren Darsteller der Philosophie-Geschichte ziemlich gut getroffen. In allen diesen Darstellungen wird man finden, daß mit dem Thales begonnen wird und daß von ihm dann fortgeschritten wird bis in unsere Zeit herein.

Allerdings haben einige neuere Philosophie-Geschichtsschreiber, die ganz besonders vollständig und ganz besonders gescheit sein wollten, den Anfang der Philosophie in noch frühere Zeiten verlegt und allerlei aus früheren Weisheitslehren hereingezogen. Aber das ist doch nur entsprungen aus einer ganz bestimmten Form des Dilettantismus, der nicht weiß, daß alles, was in Indien, Ägypten und Chaldäa an Weisheitslehren dargestellt worden ist, auch methodisch einen ganz anderen Ursprung hat, als das rein philosophische, dem Spekulativen zuneigende Denken. Dieses hat sich erst in der griechischen Welt entwickelt, und der erste, welcher da in Betracht kommt, ist wirklich erst Thales. Man braucht aber gar nicht erst eine Charakteristik der verschiedenen griechischen Philosophen von Thales ab, nicht von Anaxagoras, Heraklit, Anaximenes, auch nicht von Sokrates und Plato; man kann gleich anknüpfen an diejenige Persönlichkeit, die eigentlich zu allererst als der Philosoph im engsten Sinne dasteht, und das ist Aristoteles.

Alle anderen Philosophien sind im Grunde genommen noch durch Mysterienweisheit angeregte Abstraktionen; für Thales und Heraklit ließe sich das zum Beispiel leicht nachweisen*. Aber Philosophen im eigentlichen Sinne des Wortes sind auch noch nicht einmal Plato oder Pythagoras, die beide ihre Quellen

* Mit Mysterienweisheit ist hier eine von der späteren Erkenntnisart verschiedene gemeint, die in ältere Zeiten der Geistesentwicklung der Menschheit fällt. Diese Weisheit hatte zur Quelle ein innerliches Erleben der Seele, in dem die Geheimnisse des Weltgeschehens zur Offenbarung kamen. Mit dem sechsten vorchristlichen Jahrhundert ungefähr ging diese Art des Erkennens über in diejenige, welche die Aufschlüsse über das Weltgeschehen weniger in innerem Erleben als vielmehr in der von dem Verstande orientierten Beobachtung der sinnlichen und seelischen Wahrnehmungen sucht. In der älteren Art des Erkennens war ein

im Sehertum haben. Denn nicht darauf kommt es an, wenn wir die Philosophie als solche charakterisieren, daß irgend jemand sich in Begriffen ausdrückt; sondern wo seine Quellen sind, darauf kommt es an. Pythagoras hat als Quellen die Mysterienweisheit und hat diese in Begriffe umgewandelt; er ist Hellseher, nur hat er das, was er als Seher erfahren, in philosophische Form gebracht, und dasselbe ist auch bei Plato der Fall.

Was aber den Philosophen ausmacht, und was gerade erst bei Aristoteles auftritt, ist, daß er aus der reinen Begriffstechnik heraus arbeitet, und daß er andere Quellen notwendig ablehnen muß oder sie ihm unzugänglich sind. Und weil das erst bei Aristoteles der Fall ist, deshalb ist es auch nicht ohne welthistorischen Grund, daß eben er es ist, der die Logik, die Wissenschaft der Denktechnik, begründet hat. Alles andere ist nur Vorläufertum gewesen. Die Art und Weise, wie man Begriffe bildet, Urteile formt, Schlüsse zieht, das alles hat erst Aristoteles als eine Art Naturgeschichte des subjektiven menschlichen Denkens gefunden, und alles, was uns bei ihm entgegentritt, ist mit dieser Grundlegung der Denktechnik eng verknüpft. Da wir noch auf einiges zurückkommen werden, was bei ihm fundamental wichtig ist für alle späteren Betrachtungen, so bedarf es jetzt nur dieser historischen Andeutung, um den Ausgangspunkt kurz zu charakterisieren.

Aristoteles bleibt auch für die spätere Zeit der tonangebende Philosoph. Seine Leistungen flossen nicht nur ein in die nacharistotelische Zeit des Altertums bis zur Begründung des Christentums, sondern gerade in der ersten christlichen Zeit bis hinein in das Mittelalter war er derjenige Denker, nach dem man sich bei der Ausarbeitung aller Weltanschauungsbetrebungen richtete. Damit soll nicht gesagt werden, daß man etwa, namentlich im

inneres Schauen durchsetzt von einer instinktiven Logik. Diese Seelenverfassung macht derjenigen Platz, für welche das logische Denken immer bewußter wurde. Die alte Fähigkeit eines intuitiven Schauens verlor sich in der Menschenseele. An die Stelle der Mysterienweisheit trat die philosophische Betrachtung. Doch war es in den ersten Zeiten der philosophischen Entwicklung so, daß die Philosophen entweder durch ihnen noch mögliches inneres Schauen oder durch Überlieferung der alten Mysterienerkenntnis von dieser noch wußten und sie mit der in der Menschheitsentwicklung auftretenden Verstandesfähigkeit durchsetzten. Wie dieser Übergang sich gestaltete, darüber findet man Angaben in den vom Verfasser des vorliegenden Aufsatzes veröffentlichten »Rätseln der Philosophie«.

Mittelalter, wo man nicht die Urtexte hatte, die Philosophie des Aristoteles als System, als eine Summe von Dogmen vor sich gehabt habe; aber man hatte sich eingelebt in die Art, wie man an der Leiter der reinen Begriffstechnik zu einem Wissen bis hinauf zum Denken über die Grundrätsel des Lebens kommt. Und so kam es, daß Aristoteles immer mehr und mehr der logische Lehrer wurde. Man sagte sich im Mittelalter etwa so: Möge die positive Tatsachenerkenntnis der Welt wo immer herkommen, möge sie davon kommen, daß der Mensch mit seinen Sinnen die äußere Wirklichkeit untersucht, oder daß eine Offenbarung durch göttliche Gnade stattfindet wie durch den Christus Jesus – so sind das Dinge, die einfach hinzunehmen sind, auf der einen Seite als Aussagen der Sinne, auf der anderen als Offenbarung. Will man aber etwa in dieser oder jener Art Gegebenes durch reine Begriffe begründen, dann muß man es mit jener Denktechnik tun, die Aristoteles aufgedeckt hat.

Und in der Tat, die Begründung der Denktechnik ist von Aristoteles so bedeutsam geleistet worden, daß Kant, und zwar mit Recht, gesagt hat, daß seit Aristoteles die Logik eigentlich um keinen einzigen Satz fortgeschritten sei.* Und im Grunde genommen gilt das im wesentlichen auch noch für heute; auch heute ist der Grundstock logischer, denktechnischer Lehren ziemlich unverändert geblieben gegenüber dem, was Aristoteles gegeben hat. Das, was man heute hinzufügen will, entspringt aus einem ziemlich mißverständlichen Verhalten gegenüber dem Begriffe der Logik, auch in philosophischen Kreisen.

Nun wurde nicht bloß etwa das Studium des Aristoteles, sondern vor allen Dingen das Sichhineinfinden in seine Denktechnik tonangebend für die mittlere Zeit des Mittelalters, für die frühscholastische Zeit, wie man sie auch nennen könnte, wo die Scholastik in der Blüte stand. Diese Zeit fand ja in bezug auf diese ihre Blüte ihren Abschluß durch Thomas von Aquino im 13. Jahrhundert. Wenn man von dieser frühscholastischen Zeit spricht, muß man sich klar darüber sein, daß man heute nur dann philosophisch darüber urteilen kann, wenn man frei von aller Autorität und allem Dogmenglauben ist. Es ist ja gegenwärtig fast schwerer, rein objektiv als abfällig über diese Dinge zu

* Was gegen diese Anschauung Kants von verschiedenen Seiten vorgebracht worden ist, hat doch nur die allereingeschränkteste Geltung.

sprechen. Wenn man abfällig über die Scholastik spricht, kommt man nicht in die Gefahr, von den sogenannten freien Geistern verketzert zu werden; spricht man aber objektiv darüber, so liegt die Wahrscheinlichkeit nahe, mißverstanden zu werden, und zwar deshalb, weil man sich heute innerhalb der positiven und gerade der intolerantesten Kirchenbewegung vielfach ganz mißverständlich auf die Thomistik beruft. Was heute als orthodoxkatholische Philosophie gilt, das alles soll hier nicht besprochen werden, aber ebensowenig darf uns abschrecken, daß uns der Vorwurf gemacht werden könnte, wir pflegten dasselbe, was von dogmatischer Seite getrieben und festgesetzt wird. Wir wollen vielmehr, unbekümmert um alles, was von rechts und links sich geltend machen kann, einmal charakterisieren, welche Empfindung die Blütezeit der Scholastik in bezug auf die Wissenschaft, die Denktechnik und die übernatürliche Offenbarung hatte.

Die Frühscholastik ist nicht das, als was man sie gewöhnlich heute mit einem Schlagwort charakterisieren möchte; sie ist im Gegenteil Monismus, Einheitslehre – nicht im entferntesten ist sie dualistischer Natur in dem Sinne, wie sich das jetzt viele vorstellen. Der Urgrund der Welt ist für sie ein durchaus einheitlicher; nur hat der Scholastiker in bezug auf das Erschauen dieses Urgrundes eine bestimmte Empfindung. Er sagt: es gibt ein gewisses übersinnliches Wahrheitsgut, ein Weisheitsgut, das zunächst der Menschheit offenbart worden ist; das menschliche Denken mit all seiner Technik kommt nicht so weit, um aus sich selbst in die Regionen zu dringen, deren Wesenheit der Inhalt der höchsten geoffenbarten Weisheit ist. Daher besteht für den Frühscholastiker ein gewisses Weisheitsgut, das zunächst der Denktechnik nicht völlig zugänglich ist. – Nur insofern ist es ihr zugänglich, als der Gedanke imstande ist, das, was geoffenbart wurde, zu verdeutlichen.

Für diesen Teil des Weisheitsgutes obliegt also dem Denker, es als geoffenbartes hinzunehmen, und die Denktechnik nur zu seiner Verdeutlichung zu verwenden. Was der Mensch aus sich selbst finden kann, bewegt sich nur in gewissen untergeordneten Regionen der Wirklichkeit. Für diese wendet der Scholastiker die Denktätigkeit auf die eigene Forschung des Menschen an. Er dringt da bis zu einer gewissen Grenze, an der ihm die geoffenbarte Weisheit begegnet. So schließen sich die Inhalte der eigenen Forschung und der Offenbarung zu einer objektiv einheitlichen, monistischen Weltanschauung zusammen. Daß dabei eine Art von Dualismus, durch die menschliche Eigentümlichkeit geboten, in die Sache hineinkommt, ist nur sekundär. Es handelt sich um einen Dualismus der Erkenntnis, nicht um einen solchen des Weltzusammenhanges.

Der Scholastiker erklärt also die Denktechnik für geeignet, dasjenige, was in der empirischen Wissenschaft, in der Sinnesbeobachtung gewonnen wird, rationell zu bearbeiten, ferner auch ein Stück hinaufzudringen bis zur spirituellen Wahrheit. Und dann stellt der Scholastiker in Bescheidenheit ein Stück der Weisheit als Offenbarung hin, die er nicht selbst finden kann, die er nur hinzunehmen hat.

Was nun aber der Scholastiker als diese besondere Denktechnik anwendet, das ist durchaus auf dem Boden aristotelischer Logik entsprungen. Es gab für die Frühscholastik, die etwa mit dem 13. Jahrhundert sich ihrem Abschluß nähert, eine zweifache Notwendigkeit, sich mit Aristoteles zu befassen. Die eine Notwendigkeit war in der geschichtlichen Entwicklung gegeben: der Aristotelismus hatte sich eben eingelebt. Die andere Notwendigkeit war die Folge davon, daß dem überlieferten christlichen Lehrgut nach und nach von einer anderen Seite ein Gegner erstanden war.

Aristoteles hatte nämlich nicht nur im Abendlande seine Verbreitung gefunden, sondern auch im Morgenlande; und alles, was durch die Araber über Spanien nach Europa gebracht worden war, war in bezug auf die Denktechnik durchtränkt von Aristotelismus. Namentlich war es eine gewisse Form der Philosophie, der Naturwissenschaft, bis in die Medizin hineinreichend, was da herübergebracht worden war und was im eminentesten Sinne von aristotelischer Denktechnik durchdrungen war. Nun hatte sich von dorther die Meinung gebildet, daß gar nichts anderes als Konsequenz aus dem Aristotelismus folgen könne, als eine Art von Pantheismus, der namentlich in der Philosophie aus einer sehr verschwommenen Mystik entsprungen war. Man hatte also außer dem einen Grunde, daß nämlich Aristoteles in der Denktechnik fortgelebt hatte, noch einen andern, sich mit ihm zu befassen: in der Auslegung der Araber erschien die im Sinne des Aristoteles gehaltene Denkart als Gegner, als Feind des Christentums.

Man mußte sich sagen: wenn das, was die Araber als Interpretation des Aristotelismus herübergebracht haben, wahr ist, dann wäre dieser eine wissenschaftliche Grundlage, die dazu geeignet wäre, das Christentum zu widerlegen. Nun stellen wir uns vor, was mußten demgegenüber die Scholastiker empfinden? Auf der einen Seite hielten sie fest an der Wahrheit des Christentums, auf der anderen aber konnten sie nach aller Tradition nicht anders, als eingestehen, daß die Logik, die Denktechnik des Aristoteles, die wahre, die richtige sei. Aus diesem Zwiespalt heraus ergab sich für die Scholastiker die Aufgabe: zu beweisen, daß man die Logik des Aristoteles anwenden könne, seine Philosophie treiben könne, und daß man gerade durch ihn das Instrument habe, das Christentum wirklich zu begreifen und zu verstehen. Es war eine Aufgabe, die durch die Zeitentwicklung gestellt war. Es mußte der Aristotelismus so behandelt werden, daß ersichtlich wurde: Was als Lehre des Aristoteles von den Arabern gebracht worden war, ist nur eine mißverständliche Auffassung derselben. Daß man den Aristotelismus nur richtig deuten müsse, um in ihm das Fundament für das Begreifen des Christentums zu haben: das zu zeigen, war die Aufgabe, die sich die Scholastik stellte und der ein großer Teil des Schrifttums des Thomas von Aquino gewidmet ist.

Nun aber geschieht etwas anderes. Im Laufe der Entwicklung tritt nach der Blütezeit der Scholastiker in der ganzen logisch-philosophischen Denkentwicklung der Menschheit ein völliger Bruch ein. Das Natürliche wäre gewesen (aber das soll keine Kritik sein, nicht einmal soll damit gesagt sein, daß es hätte anders geschehen können; der tatsächliche Verlauf war eben notwendig – nur hypothetisch soll das Folgende hingestellt werden), das Natürliche wäre gewesen, daß man die Denktechnik immer mehr ausgedehnt hätte, daß man immer höhere und höhere Teile der übersinnlichen Welt durch das Denken ergriffen hätte. So war aber die Entwicklung zunächst nicht. Der Grundgedanke, der zum Beispiel für Thomas von Aquino zunächst für die höchsten Gebiete galt, und welcher hätte durchaus sich so entwickeln können, daß die Grenze der menschlichen Forschung sich immer mehr nach oben in das übersinnliche Gebiet hätte erweitern lassen, wurde in seiner Tragkraft gehemmt und lebte nun weiter in der Überzeugung: die höchsten spirituellen Wahrheiten entziehen sich ganz und gar der rein menschlichen Denktätigkeit, der Ausarbeitung in Begriffen, zu denen es der

Mensch aus sich selbst bringen kann. Dadurch ist ein Riß im menschlichen Geistesleben eingetreten. Man stellte die übersinnliche Erkenntnis als etwas hin, das sich jeder menschlichen Denkarbeit absolut entziehe, das nicht durch subjektive Akte der Erkenntnis zu erreichen sei, das nur einem Glauben entspringen müsse. Veranlagt war das schon früher, zum Extrem getrieben wurde es gegen das Ende des Mittelalters. Es wurde immer mehr herausgearbeitet die Scheidung zwischen dem Glauben, der durch eine subjektive Gefühlsüberzeugung erreicht werden muß, und dem, was als Grundlage eines sicheren Urteils durch logische Tätigkeit erarbeitet werden kann.

Und es war nur natürlich, daß, nachdem dieser Abgrund sich einmal aufgetan hatte, Wissen und Glauben immer mehr auseinandergedrängt wurden. Und natürlich war es auch, daß man Aristoteles und seine Denktechnik hineinzog in diesen Riß, der sich durch die historische Entwicklung aufgetan hatte. Insbesondere wurde er im Beginne der Neuzeit hineingezogen. Da sagte man auf der Seite der Wissenschaftler – und vieles von dem, was diese sagten, können wir als begründet ansehen –: mit dem bloßen Fortspinnen des schon bei Aristoteles Gegebenen kann man doch keine Fortschritte in der empirischen Wahrheitsforschung machen. Außerdem gestaltete sich die geschichtliche Entwicklung so, daß es mißlich wurde, mit den Aristotelikern eine Vereinigung zu haben, ja, als die Zeit des Kepler und Galilei heraufkam, da war der mißverstandene Aristotelismus eine wahre Erkenntnisplage geworden.

Es kommt ja immer wieder vor, daß die Nachfolger, die Bekenner einer Weltanschauung ungemein viel von dem verderben, was die Begründer durchaus richtig hingestellt haben. Statt in die Natur selbst hineinzuschauen, statt zu beobachten, fand man es am Ende des Mittelalters bequem, die alten Bücher des Aristoteles zu nehmen und bei allen akademischen Vorlesungen das Geschriebene des Aristoteles zugrunde zu legen. Charakteristisch dafür ist, daß ein orthodoxer Aristoteliker aufgefordert wurde, sich an einer Leiche zu überzeugen, daß nicht, wie er mißverständlich aus Aristoteles herausgelesen hatte, die Nerven vom Herzen ausgehen, sondern daß das Nervensystem sein Zentrum im Gehirn habe. Da sagte der Aristoteliker: Die Beobachtung zeigt mir, daß sich das wirklich so verhält, aber in Aristoteles' Werken steht das Gegenteil, und dem glaube ich mehr. So waren die Aristoteliker in der Tat eine Erkenntnisplage geworden. Und darum mußte die empirische Wissenschaft aufräumen mit diesem falschen Aristotelismus und sich auf die reine Erfahrung berufen, wie wir das besonders stark als Impuls gegeben sehen bei dem großen Galilei.

Auf der anderen Seite entwickelte sich etwas anderes. Bei den Persönlichkeiten, die sozusagen den Glauben vor einem Einbruch des nun auf sich selbst gestellten Denkens schützen wollten, entwickelte sich eine Abneigung gegen die Denktechnik. Sie waren der Meinung, daß diese Denktechnik ohnmächtig sei gegenüber dem geoffenbarten Weisheitsgut. Wenn die weltlichen Empiriker sich auf das Buch des Aristoteles beriefen, so beriefen sich die andern auf etwas, was sie – freilich in mißverständlicher Weise – einem anderen Buche, der Bibel, entnommen hatten. Das sehen wir am stärksten im Beginn der Neuzeit zum Ausdruck gebracht, wenn wir die harten Worte Luthers[2]) hören: »Die Vernunft ist die stockblinde, taube Närrin«, die nichts zu schaffen haben soll mit den spirituellen Wahrheiten; und wenn Luther weiter behauptet, daß die reine Glaubensüberzeugung niemals in richtiger Weise aufdämmern kann durch das vernünftige Denken, das sich auf Aristoteles' Vorstellungsart stützt. Diesen nennt er »einen Heuchler, einen Sykophanten, einen stinkenden Bock«. Das sind, wie gesagt, harte Worte, aber vom Standpunkte der neuen Zeit erscheinen sie uns begreiflich; es hatte sich eben eine tiefe Kluft aufgetan zwischen der Vernunft und ihrer Denktechnik einerseits und der übersinnlichen Wahrheit andererseits.

Einen letzten Ausdruck hat diese Kluft durch einen Philosophen gefunden, unter dessen Einfluß sich das 19. Jahrhundert in einem Netz gefangen hat, aus dem es schwer wieder herauskommen kann: durch Kant. Er ist im Grunde genommen der letzte Ausläufer jener durch den mittelalterlichen Riß hervorgebrachten Spaltung. Er trennt streng den Glauben und dasjenige, was der Mensch durch das Wissen erreichen kann. Schon äußerlich steht die »Kritik der reinen Vernunft« neben der »Kritik der praktischen Vernunft«, und die praktische Vernunft versucht, einen wenn auch rationalistischen Glaubensstandpunkt zu gewinnen gegenüber dem, was man Wissen nennen kann. Dagegen wird in der Kantschen theoretischen Vernunft in der extremsten Weise behauptet, daß diese Vernunft unfähig sei, das Wirkliche, das Ding an sich, zu begreifen. Das Ding an sich mache zwar Eindrücke auf den Menschen, aber dieser könne nur in seinen Vorstellungen, in seinen eigenen Begriffen leben. Nun müßten wir eigentlich tief in die Geschichte der Kantschen Philosophie hineingehen, wenn wir den verwüstenden Fundamental-Irrtum Kants charakterisieren wollten; aber das würde uns zu weit von unserer Aufgabe entfernen. – Man findet übrigens das zu sagen Nötige darüber in meiner »Wahrheit und Wissenschaft«.

Für heute interessiert uns vielmehr etwas anderes, nämlich das Netz, in dem sich das philosophische Denken des 19. Jahrhunderts gefangen hat. Wir wollen einmal untersuchen, wie das zustande gekommen ist. Kant hatte vor allen Dingen das Bedürfnis, zu zeigen, inwiefern in dem Denken etwas Absolutes vorliege, etwas, in dem es keine Unsicherheit geben könne. Alles aber, was aus der Erfahrung stammt, sagte er, das ist kein Sicheres. Die Sicherheit kann unserem Urteil nur dadurch gegeben werden, daß ein Teil der Erkenntnis nicht von den Dingen, sondern von uns selbst stammt. Wir sehen nun im Kantschen Sinne in unserer Erkenntnis die Dinge wie durch ein gefärbtes Glas an; wir fangen in unserer Erkenntnis die Dinge in die gesetzmäßigen Zusammenhänge ein, die von unserer eigenen Wesenheit herrühren. Unsere Erkenntnis hat gewisse Formen, die Raumform, die Zeitform, die Form der Kategorie von Ursache und Wirkung und so weiter. – Diese Formen haben für das Ding an sich keine Bedeutung, wenigstens kann der Mensch nichts davon wissen, ob das Ding an sich in Raum, Zeit oder Kausalität existiert. Das sind Formen, die nur aus dem Subjekt des Menschen entspringen, und die der Mensch in dem Augenblicke über das »Ding an sich« spinnt, in dem dies letztere an ihn herantritt, so daß ihm das Ding an sich unbekannt bleibt. Wo also der Mensch diesem Ding an sich gegenübertritt, da umspinnt er es mit der Form des Raumes, der Zeit, faßt es in einen Zusammenhang, der als Ursache und Wirkung erscheint; und so legt der Mensch sein ganzes Netz von Begriffen und Formen über das Ding an sich hinüber. Deshalb gibt es ja für den Menschen eine gewisse Sicherheit der Erkenntnis, weil – so lange er ist, wie er ist – Zeit, Raum und Kausalität für ihn gelten. Was der Mensch selbst in die Dinge hineinschaut, das muß er wieder aus ihnen herausdröseln. Aber was das Ding an sich ist, kann der Mensch nicht wissen, denn er bleibt ewig in den Formen seiner Vorstellung befangen.

Das hat Schopenhauer zum klassischen Ausdruck gebracht in dem Satze: »Die Welt ist meine Vorstellung.«

Diese ganze Schlußfolgerung ist übergegangen fast in das gesamte Denken des 19. Jahrhunderts; nicht bloß in die Erkenntnistheorie, sondern auch zum Beispiel in die theoretischen Grundlagen der Physiologie. Es kamen zu den philosophischen Erwägungen gewisse Erfahrungen hinzu. Wenn man zum Beispiel auf die Lehre von den spezifischen Sinnesenergien blickt, so scheint in ihr eine Bestätigung der Kantschen Meinung zu liegen. Wenigstens hat man die Sache so im Laufe des 19. Jahrhunderts angesehen. Man sagt so: das Auge nimmt Licht wahr. Wenn man aber das Auge auf andere Weise affiziert, zum Beispiel durch Druck, durch elektrischen Impuls und so weiter, so zeigt es auch Lichtwahrnehmung. Daher sagt man: Der Inhalt der Lichtwahrnehmung ist aus der spezifischen Energie des Auges heraus erzeugt und ist übergezogen über das Ding an sich. Insbesondere Helmholtz hat das in krasser Weise als physiologisch-philosophische Lehre zum Ausdruck gebracht, indem er sagt: Alles, was wir wahrnehmen, ist nicht einmal bildhaft ähnlich zu denken mit den Dingen, die außer uns sich befinden. Das Bild hat Ähnlichkeit mit dem, was es darstellt; aber das, was wir Sinnesempfindung nennen, das kann nicht einmal solche Ähnlichkeit mit dem Original haben, wie es das Bild mit seinem Original hat. Man kann daher, sagt er weiter, das, was der Mensch in sich erlebt, nicht anders ansprechen, denn als ein »Zeichen« des Dinges an sich. Ein Zeichen braucht ja nichts Ähnliches zu haben mit dem, was es ausdrückt.

Was sich lange vorbereitet hat, von dem ist das philosophische Denken des 19. Jahrhunderts und bis zur Gegenwart ganz durchsetzt worden. Man konnte über das Verhältnis des menschlichen Erkennens zur Wirklichkeit nur im Sinne der hier angedeuteten Vorstellungen denken. Ich muß oft mich erinnern an ein Gespräch, das ich vor längerer Zeit mit einem von mir sehr geschätzten philosophischen Denker[3]) des 19. Jahrhunderts führen durfte, mit dessen erkenntnistheoretischen Anschauungen ich aber durchaus nicht übereinstimmen konnte. Ich wollte geltend machen, daß die Anschauung von der subjektiven Wesenheit der menschlichen Vorstellung doch eine erkenntnismäßige Feststellung sei und nicht von vornherein behauptet werden dürfe. Er erwiderte, man brauche sich doch nur an die Wortdefinition »Vorstellung« zu halten; diese sage aus, daß »Vorstellung« nur in der Seele sei; da aber alles Wirkliche nur *durch* die Vorstellungen gegeben sei, so habe man eben im Erkenntnisvorgang nicht eine Wirklichkeit, sondern nur die Vorstellungen von einer solchen. – Eine vorgefaßte Meinung hatte sich bei dem wahrlich scharfsinnigen Denker zu einer Definition verdichtet, so daß für ihn völlig einwandfrei feststand: Das, was ich im Vorstellen ergreife, geht immer nur bis an die Grenze des Dinges an sich, es ist also nur subjektiv. Diese Denkgewohnheit hat sich im Laufe der Zeit so fest eingelebt, daß alle diejenigen Erkenntnistheoretiker, die sich etwas darauf zugute tun, Kant zu verstehen, einen jeden für einen beschränkten Menschen halten, der nicht zugeben kann, daß ihre Definition von der Vorstellung und von der subjektiven Natur des Beobachteten richtig sei. Das alles ist durch den vorhin geschilderten Riß in der menschlichen Geistesentwicklung herbeigeführt worden.

Wer nun aber wirklich den Aristoteles richtig begreift, der wird finden, daß in einer geraden, also gewissermaßen nicht umgebogenen Entwicklung von Aristoteles aus ganz anderes als Erkenntnis-Prinzip und -Theorie hätte kommen können. Aristoteles hat bereits Dinge eingesehen auf erkenntnistheoretischem Gebiet, zu denen sich der Mensch heute durch all das denkerische Wesen, das unter dem Einflusse Kants entstanden ist, erst wieder langsam und allmählich wird aufschwingen können. Er muß vor allen Dingen begreifen lernen, daß Aristoteles schon die Möglichkeit hatte, durch die Denktechnik Begriffe sich zu erarbeiten, die richtig gefaßt sind, und die unmittelbar dahin führen, die durch die gekennzeichnete Vorstellungsart von dem Menschen selbst gezogenen Erkenntnisgrenzen zu überschreiten. Wir brauchen uns nur mit einigen Fundamental-Begriffen des Aristoteles zu befassen, um das einzusehen. Es ist durchaus in seinem Sinne zu sagen: Wenn wir die Dinge um uns herum gewahr werden, finden wir zunächst das, was uns eine Erkenntnis dieser Dinge verschafft, dadurch, daß wir mit dem Sinn wahrnehmen; der Sinn liefert uns das einzelne Ding. Wenn wir aber anfangen zu denken, da gruppieren sich uns die Dinge, wir fassen verschiedene Dinge in einer Denkeinheit zusammen. Und Aristoteles findet die richtige Beziehung zwischen dieser Gedankeneinheit und einem objektiv Wirklichen, jenem Objektiven, das zu dem Ding an sich führt – indem er zeigt, daß wir bei konsequentem Denken die Erfahrungswelt um uns herum zusammengesetzt denken müssen aus Materie und aus dem, was er die Form nennt. Materie und Form faßt Aristoteles in zwei Begriffe, die er in dem einzig richtigen Sinne, wie sie geschieden werden müssen, wirklich scheidet. Man könnte stundenlang reden, wenn man diese beiden Begriffe und alles, was damit zusammenhängt, erschöpfen wollte. Aber einiges Elementare wollen wir wenigstens herbeitragen, um zu verstehen, was Aristoteles als Form und Materie unterscheidet. Er ist sich klar darüber, daß es in bezug auf alle Dinge, die unsere Erfahrungswelt bilden, für das Erkennen darauf ankommt, daß wir die Form ergreifen, denn die Form gibt den Dingen das Wesentliche, nicht die Materie.

Es gibt auch in unserer Zeit noch Persönlichkeiten, die ein richtiges Verständnis haben für Aristoteles. Vincenz Knauer[4]), der in den achtziger Jahren des 19. Jahrhunderts in Wien Universitätsdozent war, hat seinen Hörern den Unterschied zwischen Materie und Form gewöhnlich durch eine Illustration klargemacht, über die man vielleicht spotten mag, die aber doch treffend ist. Er sagte, man solle sich einmal denken, wie ein Wolf, der einige Zeit seines Lebens lauter Lämmer gefressen habe, wie der sich dann eigentlich aus der Materie der Lämmer zusammensetzt – und doch wird dieser Wolf niemals ein Lamm! Das gibt, wenn man es nur richtig verfolgt, den Unterschied zwischen Materie und Form. Ist der Wolf ein Wolf durch Materie? Nein! Seine Wesenheit hat er durch die Form – wir finden die »Wolfform« nicht nur bei diesem Wolf, sondern bei allen Wölfen. So finden wir die Form, indem wir einen Begriff bilden, der ein Universelles zum Ausdruck bringt, im Gegensatz zu dem, was die Sinne erfassen, und das immer ein Besonderes, ein einzelnes Ding ist. Man bewegt sich mit dem Denken durchaus innerhalb der Vorstellungsart des Aristoteles, wenn man, wie die Scholastiker, das Wesenhafte der Form durch eine Gliederung des Universellen in drei Arten erkennend zu durchschauen strebt. Die Scholastiker setzen das Universelle als Sein der Form vor allem Wirken und Leben dieser Form in dem einzelnen Dinge voraus; dann dachten sie es sich als diese einzelnen Dinge durchwirkend und durchlebend; und drittens fanden sie, daß die menschliche Seele die universelle Form durch die Beobachtung der Dinge in sich auf diejenige Art aufleben läßt, die ihr möglich ist. Danach unterschieden diese Philosophen das in den Dingen Universell-Lebende und im menschlichen Erkennen zum Ausdruck Kommende in folgender Art: Erstens *Universalia ante rem,* das Wesenhafte der Form, bevor es in den Einzelheiten der Dinge lebt, zweitens *Universalia in re,* die wesenhaften Formen in den Dingen; drittens *Universalia post rem,* diese wesenhaften Formen, von den Dingen abgezogen und als innere Seelenerlebnisse im Erkennen durch das Wechselverhältnis der Seele mit den Dingen auftretend.

Bevor man nicht auf diese Dreigliederung eingeht, kann man auf diesem Grunde zu keiner richtigen Einsicht in bezug auf dasjenige kommen, was hier wichtig ist. Denn man bedenke, um was es sich handelt! Es handelt sich um die Einsicht, daß der Mensch, insofern er in den Universalia post rem drinnen lebt, ein Subjektives hat. Aber es wird zugleich auf etwas Wesentliches hingewiesen, nämlich darauf, daß der Begriff in der Seele eine »Repräsentation« dessen ist, was als reale Formen (Entelechien) universalen Bestand hat. Und diese – die Universalia in re – sind wiederum nur in die Dinge hineingeflossen, weil sie schon vor den Dingen existiert haben als Universalia ante rem.

In dem Universell-Wesenhaften, wie es vor seiner Verwirklichung in den Einzeldingen besteht, muß eine rein geistige Daseinsstufe gedacht werden. Es ist selbstverständlich, daß in der Annahme eines solchen Wesenhaften (Universalia ante rem) derjenige das Ergebnis eines abstrakten Gedankengespinstes sehen muß, der nur das sinnlich Gegebene als Wirkliches gelten lassen will. Aber es kommt gerade darauf an, das innere Seelenerlebnis zu haben, das zu einer solchen Annahme nötigt. Es ist *das* Seelenerlebnis, welches in dem Allgemein-Begriff »Wolf« nicht bloß ein Gebilde des die verschiedenen Einzel-Wölfe zusammenfassenden Verstandes, sondern eine über diese Einzelwesen hinausliegende geistige Wirklichkeit »Wolf« *schaut.* Diese geistige Wirklichkeit gibt dann die Möglichkeit, den Unterschied zwischen Tier und Mensch in einem geistgemäßen Sinne zu sehen. Das Gattungsmäßige »Wolf« kommt nicht im Einzelwolfe, sondern in der Gesamtheit dieser Einzel-Wölfe zur Verwirklichung. Im Menschen aber lebt das Geistig-Seelische, das im Tiere durch die Gattung (oder Art) in der Summe der Individuen zur Offenbarung kommt, auf individuelle Art. Oder aristotelisch gesprochen: Im menschlichen Individuum lebt die »Form«

sich in der sinnlichen Wesenheit unmittelbar aus; im tierischen Reich bleibt diese »Form« als solche im Übersinnlichen und gestaltet sich in dem ganzen Entwicklungsleben erst aus, das alle Individuen derselben »Form« umfaßt. Es gestattet der Aristotelismus bei den Tieren von Gruppenseelen (Art-, Gattungsseelen) zu sprechen, beim Menschen von Individualseelen. Gelingt es, ein solches inneres Seelenleben herzustellen, für das eine derartige Unterscheidung einer angeschauten Wirklichkeit entspricht, so ist dieses Seelenleben ein weiterer Fortschritt auf einer Erkenntnisbahn, die der Aristotelismus und die Scholastik nur bis zur Begriffstechnik beschritten haben.

Daß solches gelingen kann, sucht die anthroposophische Geisteswissenschaft zu beweisen. Für sie sind die »Formen« nicht bloß Ergebnisse begrifflicher Unterscheidung, sondern der übersinnlichen Anschauung. Sie *schaut* in den Gattungsseelen der Tiere und in den Individualseelen der Menschen Wesen ähnlicher Art. Und sie *schaut* in diese Verhältnisse hinein, wie in die physisch-sinnliche Wirklichkeit die Sinne hineinschauen. Wie das innerhalb der anthroposophischen Geisteswissenschaft angestrebt wird, soll in dem weiteren Fortgang dieser Abhandlung angedeutet werden; hier sollte gezeigt werden, wie in der aristotelischen Vorstellungsart die Möglichkeit liegt, Begriffe zu finden, durch die man Anthroposophie stützen kann. Nur gehört zu all dem, was uns bei Aristoteles entgegentritt, noch etwas, das in der Neuzeit immer unbeliebter geworden ist. Es ist nötig, daß man sich dazu bequeme, in scharfen, fein ziselierten Begriffen zu denken, in Begriffen, die man sich erst zubereitet; es gehört dazu, daß man die Geduld hat, von Begriff zu Begriff vorzuschreiten, daß man vor allen Dingen Neigung zu begrifflicher Reinheit und Sauberkeit habe, daß man weiß, wovon man redet, wenn man einen Begriff anschlägt. Wenn man im scholastischen Sinne zum Beispiel von der Beziehung des Begriffs zu dem, was er repräsentiert, spricht, so muß man erst lange Definitionen in den scholastischen Schriften durcharbeiten. Man muß wissen, was es heißt, wenn man sagt, der Begriff ist formaliter begründet im Subjekt und fundamentaliter im Objekt; was der Begriff als seine eigene Gestalt hat, kommt vom Subjekt, was er als Inhalt hat, vom Objekt her. – Das ist nur eine kleine Probe. Wirklich nur eine kleine. Wenn Sie scholastische Werke durchnehmen, müssen Sie sich durch dicke Bände von Definitionen durchwinden, und das ist dem heutigen Wissenschaftler sehr unangenehm; daher betrachtet er die Scholastiker als Schulfüchse und tut sie damit ab. Er weiß gar nicht, daß wahre Scholastik nichts anderes ist, als die gründliche Ausarbeitung der Gedankenkunst, so daß diese ein Fundament für das wirkliche Begreifen der Wirklichkeit bilden kann. Indem ich dies spreche, werden Sie empfinden, daß es eine große Wohltat ist, wenn gerade innerhalb der Anthroposophischen Gesellschaft Bestrebungen auftauchen, die in allerbestem (erkenntnistheoretischem) Sinne auf eine Ausarbeitung der erkenntnistheoretischen Prinzipien hinzielen. Und wenn wir gerade hier in Stuttgart einen Arbeiter auf diesem Gebiete von außerordentlicher Bedeutung haben (Dr. Unger)[5]), so ist das als eine wohltätige Strömung innerhalb unserer Bewegung zu betrachten. Denn diese Bewegung wird in ihren tiefsten Teilen nicht durch diejenigen ihre Geltung in der Welt erlangen, die nur die Tatsachen der höheren Welt hören wollen, sondern durch solche, welche die Geduld besitzen, in eine Gedankentechnik einzudringen, die einen realen Grund für ein wirklich gediegenes Arbeiten schafft, die ein Skelett schafft für das Arbeiten in der höheren Welt. So wird vielleicht gerade innerhalb der anthroposophischen Bewegung und aus der Anthroposophie selbst heraus erst wiederum verstanden werden, was die von Anhängern und Gegnern zum Zerrbild gemachte Scholastik eigentlich wollte. Es ist natürlich bequemer, mit ein paar mitgebrachten Begriffen alles, was uns als höhere Wirklichkeit entgegentritt, begreifen zu wollen, als eine gediegene Fundamentierung in der Begriffstechnik zu schaffen; aber was sind die Folgen davon? Es gibt oft einen mißlichen Eindruck, wenn man heute philosophische Bücher in die Hand nimmt. Die Menschen verstehen einander gar nicht mehr, wenn sie über höhere Dinge sprechen; sie sind sich nicht klar darüber, wie sie die Begriffe gebrauchen. Das hätte in der scholastischen Zeit nicht vorkommen können, denn damals mußte man sich klar über die Konturen eines Begriffs sein.

Sie sehen, es hat in der Tat einen Weg gegeben, um in die Tiefen der Denktechnik einzudringen. Und wäre dieser Weg weiter beschritten worden, hätte man sich nicht einfangen lassen in das Kantsche Gespinst vom »Ding an sich« und der Vorstellung, die subjektiv sein soll, dann hätte man zweierlei erreicht: erstens wäre man zu einer in sich selbst sicheren Erkenntnistheorie gelangt, und zweitens – und das ist von großer Bedeutung – hätte man nicht in den maßgebenden Kreisen diejenigen großen Philosophen so gänzlich mißverstehen können, die nach Kant gearbeitet haben. Es folgt zum Beispiel das Trifolium Fichte, Schelling, Hegel. Was sind sie dem heutigen Menschen? Man hält sie für Philosophen, die aus rein abstrakten Begriffen eine Welt haben herausspinnen wollen. Das ist ihnen niemals eingefallen.* Aber man war eingezwängt in Kantsche Begriffe und deshalb konnte man den größten Philosophen der Welt weder philosophisch noch sachlich begreifen. Sie wissen, es ist derjenige, der im Haus vis-à-vis, wie aus der Gedenktafel hervorgeht, die Sie sehen können, wenn Sie hier die Straße betreten, seine Jugendzeit verbracht hat: Hegel. Erst allmählich wird man dazu heranreifen, das zu verstehen, was er der Welt gegeben hat; erst dann wird man ihn begreifen können, wenn man wieder herauskommt aus dem theoretisch gesponnenen, beengenden Erkenntnisgespinst. Und das wäre so einfach! Man brauchte sich nur zu einem natürlichen, unbefangenen Denken zu bequemen und sich frei zu machen von dem, was in der philosophischen Literatur unter dem Einfluß der getrübten Strömungen des Kantianismus sich zu Denkgewohnheiten entwickelt hat. Man muß sich klar sein über die Frage: Verhält es sich denn wirklich so, daß der Mensch vom Subjekt ausgeht, sich im Subjekt seine Vorstellung baut und diese Vorstellung dann hinüberspinnt über das Objekt? Ist das wirklich so? Ja, es ist so. – Aber folgt daraus notwendigerweise, daß der Mensch niemals in das Ding an sich eindringen kann? Ich will einen einfachen Vergleich machen. Denken Sie sich, Sie haben ein Petschaft, darauf stehe der Name Müller. Nun drücken Sie das Petschaft in ein Siegellack und nehmen es fort. Nicht wahr, darüber sind Sie sich doch klar, daß wenn dies Petschaft, sagen wir, aus Messing besteht, daß nichts von dem Messing in das Siegellack übergehen wird. Wenn nun dies Siegellack erkennend im Kantschen Sinne wäre, so würde es sagen:

* Es ist dem Verfasser dieser Abhandlung durchaus nicht unbekannt, daß es neuere philosophische Betrachtungen gibt, die auf Fichte, Schelling und Hegel zurückgehend, sich an den Anschauungen dieser Denker orientieren möchten. Allein er muß finden, daß in diesen Bestrebungen gerade das *nicht* lebt, was für jene Denker das Bedeutsame ist: deren Stellung zu einer geistigen Wirklichkeit, die im Seelenleben *erfahren* werden muß. In dem Zurückgehen auf dasjenige, was im abstrakt-logischen Elemente bei diesen Denkern sich ausgelebt hat, wird man, was in ihren Anschauungen wirkte, nicht erreichen.

»Ich bin ganz Lack, nichts kommt vom Messing in mich herein, also gibt es keine Beziehung, durch die ich über die Natur dessen, was mir da entgegentritt, etwas wissen könnte.« Dabei ist ganz vergessen, daß das, worauf es ankommt, nämlich der Name Müller, ganz objektiv als Abdruck im Siegellack drinnen ist, ohne daß vom Messing etwas hinübergegangen ist. So lange man materialistisch denkt und glaubt, daß, um Beziehungen herzustellen, Materie von dem einen zum anderen hinüberfließen müsse, so lange wird man auch theoretisch sagen: »Ich bin Siegellack, und das andere ist Messing an sich, und da von dem ›Messing an sich‹ nichts hereinkommen kann in mich, kann auch der Name Müller nichts anderes sein als ein Zeichen. Das Ding an sich aber, das im Petschaft drinnen war, das sich mir abgedrückt hat, so daß ich es lesen kann: das bleibt mir ewig unbekannt.« Da sehen Sie die Schlußformel, der man sich bedient. Spinnt man in dem Vergleiche weiter, so ergibt sich: »Der Mensch ist ganz Siegellack (Vorstellung), das Ding an sich ist ganz Petschaft (das außerhalb der Vorstellung Befindliche). Weil ich nun als Lack (Vorstellender) nur an die Grenze des Petschafts (das Ding an sich) herankommen kann, so bleibe ich in mir selbst, es kommt nichts vom Ding an sich in mich herüber.« Solange man den Materialismus auf die Erkenntnistheorie ausdehnen wird, solange wird man nicht herausfinden, worauf es ankommt.* Der Vordersatz gilt: wir kommen nicht über unsere Vorstellung hinaus, aber was herüberkommt vom Wirklichen zu uns, ist als Geistiges zu bezeichnen; das hat nicht nötig, daß materielle Atome herüberfließen. Nichts von einem Materiellen kommt in das Subjekt herein – trotzdem aber kommt das Geistige herüber in das Subjekt, so wahr wie der Name Müller in das

* Man sieht daraus, daß man den Begriff Materialismus viel weiter fassen muß, als man dies gewöhnlich tut. Wer durch seine Vorstellungsart dazu gezwungen ist, zu denken, von dem wirklichen »Ding an sich« könne nichts in seiner Seele aufleben, weil dessen Materie nicht in diese hinüberwandern kann, der ist Materialist, auch wenn er glaubt, Idealist zu sein, weil er die Seele gelten läßt. Und Kant war zu seinen Vorstellungen durch seinen versteckten Materialismus verführt. Sieht man diese Dinge im rechten Lichte, so wird allerdings auch die Nichtigkeit der in der Gegenwart immer wieder auftretenden Versicherung durchschaut: Die Wissenschaft sei heute über den Materialismus der zweiten Hälfte des neunzehnten Jahrhunderts hinausgekommen. Sie ist in ihn deshalb tiefer hineingekommen, weil sie ihre materialistische Vorstellungsart nicht mehr als solche erkennt.

Siegellack. Davon muß eine gesunde, erkenntnistheoretische Forschung ausgehen können, dann wird man sehen, wie sehr sich der neuzeitliche Materialismus unvermerkt selbst in die erkenntnistheoretischen Begriffe eingebürgert hat. Es folgt nichts anderes aus einem unbefangenen Betrachten der Sachlage, als daß Kant sich ein »Ding an sich« nur materiell vorstellen konnte, so grotesk eine solche Behauptung sich auch für den ersten Blick ausnehmen mag.

Nun müssen wir allerdings, wenn wir die Sache vollständig betrachten wollen, noch etwas anderes skizzieren. Wir haben gesagt, daß Aristoteles darauf hingewiesen hat, daß bei allem, was in unseren Erfahrungskreis tritt, notwendig unterschieden werden müsse zwischen dem, was Form und was Materie ist. Nun kann man sagen: wir kommen im Erkenntnisprozeß bis zur Form heran in dem Sinne, wie eben dargestellt worden ist. Gibt es aber nun auch eine Möglichkeit, bis zum Materiellen heranzukommen? Wohl gemerkt: Aristoteles versteht unter dem Materiellen nicht nur Stoffliches, sondern die Substanz, dasjenige, was auch als Geistiges der Wirklichkeit zugrunde liegt. Gibt es eine Möglichkeit, nicht nur das, was vom Ding zu uns herüberfließt, zu begreifen, sondern auch in die Dinge hineinzutauchen, sich mit der Materie zu identifizieren? Diese Frage ist auch für die Erkenntnistheorie wichtig. Sie kann nur von demjenigen beantwortet werden, der sich in die Natur des Denkens, des *reinen Denkens,* vertieft hat. Zu diesem Begriff des reinen Denkens muß man sich zuerst aufschwingen. Das reine Denken können wir nach Aristoteles als Aktualität bezeichnen.[6]) Es ist reine Form; es ist zunächst, so wie es auftritt, ohne Inhalt in bezug auf die unmittelbaren, einzelnen Dinge in der sinnlichen Wirklichkeit draußen. Warum? Machen wir uns einmal klar, wie der reine Begriff im Gegensatz zur Wahrnehmung entsteht.

Man stelle sich vor, daß man sich den Begriff des Kreises bilden will. Das kann man, wenn man zum Beispiel hinausfährt aufs Meer, bis man rings um sich herum nur Wasser sieht; dann hat man sich durch die Wahrnehmung die Vorstellung eines Kreises gebildet. Es gibt aber eine andere Art, zum Begriff des Kreises zu kommen, indem man nämlich, ohne an die Sinne zu appellieren, sich folgendes sagt: Ich konstruiere mir im Geiste die Summe aller Orte, welche von einem Punkt gleich weit entfernt sind. Um diese ganz im Innern des Gedankenlebens verlaufende Konstruktion zu bilden, braucht man nicht an Äußerliches zu appellieren; das ist durchaus reines Denken im Sinne des Aristoteles, reine Aktualität.

Nun aber tritt etwas Besonderes hinzu. Diejenigen reinen Gedanken, die so gebildet werden, passen zur Erfahrung. Ohne sie kann man sogar die Erfahrung gar nicht begreifen. Man denke einmal, daß Kepler sich durch reine Begriffskonstruktion ein System ausarbeitet, das zum Beispiel elliptische Bahnen zeigt für die Planeten, wobei die Sonne sich in einem Brennpunkt befindet, und daß dann hinterher durch das Fernrohr konstatiert wird, die Beobachtung stimme überein mit dem *vor* der Erfahrung gefaßten reinen Gedankenbilde! Da zeigt es sich für jedes unbefangene Denken, daß, was als reines Denken entsteht, für die Realität nicht bedeutungslos ist; – denn es stimmt ja mit der Realität überein. Ein Forscher wie Kepler illustriert durch sein Verfahren, was der Aristotelismus erkenntnistheoretisch begründet hat. Er erfaßt das, was zu den *Universalien post rem* gehört und findet, wenn er an die Dinge herangeht, daß diese *Universalia post rem* vorher als *Universalia ante rem* in sie hineingelegt worden ist. Werden nun nicht im Sinne einer verkehrten Erkenntnistheorie die Universalien zu bloßen subjektiven Vorstellungen gemacht, sondern zeigt es sich, daß man sie objektiv in den Dingen findet, so müssen sie erst (von der Gottheit) in die Form hineingelegt sein, von der Aristoteles annimmt, daß sie der Welt zugrunde liegt.

So findet man, daß das, was zuerst das Subjektivste ist, was unabhängig von der Erfahrung festgestellt ist, daß gerade das am allerobjektivsten in die Wirklichkeit hineinführt. Was ist denn der Grund, warum das Subjektive der Vorstellung zuerst nicht in die Welt hinauskommen kann? Der Grund ist, daß es sich an einem »Ding an sich« stößt. Wenn der Mensch einen Kreis konstruiert, da stößt er an kein Ding an sich, da lebt er in der Sache selbst, wenn auch zunächst nur formal.

Nun ist die nächste Frage: kommen wir überhaupt aus einem solchen subjektiven Denken zu irgendeiner Realität, zu einem Bleibenden? Und nun handelt es sich darum, daß ja, wie wir charakterisiert haben, das Subjektive zunächst gerade im Denken konstruiert, formal ist, daß es zunächst für das Objektive wie etwas Hinzugebrachtes aussieht. Gewiß, wir können sagen: im Grunde genommen ist es einem in der Welt befindlichen Kreis oder einer Kugel ganz gleichgültig, ob ich sie denke oder nicht. Mein Gedanke, der zur Wirklichkeit hinzu kommt, ist für die um mich liegende Erfahrungswelt ganz gleichgültig. Diese besteht in sich, unabhängig von meinem Denken. Es kann also sein, daß das Denken zwar für den Menschen eine Objektivität ist, daß es aber die Dinge nichts angehe. Wie kommen wir über diesen scheinbaren Widerspruch hinaus? Wo ist der andere Pol, den wir jetzt ergreifen müssen? Wo gibt es innerhalb des reinen Denkens einen Weg, nicht nur die Form zu erzeugen, sondern mit der Form zugleich die Materie? Sobald wir irgend etwas haben, was mit der Form zugleich die Materie erzeugt, dann können wir an einen festen Punkt erkenntnistheoretisch anknüpfen. Wir sind ja überall, zum Beispiel wenn wir einen Kreis konstruieren, in dem besonderen Fall, daß wir sagen müssen: was ich von diesem Kreis behaupte, ist objektiv richtig; – ob es anwendbar ist auf die Dinge, das hängt davon ab, daß, *wenn* ich den Dingen begegne, *sie* mir zeigen, ob sie die Gesetze in sich tragen, die ich konstruiert habe. Wenn die Summe aller Formen sich auflöst im reinen Denken, so muß ein Rest bleiben, den Aristoteles *Materie* nennt, wenn es nicht möglich ist, aus dem reinen Denken selbst zu einer Wirklichkeit zu kommen.

Aristoteles kann hier durch Fichte ergänzt werden. Im Sinne des Aristoteles kann man zunächst zu der Formel kommen: Alles, was um uns herum ist, auch das, was unsichtbaren Welten angehört, macht es notwendig, daß wir dem Formalen der Wirklichkeit ein Materielles entgegensetzen. Für Aristoteles ist nun der Gottesbegriff eine reine Aktualität, ein reiner Akt, das heißt, ein solcher Akt, bei dem die Aktualität, also die Formgebung, zugleich die Kraft hat, ihre eigene Wirklichkeit hervorzubringen, nicht etwas zu sein, dem die Materie entgegensteht, sondern etwas, das in ihrer reinen Tätigkeit zugleich selbst die volle Wirklichkeit ist.

Das Abbild dieser reinen Aktualität findet sich nun im Menschen selbst, wenn er aus dem reinen Denken heraus zu dem Begriff des *Ich* kommt. Da ist er im Ich bei etwas, was Fichte als *Tathandlung* bezeichnet. Er kommt in seinem Innern zu etwas, das, indem es in Aktualität lebt, zugleich mit dieser Aktualität seine Materie mit hervorbringt. Wenn wir das Ich im reinen Gedanken fassen, dann sind wir in einem Zentrum, wo das reine Denken zugleich essentiell sein materielles Wesen hervorbringt.

Wenn Sie das Ich im Denken fassen, so ist ein dreifaches Ich vorhanden: ein reines Ich, das zu den Universalien *ante rem* gehört, ein Ich, in dem Sie drinnen sind, das zu den Universalien *in re* gehört, und ein Ich, das Sie begreifen, das zu den Universalien *post rem* gehört. Aber noch etwas ganz Besonderes ist hier: Für das Ich verhält es sich so, daß, wenn man sich zum wirklichen Erfassen des Ich aufschwingt, diese drei »Ichs« zusammenfallen. Das Ich lebt in sich, indem es seinen reinen Begriff hervorbringt und im Begriff als Realität leben kann. Für das Ich ist es nicht gleichgültig, was das reine Denken tut, denn das reine Denken ist der Schöpfer des Ich. Hier fällt der Begriff des Schöpferischen mit dem Materiellen zusammen, und man braucht nur einzusehen, daß wir in allen anderen Erkenntnisprozessen zunächst an eine Grenze stoßen, nur beim Ich nicht: dieses umfassen wir in seinem innersten Wesen, indem wir es im reinen Denken ergreifen.

So läßt sich erkenntnistheoretisch der Satz fundamentieren, »daß auch im reinen Denken ein Punkt erreichbar ist, in dem Realität und Subjektivität sich völlig berühren, wo der Mensch die Realität erlebt«. Setzt er da ein und befruchtet er sein Denken so, daß dieses Denken von da aus wiederum aus sich herauskommt, dann ergreift er die Dinge von innen. Es ist also in dem durch einen reinen Denkakt erfaßten und damit zugleich geschaffenen Ich etwas vorhanden, durch das wir die Grenze durchdringen, die für alles andere zwischen Form und Materie gesetzt werden muß.

Damit wird eine solche Erkenntnistheorie, die gründlich vorgeht, zu etwas, das auch im reinen Denken den Weg zeigt, in die Realität hinein zu gelangen. Geht man diesen Weg, so wird man schon finden, daß man von da aus in die Anthroposophie hineinkommen muß. Die wenigsten Philosophen haben ein Verständnis für diesen Weg. Sie haben sich in ein selbstgemachtes Begriffsnetz eingesponnen; sie können auch, weil sie den Begriff nur als etwas Abstraktes kennen, niemals den einzigen Punkt erfassen, wo er archetypisch schöpferisch ist; sie können dadurch auch nichts finden, durch das sie mit einem »Ding an sich« sich verbinden können.

Um das »Ich« als dasjenige zu erkennen, vermittelst dessen das Untertauchen der menschlichen Seele in die volle Wirklichkeit durchschaut werden kann, muß man sich sorgfältig davor bewahren, in dem gewöhnlichen Bewußtsein, das man von diesem »Ich« hat, das wirkliche Ich zu sehen. Wenn man, durch eine solche Verwechslung verführt, wie der Philosoph Descartes sagen wollte: »Ich denke, also bin ich«, so würde man von der Wirklichkeit jedesmal dann widerlegt, wenn man schläft. Denn dann ist man, ohne daß man denkt. Das Denken verbürgt nicht die Wirklichkeit des »Ich«. Aber ebenso gewiß ist, daß durch nichts anderes das wahre Ich erlebt werden kann als allein durch das reine Denken. Es ragt eben in das reine Denken, und für das gewöhnliche menschliche Bewußtsein *nur* in dieses, das wirkliche Ich herein. Wer bloß denkt, der kommt nur bis zu dem Gedanken des »Ich«; wer *erlebt,* was im reinen Denken *erlebt werden kann,* der macht, indem er das »Ich« durch das Denken erlebt, ein Wirkliches, das Form und Materie zugleich ist, zum Inhalte seines Bewußtseins. Aber außer diesem »Ich« gibt es zunächst für das gewöhnliche Bewußtsein nichts, was in das Denken Form und Materie zugleich hereinsenkt. Alle anderen Gedanken sind zunächst nicht Bilder einer vollen Wirklichkeit. Doch indem man im reinen Denken das wahre Ich als Erlebnis erfährt, lernt man kennen, was volle Wirklichkeit ist. Und man kann von diesem Erlebnis weiter vordringen zu anderen Gebieten der wahren Wirklichkeit.

Dies versucht die Anthroposophie. Sie bleibt nicht bei den Erlebnissen des gewöhnlichen Bewußtseins stehen. Sie strebt nach einer Wirklichkeitsforschung, die mit einem verwandelten Bewußtsein arbeitet. Das gewöhnliche Bewußtsein schaltet sie mit Ausnahme des im reinen Denken erlebten Ich für die Zwecke ihrer Forschung aus. Und sie setzt an dessen Stelle ein solches Bewußtsein, das sich in seinem vollen Umfange so betätigt, wie das gewöhnliche Bewußtsein dies nur dann zustande bringt, wenn es das Ich im reinen Denken erlebt. Um das so Angestrebte zu erreichen, muß die Seele die Kraft erwerben, sich von aller äußeren Wahrnehmung und von allen Vorstellungen zurückzuziehen, die im gewöhnlichen Leben der menschlichen Innenwelt so anvertraut werden, daß sie in der Erinnerung wieder aufleben können. Die meisten Menschen, welche eine Erkenntnis der wahren Wirklichkeit anstreben, stellen in Abrede, daß von der Menschenseele das hier Gekennzeichnete erreicht werden könne. Ungeprüft stellen sie es in Abrede. Denn die Prüfung kann nur dadurch geschehen, daß man innerhalb des Seelenlebens diejenigen inneren Verrichtungen vornimmt, die zu der angegebenen Umwandlung des Bewußtseins führen. (Ich habe ausführlich von diesen inneren Seelenverrichtungen in meinem Buche »Wie erlangt man Erkenntnisse der höheren Welten?« und in anderen meiner Bücher gesprochen.) Wer sich dagegen ablehnend verhält, kann nie in die wahre Wirklichkeit eindringen. – Hier kann nur von dem Prinzipiellen dieser Seelenverrichtungen gesprochen werden. (Genaues findet man in dem genannten und anderen meiner Bücher.) Die Seelenkräfte, die im gewöhnlichen Leben und in der gewöhnlichen Wissenschaft in das Wahrnehmen und in ein Vorstellen einfließen, das in der Erinnerung wieder aufleben kann, sie können auch auf das Erleben einer übersinnlichen, geistigen Welt gerichtet werden. Man erlebt auf diese Art zunächst seine eigene, übersinnliche Wesenheit. Man durchschaut, warum man im gewöhnlichen Bewußtsein diese übersinnliche Wesenheit nie erreichen kann. (Immer ausgenommen in dem einen Punkt des wahren Ich, das man aber in seiner Isoliertheit nicht unmittelbar erkennen kann.) Dieses gewöhnliche Bewußtsein kommt eben dadurch zustande, daß das Leiblich-Körperhafte des Menschen dessen übersinnliche Wesenheit gewissermaßen aufsaugt und an deren Stelle wirkt. Die gewöhnliche Wahrnehmung der sinnlichen Welt ist diejenige Tätigkeit des Menschenorganismus, die durch Umwandlung der übersinnlichen Menschenwesenheit in Sinnliches sich vollzieht. Das gewöhnliche Vorstellen entsteht auf eben dieselbe Art. Nur daß die Wahrnehmung im Wechselverhältnis des Menschenorganismus mit der Außenwelt sich vollzieht, das Vorstellen im Innern dieses Organismus selbst abläuft. – Auf der Einsicht in diese Tatsachen beruht alle wahre Wirklichkeits-Erkenntnis. Diese Einsicht zu erwerben, muß für den Erkenntnis Suchenden innere Seelenarbeit werden. Die Denkgewohnheiten unserer Zeit verwechseln diese innere Seelenarbeit mit allen möglichen Arten nebelhaft mystischer Dilettantismen. Sie ist in Wahrheit das gerade Gegenteil davon. Sie lebt in der vollsten, inneren Seelenklarheit. Das streng logische Denken ist ihr Vorbild und Ausgangspunkt. Was nicht in solch reiner, innerer Klarheit erlebt wird wie dieses, schließt sie von sich aus. Aber dieses bloße logische Denken verhält sich zu ihr selbst wie das Schattenbild zu dem schattenwerfenden Gegenstand. Durch sie erkraftet sich das menschliche Erkenntnisstreben so, daß es nicht allein abstrakte

Gedanken erlebt, sondern von geistiger Wirklichkeit durchtränkten Inhalt. Eine Erkenntnis lebt in der Seele auf, von der ein nicht umgewandeltes Bewußtsein sich keine Vorstellung machen kann. Mit irgendeiner Form der visionären oder sonstigen krankhaften Art des Seelenlebens hat diese Steigerung des Bewußtseins nichts zu tun. Denn diese Formen beruhen auf einer Herabstimmung des Seelenlebens unter die Sphäre, in welcher das logisch klare Denken wirkt; die anthroposophische Forschung führt aber *über* diese Sphäre in das Geistige hinauf. Bei jenen Formen wirkt stets der körperlich-leibliche Organismus mit; die anthroposophische Forschung erkraftet das Seelenleben so, daß dieses ohne den Organismus im Bereich des Übersinnlichen sich betätigen kann. – Um solche Erkraftung des Seelenlebens zu erreichen, ist zunächst notwendig, sich zu üben in bildhaftem Denken. Man stellt in das Bewußtsein herein so lebendig-anschauliche Vorstellungen, wie sie sonst nur unter dem Einfluß der äußeren Sinneswahrnehmung entstehen. Dadurch lebt man mit dem Bewußtsein in einer solch regen Tätigkeit, die sonst nur von äußerem Ton oder äußerer Farbe oder einer anderen Sinneswahrnehmung hervorgerufen wird, die jetzt aber durch Aufrufung rein innerer Kraftanstrengung vollbracht wird. Diese Tätigkeit ist zugleich ein Denken, aber ein solches, das nicht in abstrakten Begriffen die sinnliche Anschauung begleitet, sondern das selbst sich steigert bis zur Anschaulichkeit, die im gewöhnlichen Leben nur in Sinnesbildern lebt. – Nicht darauf kommt es an, *was* man so denkt, sondern darauf, daß man sich einer solchen, von dem gewöhnlichen Bewußtsein nie geübten Tätigkeit bewußt wird. Denn dadurch lernt man sich in dem übersinnlichen Wesen seines Ich erleben, das sich im gewöhnlichen Seelenleben hinter den Offenbarungen des körperlich-leiblichen Organismus verbirgt. Mit dem, was man auf diese Art als ein umgewandeltes Selbstbewußtsein erworben hat, läßt sich erst die übersinnliche Wirklichkeit wahrnehmen. Um dies zu können, sind noch andere Seelenverrichtungen notwendig, die sich auf Wollen und Fühlen beziehen, während die bisher gemeinten es mit umgewandelten Wahrnehmungs- und Vorstellungskräften zu tun haben. Wollen und Fühlen beziehen sich im gewöhnlichen Seelenleben auf Wesen oder Vorgänge, die außerhalb des eigenen Seelenlebens liegen. Um die übersinnliche Wirklichkeit in den Erkenntnisbereich zu ziehen, muß die Seele dieselben Betätigungen entfalten, die sonst im Fühlen und Wollen auf Äußeres gehen; diese Betätigungen müssen aber lediglich das eigene, innere Leben ergreifen. Der Mensch muß, um im Übersinnlichen zu forschen, für die Dauer dieser Forschung Wollen und Fühlen ganz von der Außenwelt ablenken und von ihnen nur das ergreifen lassen, was nach den umgewandelten Wahrnehmungs- und Vorstellungskräften im Innern der Seele lebt. Man fühlt nur und durchsetzt nur mit Willensimpulsen, was man als umgewandeltes Selbstbewußtsein durch das zu innerer Anschaulichkeit gesteigerte Denken erlebt. (Das Genauere über diese Umwandlung von Fühlen und Wollen findet man in den oben bezeichneten Büchern.) Dadurch aber geht mit dem Seelenleben eine völlige Umwandlung vor sich. Es erlebt sich als geistige Eigenwesenheit in einer wirklichen übersinnlich-geistigen Umwelt, wie sich für das gewöhnliche Bewußtsein der Mensch durch seine Sinne und das an diese gebundene Vorstellungsvermögen in einer sinnlich-physischen Umwelt erlebt.

Der Mensch strebt eine Erkenntnis der wahrhaftigen Wirklichkeit an. Der erste Schritt für eine ihm mögliche Befriedigung dieses Strebens ist die Einsicht, daß ihm *solche* Erkenntnis nicht durch Naturbetrachtung und auch nicht durch gewöhnliches, mystisches Innenleben werden kann. Denn zwischen beiden klafft ein Abgrund – wie im Beginne dieser Auseinandersetzungen gezeigt worden ist –, der erst ausgefüllt werden muß. Durch die hier skizzenhaft geschilderte Umwandlung des Bewußtseins wird dieser Abgrund ausgefüllt. Niemand kann zu der angestrebten Erkenntnis der wahrhaften Wirklichkeit gelangen, der nicht erkannt hat, daß zu *dieser* Erkenntnis die gewöhnlichen Erkenntnismittel nicht ausreichen und daß die zu ihr notwendigen Erkenntnismittel erst ausgebildet werden müssen. Der Mensch fühlt, daß mehr in ihm schlummert, als im gewöhnlichen Leben und in der gewöhnlichen Wissenschaft sein Bewußtsein umfaßt. Er verlangt instinktiv nach einer Erkenntnis, welche für dieses Bewußtsein nicht erreichbar ist. Er darf nicht davor zurückschrecken, zur Erlangung dieser Erkenntnis die Kräfte, welche im gewöhnlichen Bewußtsein auf die sinnliche Welt gerichtet sind, so umzuwandeln, daß sie eine übersinnliche Welt ergreifen können. Bevor man die wahre Wirklichkeit ergreifen kann, muß man erst den Seelenzustand herstellen, der auf die übersinnliche Welt Bezug haben kann. Was für das gewöhnliche

Bewußtsein erreichbar ist, hängt von der Menschheitsorganisation ab, die im Tode zerfällt. Deshalb ist es begreiflich, daß die Erkenntnis dieses Bewußtseins von dem Übersinnlichen, dem Ewigen in der Menschennatur nichts wissen kann. Erst das verwandelte Bewußtsein schaut in diejenige Welt, in welcher der Mensch als übersinnliches Wesen lebt, als ein Wesen, das von dem Zerfall des sinnlichen Organismus nicht berührt wird.

Das Bekennen zu dem verwandlungsfähigen Bewußtsein und damit zu einer wahren Wirklichkeitsforschung liegt den Denkgewohnheiten der Gegenwart noch fern. Vielleicht ferner, als zu Kopernikus' Zeit den Menschen das physische Weltsystem dieses Denkers gelegen hat. Aber so wie dieses den Zugang zu den Menschenseelen durch alle Hemmnisse hindurch gefunden hat, so wird ihn auch die anthroposophische Geisteswissenschaft finden. Sie zu verstehen, wird auch der Philosophie der Gegenwart schwer, weil diese ihren Ursprung aus einer Vorstellungsart herleitet, welche die fruchtbaren Keime einer vorurteilslosen Begriffstechnik, die schon im Aristotelismus liegen, nicht zur Entfaltung bringen konnte. Aus diesem Mangel aber entsprang, wie hier gezeigt worden ist, der andere, daß man sich durch künstliche Begriffsgespinste von der wahren Wirklichkeit, die man zu einem unnahbaren »Ding an sich« machte, abschloß. Durch diese ihre Grundrichtung muß die Philosophie der Gegenwart die Anthroposophie ablehnen. Denn für ihre Begriffe von Wissenschaftlichkeit kann diese Anthroposophie als nichts anderes denn als Dilettantismus erscheinen. Wer die in Betracht kommenden Dinge durchschaut, dem wird nicht unbegreiflich, sondern eigentlich selbstverständlich dieser Vorwurf des Dilettantismus erscheinen. Hier sollte der Quell dieses Vorwurfes dargelegt werden.

Man kann aus dieser Darlegung vielleicht ersehen, was notwendig geschehen muß, bevor die Philosophen dazu kommen werden, einzusehen, daß Anthroposophie nicht Dilettantismus ist. Es ist notwendig, daß die Philosophie mit ihrem Begriffssystem sich zu einem vorurteilslosen Erkennen ihrer eigenen Grundlagen hindurcharbeite. Es verhält sich, was hier in Betracht kommt, nicht so, daß Anthroposophie einer gesunden Philosophie widerspräche, sondern so, daß eine für Wissenschaft geltende neuere Erkenntnistheorie den tieferen Grundlagen einer wahren Philosophie selbst widerspricht. Diese Erkenntnistheorie wandelt in Irrgängen und muß erst aus diesen herauskommen, wenn sie Verständnis für anthroposophisches Weltbegreifen entwickeln will.

3. Goethes Geistesart in ihrer Offenbarung durch seinen Faust*

Der Seelenkonflikt, den Goethe aus seinem eigenen Innenleben in die Persönlichkeit des Faust gelegt hat, leuchtet in voller Stärke gleich im Anfang des Dramas auf. Da, wo Faust sich von dem Zeichen des Makrokosmos ab- und demjenigen des Erdgeistes zuwendet. Was der erste Faustmonolog bis zu diesem Seelenerlebnis enthält, ist im Grunde doch nur ein Auftakt. Die Unbefriedigung an den Wissenschaften, die andere an seiner Lage als Gelehrter, sind etwas, was in die besondere Goethesche Eigenart viel weniger hineinweist als das Verhältnis, in dem sich Faust zu dem Geiste des ganzen Alls auf der einen Seite und zu dem der Erde auf der andern fühlt. Aus dem Zeichen des Makrokosmos offenbart sich der Seele die umfassende Harmonie der ganzen Welt:

Wie alles sich zum Ganzen webt,
Eins in dem andern wirkt und lebt!
Wie Himmelskräfte auf und nieder steigen
Und sich die goldnen Eimer reichen!
Mit segenduftenden Schwingen
Vom Himmel durch die Erde dringen,
Harmonisch all das All durchklingen!

Hält man diese Worte zusammen mit dem, was Goethe als Zeichen des Makrokosmos gekannt hat, so fällt der Blick auf ein bedeutsames Erlebnis in Fausts Seele. Vor dieser stand ein Sinnbild des Weltalls. Die Erde im Zusammenhang mit den anderen Planeten des Sonnensystems und die Sonne selbst. Die Wirksamkeit der einzelnen Himmelskörper als Offenbarung von

* Aus: Rudolf Steiner, Goethes Geistesart in ihrer Offenbarung durch seinen »Faust« und durch das Märchen von der Schlange und der Lilie, Gesamtausgabe Band 22, Dornach 1979.

Geistwesen, die Bewegung und Wechselverhältnis lenken. Nicht eine mechanische Himmelssphäre, sondern ein kosmisches Weben von geistigen Hierarchien, als dessen Ausfluß das Leben der Welt erscheint, in die der Mensch hineingestellt ist. Und dieser selbst als Zusammenfluß des Wirkens all dieser Wesen. – Doch Faust kann in dem Anschauen dieser All-Harmonie in seiner Seele nicht das Erleben fühlen, nach dem er strebt. Man empfindet, in den Untergründen dieser Seele wühlt die Sehnsucht: wie werde ich im vollsten Sinne des Wortes »Mensch«? Sie möchte in sich erleben, was den Menschen bewußt zum wahren Menschen macht. Sie kann aus den Tiefen ihres Wesens nicht in derjenigen Art, die ihr vorschwebt, dasjenige Erfühlen heraufholen, durch das sie sich als den Zusammenfluß alles dessen erscheinen könnte, was ihr durch das Zeichen des Makrokosmos vorgestellt wird. Denn dies ist »Erkenntnis«, welche sich durch das innere starke Erleben in »Selbsterkenntnis« umwandeln kann. Keine Erkenntnis aber, auch nicht die höchste, kann unmittelbar den ganzen Menschen ergreifen. Sie kann nur einen Teil des Menschen ergreifen; der Mensch muß sie dann durch das Leben tragen; und im Wechselverhältnis mit dem Leben dehnt sie dann ihren Bereich über das ganze menschliche Wesen aus. Faust fehlt die Geduld, die Erkenntnis als das hinzunehmen, was sie zunächst allein sein kann. Er möchte im Augenblick eine Seelen-Erfüllung erleben, die nur im Laufe der Zeit zu erleben ist. Und so wendet er sich ab von der Offenbarung des Makrokosmos:

Welch Schauspiel! aber ach! ein Schauspiel nur!

Die Erkenntnis kann nicht mehr sein als *Bild* des Lebens. Faust will nicht ein Bild des Lebens; er will das Leben selbst. – So wendet er sich dem Zeichen des Erdgeistes zu. In diesem Zeichen hat er vor sich ein Sinnbild des ganzen unendlichen Menschenwesens, wie dieses ist durch die Kräfte der Erdenwirksamkeit. Das Sinnbild ruft in seiner Seele die Anschauung wach von allem, was der Mensch an unbegrenzter Wesenheit in sich trägt, was ihn aber betäuben müßte, wenn er es nicht auseinandergezogen in die *Bilder* der im Leben sich offenbarenden Erkenntnis, sondern zusammengezogen in die Wahrnehmung eines einzigen Erkenntnis-Augenblickes empfänge. In der Erscheinung des Erdgeistes tritt vor Faust, was der Mensch in Wirklichkeit ist, was aber betäubend wirkt, wenn es nicht in der abgeschwächten Spiegelung der Erkenntniskräfte in das Bewußtsein eintritt. Gewiß nicht in philosophischer Form, wohl aber in einer lebendigen Erkenntnisempfindung war in Goethe die geistige Angst, welche den Menschen überkommt bei dem Gedanken: Was wird mit mir, wenn das Rätsel meines Daseins mir plötzlich anschaulich wird, ich es aber erkennend nicht bewältigen kann!

Goethe hat in seinen Faust nicht etwa nur die Enttäuschungen eines in die Irre gehenden Erkenntnisdranges hineinlegen wollen; er wollte vielmehr die im Wesen des Menschen begründeten Konflikte dieses Dranges selbst darstellen. Der Mensch *ist* in jedem Augenblicke seines Daseins *mehr*, als sich zum Vollbringen seines Lebens enthüllen darf. Der Mensch soll sich entwikkeln aus seinem Innern heraus; er soll entfalten, was in vollem Maße zu erkennen ihm erst nach der Entfaltung gegönnt sein kann. Seine Erkenntniskräfte sind so geartet, daß sie selbst zur Unzeit an das herangebracht, was sie zur rechten Zeit bewältigen sollen, durch ihren eigenen Gegenstand betäubt werden können. – Faust lebt in alledem, was in den Worten des Erdgeistes sich offenbart. Aber dieses sein eigenes Wesen betäubt ihn, als es ihm anschaulich vor die Seele tritt in dem Augenblicke, in dem seine Lebensreife, dieses Wesen nicht erkennend, zum Bilde wandeln kann.

> Du gleichst dem Geist, den du begreifst,
> Nicht mir!

Bei diesen Worten stürzt Faust zusammen. Im Grunde hat er *sich* geschaut; aber er kann *sich* nicht gleichen, weil er, was er *ist*, nicht erkennend umfassen kann. Die Selbstanschauung hat das dieser Anschauung nicht gewachsene Bewußtsein betäubt.

Faust stellt die Frage: »Nicht dir! Wem denn?« – Die Antwort wird dramatisch gegeben. Wagner tritt ein. Dieser selbst ist die Antwort auf das »Wem denn?«. Seelischer Hochmut war es, der in Faust im Augenblicke das Geheimnis des eigenen Wesens erfassen wollte. Was in ihm lebt, ist zunächst nur das *Streben* nach diesem Geheimnis; das Ebenbild dessen, was er im Augenblicke von sich erkennend umfassen kann, ist Wagner. Man wird die Szene mit Wagner ganz mißverstehen, wenn man nur auf den Gegensatz blickt zwischen dem hochgeistigen Faust und dem beschränkten Wagner. In der Begegnung mit diesem nach der Erdgeistszene sollte Faust begreiflich werden, daß er mit seiner Erkenntniskraft im Grunde auf der Wagnerstufe steht. Dramatisch gedacht ist in der hier in Frage kommenden Szene Wagner das Ebenbild von Faust.

Was durch den Erdgeist sich für Faust nicht in einem Augenblicke offenbaren konnte, es mußte aus der Entwicklung des Lebens sich ergeben. Und Goethe fühlte das Bedürfnis, Faust nicht nur von dem Ausgangspunkte seines etwa vierzigjährigen Lebens aus das weitere Menschendasein vertieft durchmachen zu lassen, sondern, gewissermaßen rückschauend, vor seine Seele auch dasjenige treten zu lassen, dem er sich in seinem abstrakten Erkenntnisstreben entzogen hat. In Wagner stand er sich selbst vor dem Seelenauge. Der Monolog, der sich in dem vollendeten Faust an die Stelle anschließt: »Wie nur dem Kopf nicht alle Hoffnung schwindet . . .«, enthält in seinen Worten nur Wogen, die aus unterbewußten Seelentiefen heraufschlagen und die zuletzt ausmünden in den Entschluß zu dem Selbstmord. Faust kann in diesem Augenblicke seines Erlebens nur die Gefühlsfolgerung ziehen, daß dem Menschen »alle Hoffnung schwinden« müsse. Vor dieser Gefühls-Schlußfolgerung rettet seine Seele nur, daß das Leben vor seinen Geist zaubert, was vorher an seinem abstrakten Erkenntnisstreben wesenlos vorbeigezogen ist: die Osterfeier des einfachen Menschengemütes und der Osterspaziergang. Während dieser Erlebnisse, die ihm die nicht voll erlebte Jugend wenigstens im Rückblick vor die Seele bringen, wirkt in ihm nach, was er durch die Berührung mit der geistigen Welt, durch die Begegnung mit dem Erdgeist erfahren hat. Durch diese Nachwirkung löst er sich während der Gespräche mit Wagner beim Osterspaziergang von dessen Seelenverfassung los. Wagner bleibt im Gebiete des abstrakten Wissenschaftsstrebens; Faust muß die Seelenerfahrungen, die er gemacht hat, in das unmittelbare Leben hineintragen, auf daß ihm dieses Leben die Macht gibt, eine andere Antwort als Wagner auf die Frage zu bekommen: »Nicht dir! Wem denn?«.

Wer wie Faust von der geistigen Welt in ihrer Wirklichkeit berührt worden ist, der muß dem Leben anders gegenüberstehen als derjenige, dem sich nur das Sinnendasein geoffenbart hat und dessen Erkenntnis nur in Vorstellungen besteht, welche von diesem Sinnendasein hergeholt sind. Was Goethe das »Geistesauge« nennt[1]): für Faust ist es durch sein Erlebnis geöffnet. Ihn bringt das Leben noch zu anderen »Überwindungen« als zu derjenigen der Wagner-Wesenheit. Wagner ist auch ein Stück der

Menschennatur, die Faust in sich trägt. Er überwindet sie, indem er in sich nachträglich belebt, was er zu beleben in der Jugendzeit versäumt hat. Auch die Belebung des Bibelwortes, die Faust sucht, gehört noch zur Wiedererweckung des Versäumten. Aber eben während dieser Belebung tritt ein anderes »Ebenbild« des eigenen Wesens vor Fausts Seele: der Mephistopheles. Er ist die weitere schwerwiegendere Antwort auf das »Nicht dir! Wem denn?« Ihn hat er durch dasjenige zu *überwinden,* was die Lebenserfahrungen in seiner von der Geisteswelt berührten Seele werden können. Man sündigt gewiß nicht gegen die künstlerische Erfassung des Faustdramas, wenn man in Mephistopheles einen Teil von Fausts Wesen selbst sieht. Denn man behauptet damit nicht, daß Goethe in dem Mephistopheles nicht habe eine vollebendige dramatische Gestalt, sondern nur eine symbolische Figur schaffen wollen. Auch im Leben ist es so, daß der Mensch in anderen Menschen Teile seiner eigenen Wesenheit anschaut. Man erkennt sich an den andern Menschen. Ich behaupte nicht, daß Hans Müller nur ein Symbol für mich ist, wenn ich sage: ich schaue in ihm ein Stück meines eigenen Wesens. Die dramatischen Gestalten des Wagner und des Mephistopheles sind individuell lebensvolle Wesen; was Faust durch sie erlebt, ist Selbstanschauung.

Was steht im Grunde im Fortgange des Faustdramas durch die Schüler-Szene vor der Seele dessen, der dieses Drama auf sich wirken läßt? Doch nichts anderes als die Art, wie Faust seinen Schülern durch dasjenige gegenübertreten kann, was in ihm selbst von Mephistopheles ist. Als das, was in Mephistopheles dem Schüler gegenübertritt, kann sich der Mensch offenbaren, wenn er den Mephistopheles in sich nicht überwindet. Mir scheint allerdings, daß in dieser Szene von einer früheren Ausarbeitung seines Faust Goethe etwas stehen gelassen hat, was er wohl umgearbeitet hätte, wenn er sich überhaupt in eine vollständige Umarbeitung der älteren Teile in den Geist hinein, den jetzt das Ganze zeigt, hätte finden können. Im Sinne *dieses* Geistes müßte, was Mephistopheles mit dem Schüler treibt, auch von Faust erlebt werden. Das ist nicht der Fall. Aber Goethe war bei der früheren Ausarbeitung seines Faust nicht darauf bedacht, alles so dramatisch zu gestalten, daß es in irgendeiner Art auch als Erlebnis des Fausts selbst erscheint. Und er hat dann in die letzte Ausgestaltung seiner Dichtung manches einfach herübergenommen, was dem angedeuteten Geiste der späteren dramatischen Gestaltung sich nicht einfügt.

Der Verfasser dieser Ausführungen gehört zu denjenigen Lesern des Faust, die zu dieser Dichtung immer wieder zurückkehren. Bei solchem Rückkehren traten ihm stets als Leser neue Einblicke vor die Seele in das, was Goethe an unermeßlicher Lebenserkenntnis und Lebenserfahrung in seinen Faust hineingelegt hat. Doch wollte es ihm nie glücken, in Mephistopheles trotz dessen dramatischer Lebendigkeit eine einheitliche, innerlich ungebrochene Wesenheit zu erkennen. Er fand es endlich sogar begreiflich, daß die Faustkommentatoren nicht recht wissen, als was sie Mephistopheles eigentlich ansehen sollen. Die Ansicht ist aufgetaucht, Mephistopheles sei kein rechter Teufel, sondern nur ein Diener des Erdgeistes. Dem widerspricht doch wieder, daß Mephistopheles einmal selbst sagt:

> Ich möcht' mich gleich dem Teufel übergeben,
> Wenn ich nur selbst kein Teufel wär'!

Hält man zusammen, was in Mephistopheles sich ausspricht: man kommt eben denn doch nicht zurecht.

Nun hat sich für Goethe im Fortarbeiten an seiner Faustdichtung diese immer mehr an die tiefsten menschlichen Rätselerlebnisse herangerückt. Das Licht, das von diesen Rätselerlebnissen ausströmt, leuchtet überall in die dargestellten Ereignisse seiner Dichtung hinein. In Mephistopheles verkörpert sich, was der Mensch im Laufe einer tieferen Lebenserfahrung zu überwinden hat. Ein innerer Gegner dessen, was der Mensch aus seiner Wesenheit heraus erstreben muß, steht in der Gestalt des Mephistopheles da. – Wer aber die Erlebnisse völlig verfolgt, die Goethe in die Schöpfung des Mephistopheles hineingeheimnißt hat, der kommt nicht auf *einen* solchen geistigen Gegner der Menschennatur, sondern auf *zwei.* Der eine erwächst aus dem Willens- und Gefühlswesen, der andere aus dem Erkenntniswesen des Menschen. Das Willens- und Gefühlswesen strebt danach, den Menschen von der übrigen Welt, in der er Wurzel und Quelle seines Daseins hat, zu isolieren. Es gaukelt dem Menschen vor, daß er seinen Lebensweg gehen könne, indem er sich ganz nur auf sein inneres Wesen stützt. Es täuscht darüber hinweg, daß der Mensch am Weltganzen ein Glied ist, wie ein Finger am Organismus. Daß er sich zum geistigen Tode verurteilt, wenn er sich vom Ganzen der Welt abschnürt, so wie der Finger sich zum physischen Tode verurteilen würde, wenn er getrennt vom Organismus leben wollte. In dem Menschen ist ein elementares Streben nach solcher Abschnürung. Lebensweisheit wird nicht dadurch erworben, daß man sich gegen dieses elementarische Streben blind stellt, sondern dadurch, daß man es in seiner Eigenart überwindet, indem man es verwandelt, so daß es aus einem Gegner zu einem Helfer des Lebens wird. Wer wie Faust von der Geisteswelt berührt worden ist, der muß viel bewußter in den Kampf mit dieser dem Menschenleben gegnerischen Macht verstrickt werden als derjenige, dem solche Berührung fern geblieben ist. Als Wesen dramatisiert kann diese Macht der luziferische Widerpart des Menschen genannt werden. Er wirkt durch die im eigenen Innern der Menschenwesenheit nach Steigerung des Egoismus strebenden Seelenkräfte.

Der andere Gegner der Menschennatur schöpft seine Kraft aus den Täuschungen, denen der Mensch als die Außenwelt wahrnehmendes und vorstellendes Wesen ausgesetzt ist. Das vom Erkennen getragene Erleben der Außenwelt ist von den *Bildern* abhängig, die sich der Mensch von dieser Außenwelt nach der jeweiligen Verfassung seiner Seele, nach dem Gesichtspunkte, auf dem er steht, nach den allermannigfaltigsten andern Vorbedingungen machen kann. In die Entstehung dieser Bilder nistet sich der Geist der Täuschung ein. Er verzerrt das Verhältnis der Wahrheit, in das sich der Mensch ohne dessen Wirksamkeit zur Außenwelt und zur übrigen Menschheit setzen könnte. Er ist zum Beispiel auch der Geist der Zwietracht und des Streites zwischen Mensch und Mensch. Er bringt die Menschen in solche gegenseitige Abhängigkeiten, die Reue und Gewissensbisse zur Folge haben. Man kann diesen Geist im Anklange an eine Gestalt der persischen Mythe den ahrimanischen Geist nennen. Die persische Mythe legt ihrem Ahriman Eigenschaften bei, die zum Gebrauch dieses Namens berechtigen.

Luziferischer und ahrimanischer Widerpart[2]) der Menschenweisheit treten in ganz verschiedener Art an die menschliche Entwicklung heran. Goethes Mephistopheles trägt nun deutlich ahrimanische Züge; und doch lebt in ihm auch das luziferische Element. Eine Faustnatur ist den Versuchungen Ahrimans ebenso wie denjenigen Luzifers in stärkerem Maße ausgesetzt als eine solche, die nicht geistige Erfahrungen gemacht hat. Man könnte sich nun denken, daß Goethe statt des einen Mephistopheles die zwei gekennzeichneten Wesen Faust gegenübergestellt hätte. Faust wäre dann in die eine Art seiner Lebenslabyrinthe durch das eine, in die andere durch das andere geführt worden. So wie Goethe seinen Mephistopheles gekennzeichnet hat, sind in demselben uneinheitlich luziferische und ahrimanische Züge vermengt. Dies verhindert nicht nur den Leser, sich ein einheitliches Bild des Mephistopheles in der Phantasie zu formen, sondern es trat Goethe selbst hindernd in den Weg, wenn er immer wieder von neuem durch sein Leben hindurch den Faden der Faustdichtung fortspinnen wollte. Man verspürt eben einen ganz naturgemäßen Drang, manches, was Mephistopheles tut oder sagt, von einem anderen Wesen getan zu sehen oder gesagt zu hören. Gewiß, Goethe hat die Schwierigkeiten, die sich ihm bei der Fortsetzung seines Faust entgegengestellt haben, manchem ganz anderen zugeschrieben; in seinem Unterbewußtsein aber wirkte die zwiespältige Wesenheit des Mephistopheles, die es schwierig machte, die Fortführung des Lebenslaufes des Faust in Bahnen zu geleiten, welche durch die dem Leben widerstrebenden Mächte hindurchführen müssen.

Gegen Ausführungen wie diese ergibt sich nur allzuleicht der gewiß billige Einwand, man wolle Goethe korrigieren. Man muß diesen Einwand ertragen im Hinblick auf die Notwendigkeit, Goethes persönliches Verhältnis zu seiner Faustdichtung zu verstehen. Man verfolge doch nur, wie Goethe gegenüber Freunden gerade da über das Erlahmen seiner Schaffenskraft klagt, als er sich anschicken möchte, die »Dichtung seines Lebens« zu Ende zu führen. Man bedenke, daß er im hohen Alter Eckermanns Zuspruch braucht, um sich aufzuraffen, den Plan der Faustfortsetzung, den er als solchen dem dritten Buch von »Wahrheit und Dichtung« einverleiben will, auszuarbeiten. Karl Julius Schröer kann mit Recht* sagen: »Ohne Eckermann hätten wir wohl weiter nichts als den erwähnten Plan, der vielleicht eine Gestalt hätte wie das ›Schema zur Fortsetzung‹ der ›natürlichen Tochter‹, das in die Werke aufgenommen ist. Wir wissen, was ein solcher Plan für die Welt ist; ein Betrachtungsgegenstand für den Literarhistoriker, weiter nichts.« – Man hat das Stocken von Goethes Arbeit an seinem Faust allem Möglichen und Unmögli-

* Seite XXX der dritten Auflage des zweiten Teiles seines Faustausgabe.

chen zugeschrieben; man hat sich bemüht, die in der Gestalt des Mephistopheles gefühlten Widersprüche in der einen oder der anderen Art »aufzulösen«. Der Betrachter Goethes kommt über beides nicht leicht hinweg. Oder soll man sich wirklich zu einem Bekenntnis herbeilassen, wie es Jakob Minor in seinem übrigens interessanten Buche »Goethes Faust«* ablegt? »Goethe stand ... nahe dem fünfzigsten Jahre; und aus der Zeit der Schweizerreise stammt, soviel ich weiß, der erste Seufzer, den ihm der Gedanke an das herannahende Alter in dem schönen Gedichte ›Schweizeralpe‹ entlockt hat. Auch bei ihm, dem Ewigjungen, der bisher nur zu schauen und zu gestalten gewohnt war, tritt nun der Gedanke als Vorläufer der Weisheit des Alters mehr in den Vordergrund. Er schematisiert, er rubriziert als echter Sohn des umständlichen Vaters auf der Schweizerreise wie bei seinem Faust.« Man kann doch aus der Betrachtung des Lebens auch die Anschauung gewinnen, daß in einer solchen Dichtung, wie dem Goetheschen Faust, Dinge dargestellt werden müssen, die erst durch die Lebenserfahrung des höheren Alters gewonnen werden können. Müßte selbst bei einem Goethe mit diesem höheren Alter die Dichterkraft versiegen: Wie könnte eine solche Dichtung überhaupt entstehen?

So paradox es mancher Gesinnung auch erscheinen mag: eine ernste Betrachtung des persönlichen Verhältnisses Goethes zu seinem Faust und eine solche der Gestalt des Mephistopheles dazu zu drängen, in der letzteren einen inneren Grund zu sehen für die Schwierigkeiten, die Goethe seiner Lebensdichtung gegenüber empfunden hat. Die Zwiespältigkeit der Mephistophelesfigur wirkte in den Untergründen seiner Seele; sie trat nicht herauf über die Schwelle seines Bewußtseins. Da aber die Erlebnisse des Faust Spiegelungen der Taten des Mephistopheles enthalten müssen, so stellten sich stets Hemmungen ein, wenn der Lebenslauf des Faust dramatisch fortgeführt werden sollte, und aus dem Wirken des unheitlichen Widersachers nicht die rechten Impulse für eine solche Fortführung sich ergeben wollten.

* 2. Band, S. 28.

Der »Prolog im Himmel«, der jetzt mit der »Zueignung« und dem »Vorspiel auf dem Theater« den ersten Teil von Goethes Faust einleitet, ist erst 1797 gedichtet. Aus den Verhandlungen, die Goethe über seine Dichtung mit Schiller geführt hat, und deren Niederschlag sich in dem Briefwechsel der beiden findet, kann man ersehen, daß er um diese Zeit die Grundkräfte umgedacht hat, als deren Offenbarung das Leben des Faust erscheint. Bis dahin erfließt für die Anschauung dessen, was an Faust sich zeigt, alles aus dessen nach Lebensvollendung und Lebensweitung drängenden Seelen-Inneren. Man sieht keine anderen Impulse als diese inneren. Durch den »Prolog im Himmel« wird Faust als strebender Mensch in den ganzen Weltzusammenhang hineingestellt. Die geistigen Mächte, welche die Welt in Wirksamkeit versetzen und erhalten, zeigen sich in ihrer Entfaltung; und in ihr Zusammen- und Gegeneinanderwirken ist das Leben des Faust hineingestellt. So wird wenigstens für das Bewußtsein des Dichters und des Lesers Fausts Wesenheit in den Makrokosmos hineinversetzt, in den sich der Faust des jungen Goethe durch seine Erkenntnis nicht hineinstellen wollte. Mephistopheles tritt unter den wirkenden Weltenwesen »im Himmel« auf. Aber gerade da tritt auch das zwiespältige Wesen des Mephistopheles deutlich in die Erscheinung.

Von allen Geistern, die verneinen,
Ist mir der Schalk am wenigsten zur Last,

sagt der »Herr«. Es müßte also noch andere Geister, die »verneinen«, im Weltenkampfe geben. Und wie stimmt es zu der Bemühung des Mephistopheles am Schluß des zweiten Teiles des Faust um den Leichnam, wenn er sich hier »im Himmel« so äußert:

Am meisten lieb' ich mir die vollen frischen Wangen.
Für einen Leichnam bin ich nicht zu Haus.

Man denke sich: statt des einen Mephistopheles stünden ein luziferischer und ein ahrimanischer Geist dem »Herrn« gegenüber im Kampf um den Faust. Ein ahrimanischer muß sich um den »Leichnam« bemühen, denn er ist der Geist der Täuschung. Geht man den Quellen der Täuschung nach, so findet man, daß sie mit dem zusammenhängen, was als das Sterblich-Materielle schon im Leben des Menschen wirkt. Die Erkenntniskräfte, welche sich regen in demselben Maße, in dem diejenigen Impulse in ihm auftauchen, die zuletzt den Tod herbeiführen, unterliegen der ahrimanischen Täuschung. Die Willens- und Gefühlsimpulse wirken diesen Kräften entgegen. Sie hängen zusammen mit dem sprießenden, wachsenden Leben. Sie sind in Kindheit und Jugend am mächtigsten. Sie treten im Alter in dem Grade lebhafter auf, als sich der Mensch die Antriebe der Jugend in dieses Alter hinüberrettet. Sie bergen die luziferische Abirrung in sich. Luzifer kann sagen: ich liebe mir die »vollen frischen Wangen«; Ahriman muß für einen Leichnam »zu Hause« sein. Und der »Herr« kann zu Ahriman sagen: »Von allen Geistern, die verneinen, ist mir der Schalk am wenigsten zur Last.« Denn die Schalk-Natur ist mit der Täusche-Natur verwandt. Und für das »Ewige« im Menschen ist die das Materiell-Vergängliche beherrschende Ahrimanwesenheit weniger bedeutend als die andere »verneinende« Wesenheit, die innig mit dem Wesenskern des Menschen verknüpft ist. Nicht eine Phantasie-Willkür ist es, was in Mephistopheles eine Zwienatur empfindet, sondern das selbstverständliche Fühlen eines zwiefach Wesenhaften in der menschlichen Welt- und Lebensgestaltung. Goethe muß etwas in seinem Unterbewußtsein empfunden haben, das ihn ahnen ließ: ich bringe den Gegensatz Faust-Mephistopheles vor die universale Lebensgestaltung; aber diese will zu diesem Gegensatz nicht stimmen.

Wäre, was hier gesagt ist, im Sinne der pedantisch bedenklichen Forderung gemeint: Goethe hätte den Mephistopheles anders zeichnen sollen, so könnte es ganz leicht widerlegt werden. Man brauchte nur darauf hinzuweisen, wie in Goethes Phantasie diese Gestalt aus der Überlieferung der Faustsage aus der deutschen und nordischen Mythologie als eine einheitliche hervorgegangen ist und hervorgehen mußte. Und gegen das Aufzeigen von »Widersprüchen« in einer lebendigen Gestalt könnte man, abgesehen davon, daß was lebensvoll ist, gerade das »Leben mit seinen Widersprüchen« enthalten muß, sich an Goethes klares Wort halten: »Wenn durch die Phantasie nicht Dinge entstünden, die für den Verstand ewig problematisch bleiben, so wäre überhaupt zu der Phantasie nicht viel. Dies ist es, wodurch sich die Poesie von der Prosa unterscheidet.«[3]) Nein, auf diesem Felde liegt das nicht, was hier gemeint ist. Aber unbestreitbar ist, was Karl Julius Schröer* sagt: »Großartig spielend, mit überlegenem Humor scherzend, meisterhaft charakterisierend bei fortwährend durchblickendem tiefen Hintergrunde höchster Fragen der Menschheit . . . hebt uns die Dichtung endlich zur Andacht hehrster Empfindungen empor . . .« Das ist es, worauf es ankommt: was in seiner Faustdichtung vor Goethes Phantasie stand, das erschien ihm auf dem »fortwährend durchblickenden tiefen Hintergrunde höchster Fragen der Menschheit«. Die Gesinnung, aus welcher in gründlicher Goethe-Erkenntnis und edler Liebe zu Goethes Art Schröer dies vorbringt, kann gewiß nicht angefochten werden, da Schröer jedenfalls nicht vorgeworfen werden kann, er wolle die Dichtung Goethes im Sinne einer abstrakten Ideenentwicklung erklären. – Aber weil Goethe den Hintergrund höchster Fragen der Menschheit vor der Seele hatte, erweiterte sich für seinen Geistesblick die überlieferte Gestalt des »nordischen Teufels« zu jener zwiespältigen Wesenheit, zu welcher der ernste Betrachter des Lebens und der Welt nun einmal geführt wird, wenn er erkennend *schaut,* wie die Menschenwesenheit in das Ganze des Weltalls hineingestellt ist.

Die Mephistopheles-Gestalt, welche Goethe vorschwebte, als er seine Dichtung begann, war angemessen der Abwendung des Faust von dem Sinne des Makrokosmos. Die Seelenkonflikte, die sich da aus seinem Innern erhoben, führten zu einem Kampf gegen die gegnerische Macht, welche den Menschen im Innern anfaßt und die einen luziferischen Charakter hat. Aber Goethe war genötigt, seinen Faust auch in den Kampf mit den Mächten der Außenwelt einzuführen. Je mehr er sich der Ausführung des zweiten Teiles des Faust näherte, um so mehr empfand er diese Notwendigkeit. Und in der »Klassischen Walpurgisnacht«, die zur wirklichen Begegnung des Faust mit Helena führen sollte, treten Weltenmächte, tritt makrokosmisches Geschehen in Zusammenhang mit den Erlebnissen des Menschen. Indem Mephistopheles in diesen Zusammenhang eingreift, muß er einen ahrimanischen Charakter annehmen. Goethe hatte sich durch seine naturwissenschaftliche Weltanschauung die Brücke gebaut, über die er Weltgeschehen in die Menschenentwicklung herüberbringen konnte. Er hat das getan in seiner »Klassischen Walpurgis-

* Seite XCIV der dritten Auflage des zweiten Teiles seiner Faustausgabe.

nacht«. Deren dichterischen Wert wird man erst erkennen, wenn man voll durchschauen wird, wie in diesem Gebiete des Faust es Goethe gelungen ist, Naturanschauungen künstlerisch so ganz zu bezwingen, daß an ihnen kein begrifflich-abstrakter Rest bleibt, sondern alles in das Bild, in die phantasiegemäße Gestaltung eingeflossen ist. Es ist nur ästhetischer Aberglaube, wenn man der »Klassischen Walpurgisnacht« vorwirft: sie enthalte einen peinlichen Rest abstrakter naturwissenschaftlicher Theorien. Und in vielleicht noch größerem Maße ist in dem gewaltigen Schlußbild des fünften Aktes des zweiten Teiles die Brücke geschlagen zwischen übersinnlichem All-Geschehen und Menschen-Erlebnis.

Es scheint keinem Zweifel unterworfen: Goethes Geistesart nahm im Laufe seines Lebens eine Entwicklung, durch die ihm die zwiespältige Wesenheit der dem Menschen gegnerischen Weltmächte vor das Seelenauge trat, und er hat die Notwendigkeit empfunden, im Fortgange seiner Faustschöpfung deren Anfang selbst zu überwinden, indem das *Leben* den Faust dem Makrokosmos zuwendet, von dem er sich erst einst durch die einseitige *Erkenntnis* abgewendet hat.

Welch Schauspiel! aber ach! ein Schauspiel nur!

In das Schauspiel traten aber die Kräfte des umfassenden Weltgeschehens ein. Es wurde *Leben,* weil Faust nach Zielen strebt, die den Menschen durch den Lebenskampf in seinem Innern zum Konflikte mit den Mächten führen, welche ihn als Glied des Weltganzen kämpfend, aber den Kampf aufnehmend erscheinen lassen.

4. Die Idee der Freiheit*

Der Begriff des Baumes ist für das Erkennen durch die Wahrnehmung des Baumes bedingt. Ich kann der bestimmten Wahrnehmung gegenüber nur einen ganz bestimmten Begriff aus dem allgemeinen Begriffssystem herausheben. Der Zusammenhang von Begriff und Wahrnehmung wird durch das Denken an der Wahrnehmung mittelbar und objektiv bestimmt. Die Verbindung der Wahrnehmung mit ihrem Begriffe wird nach dem Wahrnehmungsakte erkannt; die Zusammengehörigkeit ist aber in der Sache selbst bestimmt.

Anders stellt sich der Vorgang dar, wenn die Erkenntnis, wenn das in ihr auftretende Verhältnis des Menschen zur Welt betrachtet wird. In den vorangehenden Ausführungen ist der Versuch gemacht worden, zu zeigen, daß die Aufhellung dieses Verhältnisses durch eine auf dasselbe gehende unbefangene Beobachtung möglich ist. Ein richtiges Verständnis dieser Beobachtung kommt zu der Einsicht, daß das Denken als eine in sich beschlossene Wesenheit unmittelbar angeschaut werden kann. Wer nötig findet, zur Erklärung des Denkens als solchem etwas anderes herbeizuziehen, wie etwa physische Gehirnvorgänge, oder hinter dem beobachteten bewußten Denken liegende unbewußte geistige Vorgänge, der verkennt, was ihm die unbefangene Beobachtung des Denkens gibt. Wer das Denken beobachtet, lebt während der Beobachtung unmittelbar in einem geistigen, sich selbst tragenden Wesensweben darinnen. Ja, man kann sagen, wer die Wesenheit des Geistigen in der Gestalt, in der sie sich dem Menschen *zunächst* darbietet, erfassen will, kann dies in dem auf sich selbst beruhenden Denken.

* Aus: Rudolf Steiner, De Philosophie der Freiheit – Grundzüge einer modernen Weltanschauung, Gesamtausgabe Band 4, Dornach 1978.

Im Betrachten des Denkens selbst fallen in eines zusammen, was sonst immer getrennt auftreten *muß:* Begriff und Wahrnehmung. Wer dies nicht durchschaut, der wird in an Wahrnehmungen erarbeiteten Begriffen nur schattenhafte Nachbildungen dieser Wahrnehmungen sehen können, und die Wahrnehmungen werden ihm die wahre Wirklichkeit vergegenwärtigen. Er wird auch eine metaphysische Welt nach dem Muster der wahrgenommenen Welt sich auferbauen; er wird diese Welt Atomenwelt, Willenswelt, unbewußte Geistwelt und so weiter nennen, je nach seiner Vorstellungsart. Und es wird ihm entgehen, daß er sich mit alledem nur eine metaphysische Welt hypothetisch nach dem Muster *seiner* Wahrnehmungswelt auferbaut hat. Wer aber durchschaut, was bezüglich des Denkens vorliegt, der wird erkennen, daß in der Wahrnehmung nur ein Teil der Wirklichkeit vorliegt und daß der andere zu ihr gehörige Teil, der sie erst als volle Wirklichkeit erscheinen läßt, in der denkenden Durchsetzung der Wahrnehmung *erlebt* wird. Er wird in demjenigen, das als Denken im Bewußtsein auftritt, nicht ein schattenhaftes Nachbild einer Wirklichkeit sehen, sondern eine auf sich ruhende geistige Wesenhaftigkeit. Und von dieser kann er sagen, daß sie ihm durch *Intuition* im Bewußtsein gegenwärtig wird. *Intuition* ist das im rein Geistigen verlaufende bewußte Erleben eines rein geistigen Inhaltes. Nur durch eine Intuition kann die Wesenheit des Denkens erfaßt werden.

Nur wenn man sich zu der in der unbefangenen Beobachtung gewonnenen Anerkennung dieser Wahrheit über die intuitive Wesenheit des Denkens hindurchgerungen hat, gelingt es, den Weg frei zu bekommen für eine Anschauung der menschlichen leiblich-seelischen Organisation. Man erkennt, daß diese Organisation an dem *Wesen* des Denkens nichts bewirken kann. Dem *scheint* zunächst der ganz offenbare Tatbestand zu widersprechen. Das menschliche Denken tritt für die gewöhnliche Erfahrung nur an und durch diese Organisation auf. Dieses Auftreten macht sich so stark geltend, daß es in seiner wahren Bedeutung nur von demjenigen durchschaut werden kann, der erkannt hat, wie im Wesenhaften des Denkens nichts von dieser Organisation mitspielt. Einen solchen wird es dann aber auch nicht mehr entgehen können, wie eigentümlich geartet das Verhältnis der menschlichen Organisation zum Denken ist. Diese bewirkt nämlich nichts an dem Wesenhaften des Denkens, sondern sie weicht, wenn die Tätigkeit des Denkens auftritt, zurück; sie hebt ihre eigene Tätigkeit auf, sie macht einen Platz frei, und an dem freigewordenen Platz tritt das Denken auf. Dem Wesenhaften, das im Denken wirkt, obliegt ein Doppeltes: Erstens drängt es die menschliche Organisation in deren eigener Tätigkeit zurück, und zweitens setzt es sich selbst an deren Stelle. Denn auch das erste, die Zurückdrängung der Leibesorganisation, ist Folge der Denktätigkeit. Und zwar desjenigen Teiles derselben, der das *Erscheinen* des Denkens vorbereitet. Man ersieht aus diesem, in welchem Sinne das Denken in der Leibesorganisation sein Gegenbild findet. Und wenn man dieses ersieht, wird man nicht mehr die Bedeutung dieses Gegenbildes für das Denken selbst verkennen können. Wer über einen erweichten Boden geht, dessen Fußspuren graben sich in dem Boden ein. Man wird nicht versucht sein, zu sagen, die Fußspurenformen seien von Kräften des Bodens, von unten herauf, getrieben worden. Man wird *diesen* Kräften keinen Anteil an dem Zustandekommen der Spurenformen zuschreiben. Ebensowenig wird, wer die Wesenheit des Denkens unbefangen beobachtet, den Spuren im Leibesorganismus an dieser Wesenheit einen Anteil zuschreiben, die dadurch entstehen, daß das Denken sein Erscheinen durch den Leib vorbereitet.*

Aber eine bedeutungsvolle Frage taucht hier auf. Wenn an dem *Wesen* des Denkens der menschlichen Organisation kein Anteil zukommt, welche Bedeutung hat diese Organisation innerhalb der Gesamtwesenheit des Menschen? Nun, was in dieser Organisation durch das Denken geschieht, hat wohl mit der Wesenheit des Denkens nichts zu tun, wohl aber mit der Entstehung des Ich-Bewußtseins aus diesem Denken heraus. Innerhalb des Eigenwesens des Denkens liegt wohl das wirkliche »Ich«, nicht aber das Ich-Bewußtsein. Dies durchschaut derjenige, der eben unbefangen das Denken beobachtet. Das »Ich« ist innerhalb des Denkens zu finden; das »Ich-Bewußtsein« tritt dadurch auf, daß im allgemeinen Bewußtsein sich die Spuren der Denktätigkeit in dem oben gekennzeichneten Sinne eingraben.

* Wie innerhalb der Psychologie, der Physiologie usw. sich die obige Anschauung geltend macht, hat der Verfasser in Schriften, die auf dieses Buch gefolgt sind, nach verschiedenen Richtungen dargestellt. Hier sollte nur das gekennzeichnet werden, was die unbefangene Beobachtung des Denkens selbst ergibt.

(Durch die Leibesorganisation entsteht also das Ich-Bewußtsein. Man verwechsle das aber nicht etwa mit der Behauptung, daß das einmal entstandene Ich-Bewußtsein von der Leibesorganisation abhängig bleibe. Einmal entstanden, wird es in das Denken aufgenommen und teilt fortan dessen geistige Wesenheit.)

Das »Ich-Bewußtsein« ist auf die menschliche Organisation gebaut. Aus dieser erfließen die Willenshandlungen. In der Richtung der vorangegangenen Darlegungen wird ein Einblick in den Zusammenhang zwischen Denken, bewußtem Ich und Willenshandlung nur zu gewinnen sein, wenn erst beobachtet wird, wie die Willenshandlung aus der menschlichen Organisation hervorgeht.

Für den einzelnen Willensakt kommt in Betracht: das Motiv und die Triebfeder. Das Motiv ist ein begrifflicher oder vorstellungsgemäßer Faktor; die Triebfeder ist der in der menschlichen Organisation unmittelbar bedingte Faktor des Wollens. Der begriffliche Faktor oder das Motiv ist der augenblickliche Bestimmungsgrund des Wollens; die Triebfeder der bleibende Bestimmungsgrund des Individuums. Motiv des Wollens kann ein reiner Begriff oder ein Begriff mit einem bestimmten Bezug auf das Wahrnehmen sein, das ist eine Vorstellung. Allgemeine und individuelle Begriffe (Vorstellungen) werden dadurch zu Motiven des Wollens, daß sie auf das menschliche Individuum wirken und dasselbe in einer gewissen Richtung zum Handeln bestimmen. Ein und derselbe Begriff, beziehungsweise eine und dieselbe Vorstellung wirkt aber auf verschiedene Individuen verschieden. Sie veranlassen verschiedene Menschen zu verschiedenen Handlungen. Das Wollen ist also nicht bloß ein Ergebnis des Begriffes oder der Vorstellung, sondern auch der individuellen Beschaffenheit des Menschen. Diese individuelle Beschaffenheit wollen wir – man kann in bezug darauf Eduard von Hartmann folgen – die charakterologische Anlage nennen. Die Art, wie Begriff und Vorstellung auf die charakterologische Anlage des Menschen wirken, gibt seinem Leben ein bestimmtes moralisches oder ethisches Gepräge.

Die charakterologische Anlage wird gebildet durch den mehr oder weniger bleibenden Lebensgehalt unseres Subjektes, das ist durch unseren Vorstellungs- und Gefühlsinhalt. Ob mich eine in mir gegenwärtig auftretende Vorstellung zu einem Wollen anregt, das hängt davon ab, wie sie sich zu meinem übrigen

Vorstellungsinhalte und auch zu meinen Gefühlseigentümlichkeiten verhält. Mein Vorstellungsinhalt ist aber wieder bedingt durch die Summe derjenigen Begriffe, die im Verlaufe meines individuellen Lebens mit Wahrnehmungen in Berührung gekommen, das heißt zu Vorstellungen geworden sind. Diese hängt wieder ab von meiner größeren oder geringeren Fähigkeit der Intuition und von dem Umkreis meiner Beobachtungen, das ist von dem subjektiven und dem objektiven Faktor der Erfahrungen, von der inneren Bestimmtheit und dem Lebensschauplatz. Ganz besonders ist meine charakterologische Anlage durch mein Gefühlsleben bestimmt. Ob ich an einer bestimmten Vorstellung oder einem Begriff Freude oder Schmerz empfinde, davon wird es abhängen, ob ich sie zum Motiv meines Handelns machen will oder nicht. – Dies sind die Elemente, die bei einem Willensakte in Betracht kommen. Die unmittelbar gegenwärtige Vorstellung oder der Begriff, die zum Motiv werden, bestimmen das Ziel, den Zweck meines Wollens; meine charakterologische Anlage bestimmt mich, auf dieses Ziel meine Tätigkeit zu richten. Die Vorstellung, in der nächsten halben Stunde einen Spaziergang zu machen, bestimmt das Ziel meines Handelns. Diese Vorstellung wird aber nur dann zum Motiv des Wollens erhoben, wenn sie auf eine geeignete charakterologische Anlage auftrifft, das ist, wenn sich durch mein bisheriges Leben in mir etwa die Vorstellungen gebildet haben von der Zweckmäßigkeit des Spazierengehens, von dem Wert der Gesundheit, und ferner, wenn sich mit der Vorstellung des Spazierengehens in mir das Gefühl der Lust verbindet.

Wir haben somit zu unterscheiden: 1. Die möglichen subjektiven Anlagen, die geeignet sind, bestimmte Vorstellungen und Begriffe zu Motiven zu machen; und 2. die möglichen Vorstellungen und Begriffe, die imstande sind, meine charakterologische Anlage so zu beeinflussen, daß sich ein Wollen ergibt. Jene stellen die *Triebfedern*, diese die *Ziele* der Sittlichkeit dar.

Die Triebfedern der Sittlichkeit können wir dadurch finden, daß wir nachsehen, aus welchen Elementen sich das individuelle Leben zusammensetzt.

Die erste Stufe des individuellen Lebens ist das *Wahrnehmen*, und zwar das Wahrnehmen der Sinne. Wir stehen hier in jener Region unseres individuellen Lebens, wo sich das Wahrnehmen unmittelbar, ohne Dazwischentreten eines Gefühles oder Begriffes in Wollen umsetzt. Die Triebfeder des Menschen, die hierbei in Betracht kommt, wird als *Trieb* schlechthin bezeichnet. Die Befriedigung unserer niederen, rein animalischen Bedürfnisse (Hunger, Geschlechtsverkehr usw.) kommt auf diesem Wege zustande. Das Charakteristische des Trieblebens besteht in der Unmittelbarkeit, mit der die Einzelwahrnehmung das Wollen auslöst. Diese Art der Bestimmung des Wollens, die ursprünglich nur dem niedrigeren Sinnenleben eigen ist, kann auch auf die Wahrnehmungen der höheren Sinne ausgedehnt werden. Wir lassen auf die Wahrnehmung irgendeines Geschehens in der Außenwelt, ohne weiter nachzudenken und ohne daß sich uns an die Wahrnehmung ein besonderes Gefühl knüpft, eine Handlung folgen, wie das namentlich im konventionellen Umgange mit Menschen geschieht. Die Triebfeder dieses Handelns bezeichnet man als *Takt* oder *sittlichen Geschmack*. Je öfter sich ein solches unmittelbares Auslösen einer Handlung durch eine Wahrnehmung vollzieht, desto geeigneter wird sich der betreffende Mensch erweisen, rein unter dem Einfluß des Taktes zu handeln, das ist: der *Takt* wird zu seiner charakterologischen Anlage.

Die zweite Sphäre des menschlichen Lebens ist das *Fühlen*. An die Wahrnehmungen der Außenwelt knüpfen sich bestimmte Gefühle. Diese Gefühle können zu Triebfedern des Handelns werden. Wenn ich einen hungernden Menschen sehe, so kann mein Mitgefühl mit demselben die Triebfeder meines Handelns bilden. Solche Gefühle sind etwa: das Schamgefühl, der Stolz, das Ehrgefühl, die Demut, die Reue, das Mitgefühl, das Rache- und Dankbarkeitsgefühl, die Pietät, die Treue, das Liebes- und Pflichtgefühl.*

Die dritte Stufe des Lebens endlich ist das *Denken und Vorstellen*. Durch bloße Überlegung kann eine Vorstellung oder ein Begriff zum Motiv einer Handlung werden. Vorstellungen werden dadurch Motive, daß wir im Laufe des Lebens fortwährend gewisse Ziele des Wollens an Wahrnehmungen knüpfen, die in mehr oder weniger modifizierter Gestalt immer wiederkehren. Daher kommt es, daß bei Menschen, die nicht ganz ohne Erfah-

* Eine vollständige Zusammenstellung der Prinzipien der Sittlichkeit findet man (vom Standpunkte des metaphysischen Realismus aus) in Eduard von Hartmanns »Phänomenologie des sittlichen Bewußtseins«.

rung sind, stets mit bestimmten Wahrnehmungen auch die Vorstellungen von Handlungen ins Bewußtsein treten, die sie in einem ähnlichen Fall ausgeführt oder ausführen gesehen haben. Diese Vorstellungen schweben ihnen als bestimmende Muster bei allen späteren Entschließungen vor, sie werden Glieder ihrer charakterologischen Anlage. Wir können die damit bezeichnete Triebfeder des Wollens die *praktische Erfahrung* nennen. Die praktische Erfahrung geht allmählich in das rein taktvolle Handeln über. Wenn sich bestimmte typische Bilder von Handlungen mit Vorstellungen von gewissen Situationen des Lebens in unserem Bewußtsein so fest verbunden haben, daß wir gegebenen Falles mit Überspringung aller auf Erfahrung sich gründenden Überlegung unmittelbar auf die Wahrnehmung hin ins Wollen übergehen, dann ist dies der Fall.

Die höchste Stufe des individuellen Lebens ist das begriffliche Denken ohne Rücksicht auf einen bestimmten Wahrnehmungsgehalt. Wir bestimmen den Inhalt eines Begriffes durch reine Intuition aus der ideellen Sphäre heraus. Ein solcher Begriff enthält dann zunächst keinen Bezug auf bestimmte Wahrnehmungen. Wenn wir unter dem Einflusse eines auf eine Wahrnehmung deutenden Begriffes, das ist einer Vorstellung, in das Wollen eintreten, so ist es diese Wahrnehmung, die uns auf dem Umwege durch das begriffliche Denken bestimmt. Wenn wir unter dem Einflusse von Intuitionen handeln, so ist die Triebfeder unseres Handelns das *reine Denken*. Da man gewohnt ist, das reine Denkvermögen in der Philosophie als Vernunft zu bezeichnen, so ist es wohl auch berechtigt, die auf dieser Stufe gekennzeichnete moralische Triebfeder die *praktische Vernunft* zu nennen. Am klarsten hat von dieser Triebfeder des Wollens Kreyenbühl (Philosophische Monatshefte, Bd. XVIII, Heft 3) gehandelt. Ich rechne seinen darüber geschriebenen Aufsatz zu den bedeutsamsten Erzeugnissen der gegenwärtigen Philosophie, namentlich der Ethik. Kreyenbühl bezeichnet die in Rede stehende Triebfeder als *praktisches Apriori*, das heißt, unmittelbar aus meiner Intuition fließenden Antrieb zum Handeln.

Es ist klar, daß ein solcher Antrieb nicht mehr im strengen Wortsinne zu dem Gebiete der charakterologischen Anlagen gerechnet werden kann. Denn was hier als Triebfeder wirkt, ist nicht mehr ein bloß Individuelles in mir, sondern der ideelle und folglich allgemeine Inhalt meiner Intuition. Sobald ich die Berechtigung dieses Inhaltes als Grundlage und Ausgangspunkt einer Handlung ansehe, trete ich in das Wollen ein, gleichgültig ob der Begriff bereits zeitlich vorher in mir da war oder erst unmittelbar vor dem Handeln in mein Bewußtsein eintritt, das ist: gleichgültig, ob er bereits als Anlage in mir vorhanden war oder nicht.

Zu einem wirklichen Willensakt kommt es nur dann, wenn ein augenblicklicher Antrieb des Handelns in Form eines Begriffes oder einer Vorstellung auf die charakterologische Anlage einwirkt. Ein solcher Antrieb wird dann zum Motiv des Wollens.

Die Motive der Sittlichkeit sind Vorstellungen und Begriffe. Es gibt Ethiker, die auch im Gefühle ein Motiv der Sittlichkeit sehen; sie behaupten zum Beispiel, Ziel des sittlichen Handelns sei die Beförderung des größtmöglichen Quantums von Lust im handelnden Individuum. Die Lust selbst aber kann nicht Motiv werden, sondern nur eine *vorgestellte Lust.* Die *Vorstellung* eines künftigen Gefühles, nicht aber das Gefühl selbst kann auf meine charakterologische Anlage einwirken. Denn das Gefühl selbst ist im Augenblicke der Handlung noch nicht da, soll vielmehr erst durch die Handlung hervorgebracht werden.

Die *Vorstellung* des eigenen oder fremden Wohles wird aber mit Recht als ein Motiv des Wollens angesehen. Das Prinzip, durch sein Handeln die größte Summe eigener Lust zu bewirken, das ist: die individuelle Glückseligkeit zu erreichen, heißt *Egoismus.* Diese individuelle Glückseligkeit wird entweder dadurch zu erreichen gesucht, daß man in rücksichtsloser Weise nur auf das eigene Wohl bedacht ist und dieses auch auf Kosten des Glückes fremder Individualitäten erstrebt (reiner Egoismus), oder dadurch, daß man das fremde Wohl aus dem Grunde befördert, weil man sich dann mittelbar von den glücklichen fremden Individualitäten einen günstigen Einfluß auf die eigene Person verspricht, oder weil man durch Schädigung fremder Individuen auch eine Gefährdung des eigenen Interesses befürchtet (Klugheitsmoral). Der besondere Inhalt der egoistischen Sittlichkeitsprinzipien wird davon abhängen, welche Vorstellung sich der Mensch von seiner eigenen oder der fremden Glückseligkeit macht. Nach dem, was einer als ein Gut des Lebens ansieht (Wohlleben, Hoffnung und Glückseligkeit, Erlösung von verschiedenen Übeln usw.), wird er den Inhalt seines egoistischen Strebens bestimmen.

Als ein weiteres Motiv ist dann der rein begriffliche Inhalt einer Handlung anzusehen. Dieser Inhalt bezieht sich nicht wie die Vorstellung der eigenen Lust auf die einzelne Handlung allein, sondern auf die Begründung einer Handlung aus einem Systeme sittlicher Prinzipien. Diese Moralprinzipien können in Form abstrakter Begriffe das sittliche Leben regeln, ohne daß der einzelne sich um den Ursprung der Begriffe kümmert. Wir empfinden dann einfach die Unterwerfung unter den sittlichen Begriff, der als Gebot über unserem Handeln schwebt, als sittliche Notwendigkeit. Die Begründung dieser Notwendigkeit überlassen wir dem, der die sittliche Unterwerfung fordert, das ist der sittlichen Autorität, die wir anerkennen (Familienoberhaupt, Staat, gesellschaftliche Sitte, kirchliche Autorität, göttliche Offenbarung). Eine besondere Art dieser Sittlichkeitsprinzipien ist die, wo das Gebot sich nicht durch eine äußere Autorität für uns kundgibt, sondern durch unser eigenes Inneres (sittliche Autonomie). Wir vernehmen dann die Stimme in unserem eigenen Innern, der wir uns zu unterwerfen haben. Der Ausdruck dieser Stimme ist das *Gewissen.*

Es bedeutet einen sittlichen Fortschritt, wenn der Mensch zum Motiv seines Handelns nicht einfach das Gebot einer äußeren oder der inneren Autorität macht, sondern wenn er den Grund einzusehen bestrebt ist, aus dem irgendeine Maxime des Handelns als Motiv in ihm wirken soll. Dieser Fortschritt ist der von der autoritativen Moral zu dem Handeln aus sittlicher Einsicht. Der Mensch wird auf dieser Stufe der Sittlichkeit die Bedürfnisse des sittlichen Lebens aufsuchen und sich von der Erkenntnis derselben zu seinen Handlungen bestimmen lassen. Solche Bedürfnisse sind: 1. das größtmögliche Wohl der Gesamtmenschheit rein um dieses Wohles willen; 2. der Kulturfortschritt oder die sittliche *Entwicklung* der Menschheit zu immer größerer Vollkommenheit; 3. die Verwirklichung rein intuitiv erfaßter individueller Sittlichkeitsziele.

Das *größtmögliche Wohl der Gesamtmenschheit* wird natürlich von verschiedenen Menschen in verschiedener Weise aufgefaßt werden. Die obige Maxime bezieht sich nicht auf eine bestimmte Vorstellung von diesem Wohl, sondern darauf, daß jeder einzelne, der dies Prinzip anerkennt, bestrebt ist, dasjenige zu tun, was nach seiner Ansicht das Wohl der Gesamtmenschheit am meisten fördert.

Der Kulturfortschritt erweist sich für denjenigen, dem sich an die Güter der Kultur ein Lustgefühl knüpft, als ein spezieller Fall des vorigen Moralprinzips. Er wird nur den Untergang und die Zerstörung mancher Dinge, die auch zum Wohle der Menschheit beitragen, mit in Kauf nehmen müssen. Es ist aber auch möglich, daß jemand in dem Kulturfortschritt, abgesehen von dem damit verbundenen Lustgefühl, eine sittliche Notwendigkeit erblickt. Dann ist derselbe für ihn ein besonderes Moralprinzip neben dem vorigen.

Sowohl die Maxime des Gesamtwohles wie auch jene des Kulturfortschrittes beruht auf der Vorstellung, das ist auf der Beziehung, die man dem Inhalt der sittlichen Ideen zu bestimmten Erlebnissen (Wahrnehmungen) gibt. Das höchste denkbare Sittlichkeitsprinzip ist aber das, welches keine solche Beziehung von vornherein enthält, sondern aus dem Quell der reinen Intuition entspringt und erst nachher die Beziehung zur Wahrnehmung (zum Leben) sucht. Die Bestimmung, was zu wollen ist, geht hier von einer anderen Instanz aus als in den vorhergehenden Fällen. Wer dem sittlichen Prinzip des Gesamtwohles huldigt, der wird bei allen seinen Handlungen zuerst fragen, was zu diesem Gesamtwohl seine Ideale beitragen. Wer sich zu dem sittlichen Prinzip des Kulturfortschrittes bekennt, wird es hier ebenso machen. Es gibt aber ein höheres, das in dem einzelnen Falle nicht von einem bestimmten einzelnen Sittlichkeitsziel ausgeht, sondern welches allen Sittlichkeitsmaximen einen gewissen Wert beilegt, und im gegebenen Falle immer fragt, ob denn hier das eine oder das andere Moralprinzip das wichtigere ist. Es kann vorkommen, daß jemand unter gegebenen Verhältnissen die Förderung des Kulturfortschrittes, unter andern die des Gesamtwohls, im dritten Falle die Förderung des eigenen Wohles für das richtige ansieht und zum Motiv seines Handelns macht. Wenn aber alle andern Bestimmungsgründe erst an zweite Stelle treten, dann kommt in erster Linie die begriffliche Intuition selbst in Betracht. Damit treten die andern Motive von der leitenden Stelle ab, und nur der Ideengehalt der Handlung wirkt als Motiv derselben.

Wir haben unter den Stufen der charakterologischen Anlage diejenige als die höchste bezeichnet, die als *reines Denken*, als *praktische Vernunft* wirkt. Unter den Motiven haben wir jetzt als das höchste die *begriffliche Intuition* bezeichnet. Bei genauerer

Überlegung stellt sich alsbald heraus, daß auf dieser Stufe der Sittlichkeit Triebfeder und Motiv zusammenfallen, das ist, daß weder eine vorher bestimmte charakterologische Anlage noch ein äußeres, normativ angenommenes sittliches Prinzip auf unser Handeln wirken. Die Handlung ist also keine schablonenmäßige, die nach irgendwelchen Regeln ausgeführt wird, und auch keine solche, die der Mensch auf äußeren Anstoß hin automatenhaft vollzieht, sondern eine schlechthin durch ihren idealen Gehalt bestimmte.

Zur Voraussetzung hat eine solche Handlung die Fähigkeit der moralischen Intuitionen. Wem die Fähigkeit fehlt; für den einzelnen Fall die besondere Sittlichkeitsmaxime zu erleben, der wird es auch nie zum wahrhaft individuellen Wollen bringen.

Der gerade Gegensatz dieses Sittlichkeitsprinzips ist das Kantsche: Handle so, daß die Grundsätze deines Handelns für alle Menschen gelten können. Dieser Satz ist der Tod aller individuellen Antriebe des Handelns. Nicht wie *alle* Menschen handeln würden, kann für mich maßgebend sein, sondern was für mich in dem individuellen Falle zu tun ist.

Ein oberflächliches Urteil könnte vielleicht diesen Ausführungen einwenden: Wie kann das Handeln zugleich individuell auf den besonderen Fall und die besondere Situation geprägt und doch rein ideell aus der Intuition heraus bestimmt sein? Dieser Einwand beruht auf einer Verwechslung von sittlichem Motiv und wahrnehmbarem Inhalt der Handlung. Der letztere *kann* Motiv sein, und ist es auch zum Beispiel beim Kulturfortschritt, beim Handeln aus Egoismus usw.; beim Handeln auf Grund rein sittlicher Intuition ist er es *nicht.* Mein Ich richtet seinen Blick natürlich auf diesen Wahrnehmungsinhalt, *bestimmen* läßt es sich durch denselben nicht. Dieser Inhalt wird nur benützt, um sich einen *Erkenntnisbegriff* zu bilden, den dazu gehörigen *moralischen Begriff* entnimmt das Ich nicht aus dem Objekte. Der Erkenntnisbegriff aus einer bestimmten Situation, der ich gegenüberstehe, ist nur dann zugleich ein moralischer Begriff, wenn ich auf dem Standpunkte eines bestimmten Moralprinzips stehe. Wenn ich auf dem Boden der allgemeinen Kulturentwikkelungsmoral allein stehen möchte, dann ging ich mit gebundener Marschroute in der Welt umher. Aus jedem Geschehen, das ich wahrnehme und das mich beschäftigen kann, entspringt zugleich eine sittliche Pflicht; nämlich mein Scherflein beizutragen, damit das betreffende Geschehen in den Dienst der Kulturentwicklung gestellt werde. Außer dem Begriff, der mir den naturgesetzlichen Zusammenhang eines Geschehens oder Dinges enthüllt, haben die letztern auch noch eine sittliche Etikette umgehängt, die für mich, das moralische Wesen, eine ethische Anweisung enthält, wie ich mich zu benehmen habe. Diese sittliche Etikette ist in ihrem Gebiete berechtigt, sie fällt aber auf einem höheren Standpunkte mit der Idee zusammen, die mir dem konkreten Fall gegenüber aufgeht.

Die Menschen sind dem Intuitionsvermögen nach verschieden. Dem einen sprudeln die Ideen zu, der andere erwirbt sie sich mühselig. Die Situationen, in denen die Menschen leben, und die den Schauplatz ihres Handelns abgeben, sind nicht weniger verschieden. Wie ein Mensch handelt, wird also abhängen von der Art, wie sein Intuitionsvermögen einer bestimmten Situation gegenüber wirkt. Die Summe der in uns wirksamen Ideen, den realen Inhalt unserer Intuitionen, macht das aus, was bei aller Allgemeinheit der Ideenwelt in jedem Menschen individuell geartet ist. Insofern dieser intuitive Inhalt auf das Handeln geht, ist er der Sittlichkeitsgehalt des Individuums. Das Auslebenlassen dieses Gehalts ist die höchste moralische Triebfeder und zugleich das höchste Motiv dessen, der einsieht, daß alle andern Moralprinzipien sich letzten Endes in diesem Gehalte vereinigen. Man kann diesen Standpunkt den *ethischen Individualismus* nennen.

Das Maßgebende einer intuitiv bestimmten Handlung im konkreten Falle ist das Auffinden der entsprechenden, ganz individuellen Intuition. Auf dieser Stufe der Sittlichkeit kann von allgemeinen Sittlichkeitsbegriffen (Normen, Gesetzen) nur insofern die Rede sein, als sich diese aus der Verallgemeinerung der individuellen Antriebe ergeben. Allgemeine Normen setzen immer konkrete Tatsachen voraus, aus denen sie abgeleitet werden können. Durch das menschliche Handeln werden aber Tatsachen erst *geschaffen.*

Wenn wir das Gesetzmäßige (Begriffliche in dem Handeln der Individuen, Völker und Zeitalter) aufsuchen, so erhalten wir eine Ethik, aber nicht als Wissenschaft von sittlichen Normen, sondern als Naturlehre der Sittlichkeit. Erst die hierdurch gewonnenen Gesetze verhalten sich zum menschlichen Handeln so wie die Naturgesetze zu einer besonderen Erscheinung. Sie sind aber durchaus nicht identisch mit den Antrieben, die wir unserem Handeln zugrunde legen. Will man erfassen, wodurch eine Handlung des Menschen dessen *sittlichem* Wollen entspringt, so muß man zunächst auf das Verhältnis dieses Wollens zu der Handlung sehen. Man muß zunächst Handlungen ins Auge fassen, bei denen dieses Verhältnis das Bestimmende ist. Wenn ich oder ein anderer später über eine solche Handlung nachdenken, kann es herauskommen, welche Sittlichkeitsmaximen bei derselben in Betracht kommen. Während ich handle, bewegt mich die Sittlichkeitsmaxime, insofern sie intuitiv in mir leben kann; sie ist verbunden mit der *Liebe* zu dem Objekt, das ich durch meine Handlung verwirklichen will. Ich frage keinen Menschen und auch keine Regel: soll ich diese Handlung ausführen? – sondern ich führe sie aus, sobald ich die Idee davon gefaßt habe. Nur dadurch ist sie *meine* Handlung. Wer nur handelt, weil er bestimmte sittliche Normen anerkennt, dessen Handlung ist das Ergebnis der in seinem Moralkodex stehenden Prinzipien. Er ist bloß der Vollstrecker. Er ist ein höherer Automat. Werfet einen Anlaß zum Handeln in sein Bewußtsein, und alsbald setzt sich das Räderwerk seiner Moralprinzipien in Bewegung und läuft in gesetzmäßiger Weise ab, um eine christliche, humane, ihm selbstlos geltende, oder eine Handlung des kulturgeschichtlichen Fortschrittes zu vollbringen. Nur wenn ich meiner Liebe zu dem Objekte folge, dann bin ich es selbst, der handelt. Ich handle auf dieser Stufe der Sittlichkeit nicht, weil ich einen Herrn über mich anerkenne, nicht die äußere Autorität, nicht eine sogenannte innere Stimme. Ich erkenne kein äußeres Prinzip meines Handelns an, weil ich in mir selbst den Grund des Handelns, die Liebe zur Handlung gefunden habe. Ich prüfe nicht verstandesmäßig, ob meine Handlung gut oder böse ist; ich vollziehe sie, weil ich sie *liebe*. Sie wird »gut«, wenn meine in Liebe getauchte Intuition in der rechten Art in dem intuitiv zu erlebenden Weltzusammenhang drinnensteht; »böse«, wenn das nicht der Fall ist. Ich frage mich auch nicht: wie würde ein anderer Mensch in meinem Falle handeln? – sondern ich handle, wie ich, diese besondere Individualität, zu wollen mich veranlaßt sehe. Nicht das allgemein Übliche, die allgemeine Sitte, eine allgemein-menschliche Maxime, eine sittliche Norm leitet mich in unmittelbarer Art, sondern meine Liebe zur Tat. Ich fühle keinen Zwang, nicht den Zwang der Natur, die mich bei meinen

Trieben leitet, nicht den Zwang der sittlichen Gebote, sondern ich will einfach ausführen, was in mir liegt.

Die Verteidiger der allgemeinen sittlichen Normen könnten etwa zu diesen Ausführungen sagen: Wenn jeder Mensch nur danach strebt, sich auszuleben und zu tun, was ihm beliebt, dann ist kein Unterschied zwischen guter Handlung und Verbrechen; jede Gaunerei, die in mir liegt, hat gleichen Anspruch sich auszuleben, wie die Intention, dem allgemeinen Besten zu dienen. Nicht der Umstand, daß ich eine Handlung der Idee nach ins Auge gefaßt habe, kann für mich als sittlichen Menschen maßgebend sein, sondern die Prüfung, ob sie gut oder *böse* ist. Nur im ersteren Falle werde ich sie ausführen.

Meine Entgegnung auf diesen naheliegenden und doch nur aus einer Verkennung des hier Gemeinten entspringenden Einwand ist diese: Wer das Wesen des menschlichen Wollens erkennen will, der muß unterscheiden zwischen dem Weg, der dieses Wollen bis zu einem bestimmten Grad der Entwicklung bringt, und der Eigenart, welche das Wollen annimmt, indem es sich diesem Ziele annähert. Auf dem Wege zu diesem Ziele spielen Normen ihre berechtigte Rolle. Das Ziel besteht in der Verwirklichung rein intuitiv erfaßter Sittlichkeitsziele. Der Mensch erreicht solche Ziele in dem Maße, in dem er die Fähigkeit besitzt, sich überhaupt zum intuitiven Ideengehalte der Welt zu erheben. Im einzelnen Wollen wird zumeist anderes als Triebfeder oder Motiv solchen Zielen beigemischt sein. Aber Intuitives kann im menschlichen Wollen doch bestimmend oder mitbestimmend sein. Was man *soll,* das tut man: man gibt den Schauplatz ab, auf dem das Sollen zum Tun wird; eigene Handlung ist, was man als solche aus sich entspringen läßt. Der Antrieb kann da nur ein ganz individueller sein. Und in Wahrheit kann nur eine aus der Intuition entspringende Willenshandlung eine individuelle sein. Daß die Tat des Verbrechers, daß das Böse in gleichem Sinne ein Ausleben der Individualität genannt wird wie die Verkörperung reiner Intuition, ist nur möglich, wenn die blinden Triebe zur menschlichen Individualität gezählt werden. Aber der blinde Trieb, der zum Verbrechen treibt, stammt nicht aus Intuitivem und gehört nicht zum Individuellen des Menschen, sondern zum Allgemeinsten in ihm, zu dem, was bei allen Individuen in gleichem Maße geltend ist und aus dem sich der Mensch durch sein Individuelles herausarbeitet. Das Individuelle in mir ist nicht mein Organismus mit seinen Trieben und Gefühlen, sondern das ist die einige Ideenwelt, die in diesem Organismus aufleuchtet. Meine Triebe, Instinkte, Leidenschaften begründen nichts weiter in mir, als daß ich zur allgemeinen Gattung *Mensch* gehöre; der Umstand, daß sich ein Ideelles in diesen Trieben, Leidenschaften und Gefühlen auf eine besondere Art auslebt, begründet meine Individualität. Durch meine Instinkte, Triebe bin ich ein Mensch, von denen zwölf ein Dutzend machen; durch die besondere Form der Idee, durch die ich mich innerhalb des Dutzend als Ich bezeichne, bin ich Individuum. Nach der Verschiedenheit meiner tierischen Natur könnte mich nur ein mir fremdes Wesen von andern unterscheiden; durch mein Denken, das heißt, durch das tätige Erfassen dessen, was sich als Ideelles in meinem Organismus auslebt, unterscheide ich mich selbst von andern. Man kann also von der Handlung des Verbrechers gar nicht sagen, daß sie aus der Idee hervorgeht, Ja, das ist gerade das Charakteristische der Verbrecherhandlungen, daß sie aus den außerideellen Elementen des Menschen sich herleiten.

Eine Handlung wird als eine freie empfunden, soweit deren Grund aus dem ideellen Teil meines individuellen Wesens hervorgeht; jeder andere Teil einer Handlung, gleichgültig, ob er aus dem Zwange der Natur oder aus der Nötigung einer sittlichen Norm vollzogen wird, wird als *unfrei* empfunden.

Frei ist nur der Mensch, insofern er in jedem Augenblicke seines Lebens sich selbst zu folgen in der Lage ist. Eine sittliche Tat ist nur *meine* Tat, wenn sie in dieser Auffassung eine freie genannt werden kann. Hier ist zunächst die Rede davon, unter welchen Voraussetzungen eine gewollte Handlung als eine freie empfunden wird; wie diese rein ethisch gefaßte Freiheitsidee in der menschlichen Wesenheit sich verwirklicht, soll im folgenden sich zeigen.

Die Handlung aus Freiheit schließt die sittlichen Gesetze nicht etwa aus, sondern ein; sie erweist sich nur als höherstehend gegenüber derjenigen, die nur von diesen Gesetzen diktiert ist. Warum sollte meine Handlung denn weniger dem Gesamtwohle dienen, wenn ich sie aus Liebe getan habe, als dann, wenn ich sie *nur* aus dem Grunde vollbracht habe, weil dem Gesamtwohle zu dienen ich als Pflicht empfinde? Der bloße Pflichtbegriff schließt die *Freiheit* aus, weil er das Individuelle nicht anerkennen will, sondern Unterwerfung des letztern unter eine allgemeine Norm fordert. Die Freiheit des Handelns ist nur denkbar vom Standpunkte des ethischen Individualismus aus.

Wie ist aber ein Zusammenleben der Menschen möglich, wenn jeder nur bestrebt ist, seine Individualität zur Geltung zu bringen? Damit ist ein Einwand des falsch verstandenen Moralismus gekennzeichnet. Dieser glaubt, eine Gemeinschaft von Menschen sei nur möglich, wenn sie alle vereinigt sind durch eine gemeinsam festgelegte sittliche Ordnung. Dieser Moralismus versteht eben die Einigkeit der Ideenwelt nicht. Er begreift nicht, daß die Ideenwelt, die in mir tätig ist, keine andere ist, als die in meinem Mitmenschen. Diese Einheit ist allerdings bloß ein Ergebnis der Welterfahrung. Allein sie *muß* ein solches sein. Denn wäre sie durch irgend etwas anderes als durch Beobachtung zu erkennen, so wäre in ihrem Bereich nicht individuelles Erleben, sondern allgemeine Norm geltend. Individualität ist nur möglich, wenn jedes individuelle Wesen vom andern nur durch individuelle Beobachtung weiß. Der Unterschied zwischen mir und meinem Mitmenschen liegt durchaus nicht darin, daß wir in zwei ganz verschiedenen Geisteswelten leben, sondern daß er aus der uns gemeinsamen Ideenwelt andere Intuitionen empfängt als ich. Er will *seine* Intuitionen ausleben, ich die *meinigen.* Wenn wir beide wirklich aus der Idee schöpfen und keinen äußeren (physischen oder geistigen) Antrieben folgen, so können wir uns nur in dem gleichen Streben, in denselben Intentionen begegnen. Ein sittliches Mißverstehen, ein Aufeinanderprallen ist bei sittlichen *freien* Menschen ausgeschlossen. Nur der sittlich Unfreie, der dem Naturtrieb oder einem angenommenen Pflichtgebot folgt, stößt den Nebenmenschen zurück, wenn er nicht dem gleichen Instinkt und dem gleichen Gebot folgt. *Leben* in der Liebe zum Handeln und *Lebenlassen* im Verständnisse des fremden Wollens ist die Grundmaxime der *freien Menschen.* Sie kennen kein anderes *Sollen* als dasjenige, mit dem sich ihr Wollen in intuitiven Einklang versetzt; wie sie in einem besonderen Falle *wollen* werden, das wird ihnen ihr Ideenvermögen sagen.

Läge nicht in der menschlichen Wesenheit der Urgrund zur Verträglichkeit, man würde sie ihr durch keine äußeren Gesetze einimpfen! Nur weil die menschlichen Individuen eines Geistes *sind,* können sie sich auch nebeneinander ausleben. Der Freie lebt in dem Vertrauen darauf, daß der andere Freie mit ihm einer geistigen Welt angehört und sich in seinen Intentionen mit ihm begegnen wird. Der Freie verlangt von seinen Mitmenschen keine Übereinstimmung, aber er erwartet sie, weil sie in der menschlichen Natur liegt. Damit ist nicht auf die Notwendigkeiten gedeutet, die für diese oder jene äußeren Einrichtungen bestehen, sondern auf die *Gesinnung*, auf die *Seelenverfassung*, durch die der Mensch in seinem Sich-Erleben unter von ihm geschätzten Mitmenschen der menschlichen Würde am meisten gerecht wird.

Es wird viele geben, die da sagen: der Begriff des *freien* Menschen, den du da entwirfst, ist eine Schimäre, ist nirgends verwirklicht. Wir haben es aber mit wirklichen Menschen zu tun, und bei denen ist auch Sittlichkeit nur zu hoffen, wenn sie einem Sittengebote gehorchen, wenn sie ihre sittliche Mission als Pflicht auffassen und nicht frei ihren Neigungen und ihrer Liebe folgen. – Ich bezweifle das keineswegs. Nur ein Blinder könnte es. Aber dann hinweg mit aller Heuchelei der Sittlichkeit, wenn dieses *letzte* Einsicht sein sollte. Saget dann einfach: die menschliche Natur muß zu ihren Handlungen *gezwungen* werden, solange sie nicht *frei* ist. Ob man die Unfreiheit durch physische Mittel oder durch Sittengesetze bezwingt, ob der Mensch unfrei ist, weil er seinem maßlosen Geschlechtstrieb folgt oder darum, weil er in den Fesseln konventioneller Sittlichkeit eingeschnürt ist, ist für einen gewissen Gesichtspunkt ganz gleichgültig. Man behaupte aber nur nicht, daß ein solcher Mensch mit Recht eine Handlung die *seinige* nennt, da er doch von einer fremden Gewalt dazu getrieben ist. Aber mitten aus der Zwangsordnung heraus erheben sich die Menschen, die *freien Geister*, die *sich* selbst finden in dem Wust von Sitte, Gesetzeszwang, Religionsübung und so weiter. *Frei* sind sie, insofern sie nur sich folgen, *unfrei*, insofern sie sich unterwerfen. Wer von uns kann sagen, daß er in allen seinen Handlungen wirklich frei ist? Aber in jedem von uns wohnt eine tiefere Wesenheit, in der sich der freie Mensch ausspricht.

Aus Handlungen der Freiheit und der Unfreiheit setzt sich unser Leben zusammen. Wir können aber den Begriff des Menschen nicht zu Ende denken, ohne auf den *freien Geist* als die reinste Ausprägung der menschlichen Natur zu kommen. Wahrhaft Menschen sind wir doch nur, insofern wir frei sind.

Das ist ein Ideal, werden viele sagen. Ohne Zweifel, aber ein solches, das sich in unserer Wesenheit als reales Element an die Oberfläche arbeitet. Es ist kein erdachtes oder erträumtes Ideal, sondern ein solches, das Leben hat und das sich auch in der unvollkommensten Form seines Daseins deutlich ankündigt. Wäre der Mensch ein bloßes Naturwesen, dann wäre das Aufsuchen von Idealen, das ist von Ideen, die augenblicklich unwirksam sind, deren Verwirklichung aber gefordert wird, ein Unding. An dem Dinge der Außenwelt ist die Idee durch die Wahrnehmung bestimmt; wir haben das unsrige getan, wenn wir den Zusammenhang von Idee und Wahrnehmung erkannt haben. Beim Menschen ist das nicht so. Die Summe seines Daseins ist nicht ohne ihn selbst bestimmt; sein wahrer Begriff als *sittlicher* Mensch (freier Geist) ist mit dem Wahrnehmungsbilde »Mensch« nicht im voraus objektiv vereinigt, um bloß nachher durch die Erkenntnis festgestellt zu werden. Der Mensch muß selbsttätig seinen Begriff mit der Wahrnehmung Mensch vereinigen. Begriff und Wahrnehmung decken sich hier nur, wenn sie der Mensch selbst zur Deckung bringt. Er kann es aber nur, wenn er den Begriff des freien Geistes, das ist seinen eigenen Begriff, gefunden hat. In der objektiven Welt ist uns durch unsere Organisation ein Grenzstrich gezogen zwischen Wahrnehmung und Begriff; das Erkennen überwindet diese Grenze. In der subjektiven Natur ist diese Grenze nicht minder vorhanden; der Mensch überwindet sie im Laufe seiner Entwicklung, indem er in seiner Erscheinung seinen Begriff zur Ausgestaltung bringt. So führt uns sowohl das intellektuelle wie das sittliche Leben des Menschen auf seine Doppelnatur: das Wahrnehmen (unmittelbares Erleben) und Denken. Das intellektuelle Leben überwindet die Doppelnatur durch die Erkenntnis, das sittliche durch die tatsächliche Verwirklichung des freien Geistes. Jedes Wesen hat seinen eingeborenen Begriff (das Gesetz seines Seins und Wirkens); aber er ist in den Außendingen unzertrennlich mit der Wahrnehmung verbunden und nur innerhalb unseres geistigen Organismus von dieser abgesondert. Beim Menschen selbst ist Begriff und Wahrnehmung zunächst *tatsächlich* getrennt, um von ihm ebenso *tatsächlich* vereinigt zu werden. Man kann einwenden: unserer Wahrnehmung des Menschen entspricht in jedem Augenblicke seines Lebens ein bestimmter Begriff, so wie jedem anderen Dinge auch. Ich kann mir den Begriff eines Schablonenmenschen bilden und kann einen solchen auch als

Wahrnehmung gegeben haben; wenn ich zu diesem auch noch den Begriff des freien Geistes bringe, so habe ich zwei Begriffe für dasselbe Objekt.

Das ist einseitig gedacht. Ich bin als Wahrnehmungsobjekt einer fortwährenden Veränderung unterworfen. Als Kind war ich ein anderer, ein anderer als Jüngling und als Mann. Ja, in jedem Augenblicke ist mein Wahrnehmungsbild ein anderes als in den vorangehenden. Diese Veränderungen können sich in dem Sinne vollziehen, daß sich in ihnen nur immer derselbe (Schablonenmensch) ausspricht, oder daß sie den Ausdruck des freien Geistes darstellen. Diesen Veränderungen ist das Wahrnehmungsobjekt meines Handelns unterworfen.

Es ist in dem Wahrnehmungsobjekt Mensch die Möglichkeit gegeben, sich umzubilden, wie im Pflanzenkeim die Möglichkeit liegt, zur ganzen Pflanze zu werden. Die Pflanze wird sich umbilden wegen der objektiven, in ihr liegenden Gesetzmäßigkeit; der Mensch bleibt in seinem unvollendeten Zustande, wenn er nicht den Umbildungsstoff in sich selbst aufgreift und sich durch eigene Kraft umbildet. Die Natur macht aus dem Menschen bloß ein Naturwesen; die Gesellschaft ein gesetzmäßig handelndes; ein *freies* Wesen kann er nur *selbst* aus sich machen. Die Natur läßt den Menschen in einem gewissen Stadium seiner Entwicklung aus ihren Fesseln los; die Gesellschaft führt diese Entwicklung bis zu einem weiteren Punkte; den letzten Schliff kann nur der Mensch selbst sich geben.

Der Standpunkt der freien Sittlichkeit behauptet also nicht, daß der freie Geist die einzige Gestalt ist, in der ein Mensch existieren kann. Sie sieht in der freien Geistigkeit nur das letzte Entwicklungsstadium des Menschen. Damit ist nicht geleugnet, daß das Handeln nach Normen als Entwicklungsstufe seine Berechtigung habe. Es kann nur nicht als absoluter Sittlichkeitsstandpunkt anerkannt werden. Der freie Geist aber überwindet die Normen in dem Sinne, daß er nicht nur Gebote als Motive empfindet, sondern sein Handeln nach seinen Impulsen (Intuitionen) einrichtet.

Wenn Kant von der Pflicht sagt: »Pflicht! du erhabener, großer Name, der du nichts Beliebtes, was Einschmeichelung bei sich führt, in dir fassest, sondern Unterwerfung verlangst«, der du »ein Gesetz aufstellst . . ., vor dem alle Neigungen verstummen, wenn sie gleich in Geheim ihm entgegenwirken«, so erwidert der Mensch aus dem Bewußtsein des freien Geistes: »Freiheit! du freundlicher, menschlicher Name, der du alles sittlich Beliebte, was mein Menschentum am meisten würdigt, in dir fassest, und mich zu niemandes Diener machst, der du nicht bloß ein Gesetz aufstellst, sondern abwartest, was meine sittliche Liebe selbst als Gesetz erkennen wird, weil sie jedem nur auferzwungenen Gesetze gegenüber sich unfrei fühlt.«[1])

Das ist der Gegensatz von bloß gesetzmäßiger und freier Sittlichkeit.

Der Philister, der in einem äußerlich Festgestellten die verkörperte Sittlichkeit sieht, wird in dem freien Geist vielleicht sogar einen gefährlichen Menschen sehen. Er tut es aber nur, weil sein Blick eingeengt ist in eine bestimmte Zeitepoche. Wenn er über dieselbe hinausblicken könnte, so müßte er alsbald finden, daß der freie Geist ebenso wenig nötig hat, über die Gesetze seines Staates hinauszugehen, wie der Philister selbst, nie aber sich mit ihnen in einen wirklichen Widerspruch zu setzen. Denn die Staatsgesetze sind sämtlich aus Intuitionen freier Geister entsprungen, ebenso wie alle anderen objektiven Sittlichkeitsgesetze. Kein Gesetz wird durch Familienautorität ausgeübt, das nicht einmal von einem Ahnherrn als solches intuitiv erfaßt und festgesetzt worden wäre; auch die konventionellen Gesetze der Sittlichkeit werden von bestimmten Menschen zuerst aufgestellt; und die Staatsgesetze entstehen stets im Kopfe eines Staatsmannes. Diese Geister haben die Gesetze über die anderen Menschen gesetzt, und unfrei wird nur der, welcher diesen Ursprung vergißt, und sie entweder zu außermenschlichen Geboten, zu objektiven vom Menschlichen unabhängigen sittlichen Pflichtbegriffen oder zur befehlenden Stimme seines eigenen falsch mystisch zwingend gedachten Innern macht. Wer den Ursprung aber nicht übersieht, sondern ihn in dem Menschen sucht, der wird damit rechnen als mit einem Gliede derselben Ideenwelt, aus der auch er seine sittlichen Intuitionen holt. Glaubt er bessere zu haben, so sucht er sie an die Stelle der bestehenden zu bringen; findet er diese berechtigt, dann handelt er ihnen gemäß, als wenn sie seine eigenen wären.

Es darf nicht die Formel geprägt werden, der Mensch sei dazu da, um eine von ihm abgesonderte sittliche Weltordnung zu verwirklichen. Wer dies behauptete, stünde in bezug auf Menschheitswissenschaft noch auf demselben Standpunkt, auf dem jene Naturwissenschaft stand, die da glaubte: der Stier habe Hörner, damit er stoßen könne. Die Naturforscher haben glücklich einen solchen Zweckbegriff zu den Toten geworfen. Die Ethik kann sich schwerer davon frei machen. Aber so wie die Hörner nicht *wegen* des Stoßens da sind, sondern das Stoßen *durch* die Hörner, so ist der Mensch nicht wegen der Sittlichkeit da, sondern die Sittlichkeit *durch* den Menschen. Der freie Mensch handelt sittlich, weil er eine sittliche Idee hat; aber er handelt nicht, damit Sittlichkeit entstehe. Die menschlichen Individuen mit ihren zu ihrem Wesen gehörigen sittlichen Ideen sind die Voraussetzung der sittlichen Weltordnung.

Das menschliche Individuum ist Quell aller Sittlichkeit und Mittelpunkt des Erdenlebens. Der Staat, die Gesellschaft sind nur da, weil sie sich als notwendige Folge des Individuallebens ergeben. Daß dann der Staat und die Gesellschaft wieder zurückwirken auf das Individualleben, ist ebenso begreiflich, wie der Umstand, daß das Stoßen, das durch die Hörner da ist, wieder zurückwirkt auf die weitere Entwicklung der Hörner des Stieres, die bei längerem Nichtgebrauch verkümmern würden. Ebenso müßte das Individuum verkümmern, wenn es außerhalb der menschlichen Gemeinschaft ein abgesondertes Dasein führte. Darum bildet sich ja gerade die gesellschaftliche Ordnung, um im günstigen Sinne wieder zurück auf das Individuum zu wirken.

5. Wesen der Menschheit*

Bei der Betrachtung des Menschen vom Gesichtspunkte einer übersinnlichen Erkenntnisart tritt sogleich in Kraft, was von dieser Erkenntnisart im allgemeinen gilt. Diese Betrachtung beruht auf der Anerkennung des »offenbaren Geheimnisses« in der eigenen menschlichen Wesenheit. Den Sinnen und dem auf sie gestützten Verstande ist nur ein Teil von dem zugänglich, was in übersinnlicher Erkenntnis als menschliche Wesenheit erfaßt wird, nämlich der *physische Leib*. Um den Begriff von diesem physischen Leib zu beleuchten, muß zunächst die Aufmerksamkeit auf die Erscheinung gelenkt werden, die wie das große Rätsel über alle Beobachtung des Lebens ausgebreitet liegt: auf den Tod und, im Zusammenhang damit, auf die sogenannte leblose Natur, auf das Reich des Mineralischen, das stets den Tod in sich trägt. Es ist damit auf Tatsachen hingewiesen, deren volle Aufklärung nur durch übersinnliche Erkenntnis möglich ist und denen ein wichtiger Teil dieser Schrift gewidmet werden muß. Hier aber sollen vorerst nur einige Vorstellungen zur Orientierung angeregt werden.

Innerhalb der offenbaren Welt ist der physische Menschenleib dasjenige, worinnen der Mensch der mineralischen Welt gleich ist. Dagegen kann nicht als physischer Leib das gelten, was den Menschen vom Mineral unterscheidet. Für eine unbefangene Betrachtung ist vor allem die Tatsache wichtig, daß der Tod dasjenige von der menschlichen Wesenheit bloßlegt, was, wenn der Tod eingetreten ist, mit der mineralischen Welt gleicher Art ist. Man kann auf den Leichnam als auf das vom Menschen hinweisen, was nach dem Tode Vorgängen unterworfen ist, die

* Aus: Rudolf Steiner, *Die Geheimwissenschaft im Umriß*, Gesamtausgabe Band 13, Dornach 1977.

sich im Reiche der mineralischen Welt finden. Man kann die Tatsache betonen, daß in diesem Gliede der Menschenwesenheit, dem Leichnam, dieselben Stoffe und Kräfte wirksam sind wie im mineralischen Gebiet; aber nötig ist, nicht minder stark zu betonen, daß mit dem Tode für diesen physischen Leib der Zerfall eintritt. Berechtigt ist aber auch, zu sagen: gewiß, es sind im physischen Menschenleibe dieselben Stoffe und Kräfte wirksam wie im Mineral; aber ihre Wirksamkeit ist während des Lebens in einen höheren Dienst gestellt. Sie wirken erst der mineralischen Welt gleich, wenn der Tod eingetreten ist. Da treten sie auf, wie sie ihrer eigenen Wesenheit gemäß auftreten müssen, nämlich als Auflöser der physischen Leibesgestaltung.

So ist im Menschen scharf zu scheiden das Offenbare von dem Verborgenen. Denn während des Lebens muß ein Verborgenes einen fortwährenden Kampf führen gegen die Stoffe und Kräfte des Mineralischen im physischen Leibe. Hört dieser Kampf auf, so tritt die mineralische Wirksamkeit auf. – Damit ist auf den Punkt hingewiesen, an dem die Wissenschaft vom Übersinnlichen einsetzen muß. Sie hat dasjenige zu suchen, was den angedeuteten Kampf führt. Und dies eben ist für die Beobachtung der Sinne verborgen. Es ist erst der übersinnlichen Beobachtung zugänglich. Wie der Mensch dazu gelangt, daß ihm dieses »Verborgene« so offenbar werde, wie es den gewöhnlichen Augen die sinnlichen Erscheinungen sind, davon wird in einem späteren Teile dieser Schrift gesprochen werden. Hier aber soll beschrieben werden, was sich der übersinnlichen Beobachtung ergibt.

Es ist schon gesagt worden: nur dann können die Mitteilungen über den Weg, auf dem man zum höheren Schauen gelangt, dem Menschen von Wert sein, wenn er sich zuerst durch die bloße Erzählung bekanntgemacht hat mit dem, was die übersinnliche Forschung enthüllt. Denn *begreifen* kann man eben auch das auf diesem Gebiete, was man noch nicht *beobachtet.* Ja, es ist der gute Weg zum Schauen derjenige, welcher vom Begreifen ausgeht.

Wenn nun auch jenes Verborgene, das in dem physischen Leibe den Kampf gegen den Zerfall führt, nur für das höhere Schauen zu beobachten ist: in seinen *Wirkungen* liegt es für die auf das Offenbare sich beschränkende Urteilskraft klar zutage. Und diese Wirkungen drücken sich in der *Form* oder Gestalt aus, in welcher während des Lebens die mineralischen Stoffe und Kräfte des physischen Leibes zusammengefügt sind. Diese Form entschwindet nach und nach, und der physische Leib wird ein Teil der übrigen mineralischen Welt, wenn der Tod eingetreten ist. Die übersinnliche Anschauung aber kann dasjenige als selbständiges Glied der menschlichen Wesenheit beobachten, was die physischen Stoffe und Kräfte während des Lebens hindert, ihre eigenen Wege zu gehen, welche zur Auflösung des physischen Leibes führen. Es sei dieses selbständige Glied der »Ätherleib« oder »Lebensleib« genannt. – Wenn sich nicht sogleich, von Anfang an, Mißverständnisse einschleichen sollen, so muß gegenüber diesen Bezeichnungen eines zweiten Gliedes der menschlichen Wesenheit zweierlei berücksichtigt werden. Das Wort »Äther« wird hier in einem anderen Sinne gebraucht, als dies von der gegenwärtigen Physik geschieht. Diese bezeichnet zum Beispiel den Träger des Lichtes als Äther. Hier soll aber das Wort in dem Sinne begrenzt werden, der oben angegeben worden ist. Es soll angewendet werden für dasjenige, was dem höheren Schauen zugänglich ist und was sich für die Sinnesbeobachtung nur in seinen Wirkungen zu erkennen gibt, nämlich dadurch, daß es den im physischen Leibe vorhandenen mineralischen Stoffen und Kräften eine bestimmte Form oder Gestalt zu geben vermag. Und auch das Wort »Leib« soll nicht mißverstanden werden. Man muß zur Bezeichnung der höheren Dinge des Daseins eben doch die Worte der gewöhnlichen Sprache gebrauchen. Und diese drücken ja für die Sinnesbeobachtung nur das Sinnliche aus. Im sinnlichen Sinne ist natürlich der »Ätherleib« durchaus nichts Leibliches, wie fein man sich ein solches auch vorstellen mag.*

Indem man in der Darstellung des Übersinnlichen bis zur Erwähnung dieses »Ätherleibes« oder »Lebensleibes« gelangt, ist schon der Punkt erreicht, an dem solcher Darstellung der Widerspruch mancher gegenwärtigen Ansicht begegnen muß. Die Entwicklung des Menschengeistes hat dahin geführt, daß in unserer Zeit das Sprechen von einem solchen Gliede der mensch-

* Daß mit der Bezeichnung »Ätherleib«, »Lebensleib« nicht einfach die Anschauung von der alten, naturwissenschaftlich überwundenen »Lebenskraft« erneuert werden soll, darüber hat sich der Verfasser dieses Buches in seiner »Theosophie« ausgesprochen.

lichen Wesenheit als etwas Unwissenschaftliches angesehen werden muß. Die materialistische Vorstellungsart ist dazu gelangt, in dem lebendigen Leibe nichts anderes zu sehen als eine Zusammenfügung von physischen Stoffen und Kräften, wie sie sich in dem sogenannten leblosen Körper, in dem Mineral, auch findet. Nur sei die Zusammenfügung in dem Lebendigen komplizierter als in dem Leblosen. Man hat auch in der gewöhnlichen Wissenschaft vor nicht allzulanger Zeit noch andere Ansichten gehabt. Wer die Schriften manchen ernsten Wissenschaftlers aus der ersten Hälfte des neunzehnten Jahrhunderts verfolgt, dem wird klar, wie da auch »echte Naturforscher« sich bewußt waren, daß in dem lebendigen Leibe noch etwas anderes vorhanden ist als in dem leblosen Mineral. Man sprach von einer »Lebenskraft«. Zwar wird diese »Lebenskraft« nicht als das vorgestellt, was oben als »Lebensleib« gekennzeichnet ist; aber der betreffenden Vorstellung liegt doch eine Ahnung davon zugrunde, daß es dergleichen gibt. Man stellte sich diese »Lebenskraft« etwa so vor, wie wenn sie in dem lebendigen Leibe zu den physischen Stoffen und Kräften hinzukäme auf ähnliche Art, wie die magnetische Kraft zu dem bloßen Eisen in dem Magneten. Dann kam die Zeit, in welcher diese »Lebenskraft« aus dem Bestande der Wissenschaft entfernt wurde. Man wollte für alles mit den bloßen physischen und chemischen Ursachen ausreichen. Gegenwärtig ist in dieser Beziehung bei manchem naturwissenschaftlichen Denker wieder ein Rückschlag eingetreten. Es wird von mancher Seite zugegeben, daß die Annahme von etwas der »Lebenskraft« Ähnlichem doch kein völliger Unsinn sei. Doch wird auch derjenige »Wissenschaftler«, der sich zu solchem herbeiläßt, mit der hier dargestellten Anschauung in bezug auf den »Lebensleib« nicht gemeinsame Sache machen wollen. Es wird in der Regel zu keinem Ziele führen, wenn man sich vom Gesichtspunkte übersinnlicher Erkenntnis mit solchen Ansichten in eine Diskussion einläßt. Es sollte vielmehr die Sache dieser Erkenntnis sein, anzuerkennen, daß die materialistische Vorstellungsart eine notwendige Begleiterscheinung des großen naturwissenschaftlichen Fortschrittes in unserer Zeit ist. Dieser Fortschritt beruht auf einer gewaltigen Verfeinerung der Mittel zur Sinnesbeobachtung. Und es liegt einmal im Wesen des Menschen, daß er innerhalb der Entwicklung jeweilig einzelne Fähigkeiten auf Kosten anderer zu einem gewissen Vollkommenheitsgrade bringt. Die genaue Sinnesbeobachtung, die sich in einem so bedeutungsvollen Maße durch die Naturwissenschaft entwikkelt hat, mußte die Pflege derjenigen menschlichen Fähigkeiten in den Hintergrund treten lassen, welche in die »verborgenen Welten« führen. Aber eine Zeit ist wieder da, in welcher diese Pflege notwendig ist. Und das Verborgene wird nicht dadurch anerkannt, daß man die Urteile bekämpft, welche aus dem Ableugnen dieses Verborgenen ja doch mit logischer Folgerichtigkeit sich ergeben, sondern dadurch, daß man dieses Verborgene selbst in das rechte Licht setzt. Anerkennen werden es dann diejenigen, für welche die »Zeit gekommen ist«.

Es mußte dies hier nur gesagt werden, damit man nicht Unbekanntschaft mit den Gesichtspunkten der Naturwissenschaft voraussetzt, wenn von einem »Ätherleib« gesprochen wird, der doch in manchen Kreisen für etwas völlig Phantastisches gelten muß.

Dieser Ätherleib ist also ein zweites Glied der menschlichen Wesenheit. Ihm kommt für das übersinnliche Erkennen ein höherer Grad von Wirklichkeit zu als dem physischen Leibe. Eine Beschreibung, wie ihn das übersinnliche Erkennen sieht, kann erst in den folgenden Teilen dieser Schrift gegeben werden, wenn hervortreten wird, in welchem Sinne solche Beschreibungen zu nehmen sind. Vorläufig mag es genügen, wenn gesagt wird, daß der Ätherleib den physischen Körper überall durchsetzt und daß er wie eine Art Architekt des letzteren anzusehen ist. Alle Organe werden in ihrer Form und Gestalt durch die Strömungen und Bewegungen des Ätherleibes gehalten.[1]) Dem physischen Herzen liegt ein »Ätherherz« zugrunde, dem physischen Gehirn ein »Äthergehirn« usw. Es ist eben der Ätherleib in sich gegliedert wie der physische, nur komplizierter, und es ist in ihm alles in lebendigem Durcheinanderfließen, wo im physischen Leibe abgesonderte Teile vorhanden sind.

Diesen Ätherleib hat nun der Mensch so mit dem Pflanzlichen gemein, wie er den physischen Leib mit dem Mineralischen gemein hat. Alles Lebendige hat seinen Ätherleib.

Von dem Ätherleib steigt die übersinnliche Betrachtung auf zu einem weiteren Gliede der menschlichen Wesenheit. Sie deutet zur Bildung einer Vorstellung von diesem Gliede auf die Erscheinung des Schlafes hin, wie sie beim Ätherleib auf den Tod hingewiesen hat. – Alles menschliche Schaffen beruht auf der

Tätigkeit im Wachen, so weit das Offenbare in Betracht kommt. Diese Tätigkeit ist aber nur möglich, wenn der Mensch die Erstarkung seiner erschöpften Kräfte sich immer wieder aus dem Schlafe holt. Handeln und Denken schwinden dahin im Schlafe, aller Schmerz, alle Lust versinken für das bewußte Leben. Wie aus verborgenen, geheimnisvollen Brunnen steigen beim Erwachen des Menschen bewußte Kräfte aus der Bewußtlosigkeit des Schlafes auf. Es ist dasselbe Bewußtsein, das beim Einschlafen hinuntersinkt in die dunklen Tiefen und das beim Aufwachen wieder heraufsteigt. Dasjenige, was das Leben immer wieder aus dem Zustand der Bewußtlosigkeit erweckt, ist im Sinne übersinnlicher Erkenntnis das dritte Glied der menschlichen Wesenheit. Man kann es den Astralleib nennen. Wie der physische Leib nicht durch die in ihm befindlichen mineralischen Stoffe und Kräfte seine Form erhalten kann, sondern wie er, um dieser Erhaltung willen, von dem Ätherleib durchsetzt sein muß, so können die Kräfte des Ätherleibes sich nicht durch sich selbst mit dem Lichte des Bewußtseins durchleuchten. Ein Ätherleib, der bloß sich selbst überlassen wäre, müßte sich fortdauernd in dem Zustande des Schlafes befinden. Man kann auch sagen: er könnte in dem physischen Leibe nur ein Pflanzensein unterhalten. Ein wachender Ätherleib ist von einem Astralleib durchleuchtet. Für die Sinnesbeobachtung verschwindet die Wirkung dieses Astralleibes, wenn der Mensch in Schlaf versinkt. Für die übersinnliche Beobachtung bleibt er noch vorhanden; nur erscheint er von dem Ätherleib getrennt oder aus ihm herausgehoben. Die Sinnesbeobachtung hat es eben nicht mit dem Astralleib selbst zu tun, sondern nur mit seinen Wirkungen in dem Offenbaren. Und solche sind während des Schlafes nicht unmittelbar vorhanden. In demselben Sinne, wie der Mensch seinen physischen Leib mit den Mineralien, seinen Ätherleib mit den Pflanzen gemein hat, ist er in bezug auf seinen Astralleib gleicher Art mit den Tieren. Die Pflanzen sind in einem fortdauernden Schlafzustande. Wer in diesen Dingen nicht genau urteilt, der kann leicht in den Irrtum verfallen, auch den Pflanzen eine Art von Bewußtsein zuzuschreiben, wie es die Tiere und Menschen im Wachzustande haben. Das kann aber nur dann geschehen, wenn man sich von dem Bewußtsein eine ungenaue Vorstellung macht. Man sagt dann, wenn auf die Pflanze ein äußerer Reiz ausgeübt wird, dann vollziehe sie gewisse Bewegungen wie das Tier auch. Man spricht von der *Empfindlichkeit* mancher Pflanzen, welche zum Beispiel ihre Blätter zusammenziehen, wenn gewisse äußere Dinge auf sie einwirken. Doch ist es nicht das Bezeichnende des Bewußtseins, daß ein Wesen auf eine Wirkung eine gewisse Gegenwirkung zeigt, sondern daß das Wesen in seinem Innern etwas erlebt, was zu der bloßen Gegenwirkung als ein Neues hinzukommt. Sonst könnte man auch von Bewußtsein sprechen, wenn sich ein Stück Eisen unter dem Einflusse von Wärme ausdehnt. Bewußtsein ist erst vorhanden, wenn das Wesen durch die Wirkung der Wärme zum Beispiel innerlich Schmerz erlebt.

Das vierte Glied seiner Wesenheit, welches die übersinnliche Erkenntnis dem Menschen zuschreiben muß, hat er nun nicht mehr gemein mit der ihn umgebenden Welt des Offenbaren. Es ist sein Unterscheidendes gegenüber seinen Mitwesen, dasjenige, wodurch er die Krone der zunächst zu ihm gehörigen Schöpfung ist. Die übersinnliche Erkenntnis bildet eine Vorstellung von diesem weiteren Gliede der menschlichen Wesenheit, indem sie darauf hinweist, daß auch innerhalb der wachen Erlebnisse noch ein wesentlicher Unterschied besteht. Dieser Unterschied tritt sofort hervor, wenn der Mensch seine Aufmerksamkeit darauf lenkt, daß er im wachen Zustande einerseits fortwährend in der Mitte von Erlebnissen steht, die kommen und gehen *müssen,* und daß er andererseits auch Erlebnisse hat, bei denen dies nicht der Fall ist. Es tritt das besonders scharf hervor, wenn man die Erlebnisse des Menschen mit denen des Tieres vergleicht. Das Tier erlebt mit großer Regelmäßigkeit die Einflüsse der äußeren Welt und wird sich unter dem Einflusse der Wärme und Kälte, des Schmerzes und der Lust, unter gewissen regelmäßig ablaufenden Vorgängen seines Leibes des Hungers und Durstes bewußt. Des Menschen Leben ist mit solchen Erlebnissen nicht erschöpft. Er kann Begierden, Wünsche entwickeln, die über das alles hinausgehen. Beim Tier würde man immer nachweisen können, wenn man weit genug zu gehen vermöchte, wo außer dem Leibe oder in dem Leibe die Veranlassung zu einer Handlung, zu einer Empfindung ist. Beim Menschen ist das keineswegs der Fall. Er kann Wünsche und Begierden erzeugen, zu deren Entstehung die Veranlassung weder innerhalb noch außerhalb seines Leibes hinreichend ist. Allem, was in dieses Gebiet fällt, muß man eine besondere Quelle geben. Und diese Quelle kann man im Sinne der übersinnlichen Wissenschaft im »Ich« des

Menschen sehen. Das »Ich« kann daher als das vierte Glied der menschlichen Wesenheit angesprochen werden. – Wäre der Astralleib sich selbst überlassen, es würden sich Lust und Schmerz, Hunger- und Durstgefühle in ihm abspielen; was aber dann nicht zustande käme, ist die Empfindung: es sei ein *Bleibendes* in alle dem. Nicht das Bleibende als solches wird hier als »Ich« bezeichnet, sondern dasjenige, welches dieses Bleibende erlebt. Man muß auf diesem Gebiete die Begriffe ganz scharf fassen, wenn nicht Mißverständnisse entstehen sollen. Mit dem Gewahrwerden eines Dauernden, Bleibenden im Wechsel der inneren Erlebnisse beginnt das Aufdämmern des »Ichgefühles«. Nicht daß ein Wesen zum Beispiel Hunger empfindet, kann ihm ein Ichgefühl geben. Der Hunger stellt sich ein, wenn die erneuerten Veranlassungen zu ihm sich bei dem betreffenden Wesen geltend machen. Es fällt dann über seine Nahrung her, weil eben diese erneuerten Veranlassungen da sind. Das Ichgefühl tritt erst ein, wenn nicht nur diese erneuerten Veranlassungen zu der Nahrung hintreiben, sondern wenn bei einer vorhergehenden Sättigung eine Lust entstanden ist und das Bewußtsein dieser Lust geblieben ist, so daß nicht nur das *gegenwärtige* Erlebnis des Hungers, sondern das *vergangene* der Lust zu dem Nahrungsmittel treibt. – Wie der physische Leib zerfällt, wenn ihn nicht der Ätherleib zusammenhält, wie der Ätherleib in die Bewußtlosigkeit versinkt, wenn ihn nicht der Astralleib durchleuchtet, so müßte der Astralleib das Vergangene immer wieder in die *Vergessenheit* sinken lassen, wenn dieses nicht vom »Ich« in die Gegenwart herübergerettet würde. Was für den physischen Leib der Tod, für den Ätherleib der Schlaf, das ist für den Astralleib das *Vergessen*. Man kann auch sagen: dem Ätherleib sei das *Leben* eigen, dem Astralleib das *Bewußtsein* und dem Ich die *Erinnerung*.

Noch leichter als in den Irrtum, der Pflanze Bewußtsein zuzuschreiben, kann man in denjenigen verfallen, bei dem Tiere von Erinnerung zu sprechen. Es liegt so nahe, an Erinnerung zu denken, wenn der Hund seinen Herrn wiedererkennt, den er vielleicht ziemlich lange nicht gesehen hat. Doch in Wahrheit beruht solches Wiedererkennen gar nicht auf Erinnerung, sondern auf etwas völlig anderem. Der Hund empfindet eine gewisse Anziehung zu seinem Herrn. Diese geht aus von der Wesenheit des letzteren. Diese Wesenheit bereitet dem Hunde Lust, wenn der Herr für ihn gegenwärtig ist. Und jedesmal, wenn diese Gegenwart des Herrn eintritt, ist sie die Veranlassung zu einer Erneuerung der Lust. Erinnerung ist aber nur dann vorhanden, wenn ein Wesen nicht bloß mit seinen Erlebnissen in der Gegenwart empfindet, sondern wenn es diejenigen der Vergangenheit bewahrt. Man könnte sogar dieses zugeben und dennoch in den Irrtum verfallen, der Hund habe Erinnerung. Man könnte nämlich sagen: er trauert, wenn sein Herr ihn verläßt, also bleibt ihm die Erinnerung an denselben. Auch das ist ein unrichtiges Urteil. Durch das Zusammenleben mit dem Herrn wird für den Hund dessen Gegenwart Bedürfnis, und er empfindet dadurch die Abwesenheit in ähnlicher Art, wie er den Hunger empfindet. Wer solche Unterscheidungen nicht macht, wird nicht zur Klarheit über die wahren Verhältnisse des Lebens kommen.

Aus gewissen Vorurteilen heraus wird man gegen diese Darstellung einwenden, daß man doch nicht wissen könne, ob beim Tiere etwas der menschlichen Erinnerung Ähnliches vorhanden sei oder nicht. Solcher Einwand beruht aber auf einer ungeschulten Beobachtung. Wer wirklich sinngemäß beobachten kann, wie sich das Tier im Zusammenhange seiner Erlebnisse verhält, der bemerkt den Unterschied dieses Verhaltens von dem des Menschen. Und er wird sich klar, daß das Tier sich so verhält, wie es dem Nichtvorhandensein der Erinnerung entspricht. Für die übersinnliche Beobachtung ist das ohne weiteres klar. Doch, was dieser übersinnlichen Beobachtung unmittelbar zum Bewußtsein kommt, das kann *an seinen Wirkungen* auf diesem Gebiete auch von der sinnlichen Wahrnehmung und deren denkender Durchdringung erkannt werden. Wenn man sagt, der Mensch wisse von *seiner* Erinnerung durch innere Seelenbeobachtung, die er doch beim Tiere nicht anstellen könne, so liegt einer solchen Behauptung ein verhängnisvoller Irrtum zugrunde. Was sich der Mensch über seine Erinnerungsfähigkeit zu sagen hat, das kann er nämlich gar nicht einer inneren Seelenbeobachtung entnehmen, sondern allein dem, was er mit sich in dem Verhalten zu den Dingen und Vorgängen der Außenwelt erlebt. Diese Erlebnisse macht er *mit sich* und mit einem andern Menschen und auch mit den Tieren auf die ganz gleiche Weise. Es ist nur ein Schein, der den Menschen blendet, wenn er glaubt, er *beurteile* das Vorhandensein der Erinnerung nur an der inneren Beobachtung. Was der Erinnerung als Kraft zugrunde liegt, mag innerlich genannt werden; das *Urteil* über diese Kraft wird auch für die eigene Person durch den Blick auf den Zusammenhang des Lebens an der Außenwelt erworben. Und diesen Zusammenhang kann man wie bei sich auch bei dem Tiere beurteilen. In bezug auf solche Dinge leidet unsere gebräuchliche Psychologie an ihren ganz ungeschulten, ungenauen, im hohen Maße durch Beobachtungsfehler täuschenden Vorstellungen.

Für das »Ich« bedeuten Erinnerung und Vergessen etwas durchaus Ähnliches wie für den Astralleib Wachen und Schlaf. Wie der Schlaf die Sorgen und Bekümmernisse des Tages in ein Nichts verschwinden läßt, so breitet Vergessen einen Schleier über die schlimmen Erfahrungen des Lebens und löscht dadurch einen Teil der Vergangenheit aus. Und wie der Schlaf notwendig ist, damit die erschöpften Lebenskräfte neu gestärkt werden, so muß der Mensch gewisse Teile seiner Vergangenheit aus der Erinnerung vertilgen, wenn er neuen Erlebnissen frei und unbefangen gegenüberstehen soll. Aber gerade aus dem Vergessen erwächst ihm Stärkung für die Wahrnehmung des Neuen. Man denke an Tatsachen wie das Lernen des Schreibens. Alle Einzelheiten, welche das Kind zu durchleben hat, um schreiben zu lernen, werden vergessen. Was bleibt, ist die Fähigkeit des Schreibens. Wie würde der Mensch schreiben, wenn beim jedesmaligen Ansetzen der Feder alle die Erlebnisse in der Seele als Erinnerung aufstiegen, welche beim Schreibenlernen durchgemacht werden mußten.

Nun tritt die Erinnerung in verschiedenen Stufen auf. Schon das ist die einfachste Form der Erinnerung, wenn der Mensch einen Gegenstand wahrnimmt und er dann nach dem Abwenden von dem Gegenstande die *Vorstellung* von ihm wieder erwecken kann. Diese Vorstellung hat der Mensch sich gebildet, während er den Gegenstand wahrgenommen hat. Es hat sich da ein Vorgang abgespielt zwischen seinem astralischen Leibe und seinem Ich. Der Astralleib hat den äußeren Eindruck von dem Gegenstande bewußt gemacht. Doch würde das Wissen von dem Gegenstande nur so lange dauern, als dieser *gegenwärtig* ist, wenn das Ich nicht das Wissen in sich aufnehmen und zu seinem Besitztume machen würde. – Hier an diesem Punkte scheidet die übersinnliche Anschauung das Leibliche von dem Seelischen. Man spricht vom *Astralleibe*, solange man die Entstehung des Wissens von einem gegenwärtigen Gegenstande im Auge hat.

Dasjenige aber, was dem Wissen Dauer gibt, bezeichnet man als *Seele.* Man sieht aber zugleich aus dem Gesagten, wie eng verbunden im Menschen der Astralleib mit dem Teile der Seele ist, welcher dem Wissen Dauer verleiht. Beide sind gewissermaßen zu einem Gliede der menschlichen Wesenheit vereinigt. Deshalb kann man auch diese Vereinigung als Astralleib bezeichnen. Auch kann man, wenn man eine genaue Bezeichnung will, von dem Astralleib des Menschen als dem *Seelenleib* sprechen, und von der Seele, insofern sie mit diesem vereinigt ist, als der *Empfindungsseele.*

Das Ich steigt zu einer höheren Stufe seiner Wesenheit, wenn es seine Tätigkeit auf das richtet, was es aus dem Wissen der Gegenstände zu seinem Besitztum gemacht hat. Dies ist die Tätigkeit, durch welche sich das Ich von den Gegenständen der Wahrnehmung immer mehr loslöst, um in seinem eigenen Besitze zu arbeiten. Den Teil der Seele, dem dieses zukommt, kann man als *Verstandes-* oder *Gemütsseele* bezeichnen. – Sowohl der Empfindungsseele wie der Verstandesseele ist es eigen, daß sie mit dem arbeiten, was sie durch die Eindrücke der von den Sinnen wahrgenommenen Gegenstände erhalten und davon in der Erinnerung bewahren. Die Seele ist da ganz hingegeben an das, was für sie ein Äußeres ist. Auch dies hat sie ja von außen empfangen, was sie durch die Erinnerung zu ihrem eigenen Besitz macht. Sie kann aber über all das hinausgehen. Sie ist nicht allein Empfindungs- und Verstandesseele. Die übersinnliche Anschauung vermag am leichtesten eine Vorstellung von diesem Hinausgehen zu bilden, wenn sie auf eine einfache Tatsache hinweist, die nur in ihrer umfassenden Bedeutung gewürdigt werden muß. Es ist diejenige, daß es im ganzen Umfange der Sprache einen einzigen Namen gibt, der seiner Wesenheit nach sich von allen andern Namen unterscheidet. Dies ist eben der Name »Ich«. Jeden andern Namen kann dem Dinge oder Wesen, denen er zukommt, *jeder* Mensch geben. Das »Ich« als Bezeichnung für ein Wesen hat nur dann einen Sinn, wenn dieses Wesen sich diese Bezeichnung selbst beilegt. Niemals kann von außen an eines Menschen Ohr der Name »Ich« als seine Bezeichnung dringen; nur das Wesen selbst kann ihn auf sich anwenden. »Ich bin ein Ich nur für mich; für jeden andern bin ich ein Du; und jeder andere ist für mich ein Du.« Diese Tatsache ist der äußere Ausdruck einer tief bedeutsamen Wahrheit. Das eigentliche

Wesen des »Ich« ist von allem Äußeren unabhängig; *deshalb* kann ihm sein Name auch von keinem Äußeren zugerufen werden. Jene religiösen Bekenntnisse, welche mit Bewußtsein ihren Zusammenhang mit der übersinnlichen Anschauung aufrechterhalten haben, nennen daher die Bezeichnung »Ich« den »unaussprechlichen Namen Gottes«. Denn gerade auf das Angedeutete wird gewiesen, wenn dieser Ausdruck gebraucht wird. Kein Äußeres hat Zugang zu jenem Teile der menschlichen Seele, der hiermit ins Auge gefaßt ist. Hier ist das »verborgene Heiligtum« der Seele. Nur ein Wesen kann da Einlaß gewinnen, mit dem die Seele gleicher Art ist. »Der Gott, der im Menschen wohnt, spricht, wenn die Seele sich als Ich erkennt.« Wie die Empfindungsseele und die Verstandesseele in der äußeren Welt leben, so taucht ein drittes Glied der Seele in das Göttliche ein, wenn diese zur Wahrnehmung ihrer eigenen Wesenheit gelangt.

Leicht kann demgegenüber das Mißverständnis entstehen, als ob solche Anschauungen das Ich mit Gott für *Eins* erklärten. Aber sie sagen durchaus nicht, daß das Ich Gott sei, sondern nur, daß es mit dem Göttlichen von einerlei Art und Wesenheit ist. Behauptet denn jemand, der Tropfen Wasser, der dem Meere entnommen ist, sei das Meer, wenn er sagt: der Tropfen sei derselben Wesenheit oder Substanz wie das Meer? Will man durchaus einen Vergleich gebrauchen, so kann man sagen: Wie der Tropfen sich zu dem Meere verhält, so verhält sich das »Ich« zum Göttlichen. Der Mensch kann in sich ein Göttliches finden, weil sein ureigenstes Wesen dem Göttlichen entnommen ist. So also erlangt der Mensch durch dieses sein drittes Seelenglied ein inneres Wissen von sich selbst, wie er durch den Astralleib ein Wissen von der Außenwelt erhält. Deshalb kann die Geheimwissenschaft dieses dritte Seelenglied auch die *Bewußtseinsseele* nennen. Und in ihrem Sinne besteht das Seelische aus drei Gliedern: der Empfindungsseele, Verstandesseele und Bewußtseinsseele, wie das Leibliche aus drei Gliedern besteht, dem physischen Leib, dem Ätherleib und dem Astralleib.

Psychologische Beobachtungsfehler, ähnlich denjenigen, die schon für die Beurteilung der Erinnerungsfähigkeit besprochen worden sind, machen auch die rechte Einsicht in die Wesenheit des »Ich« schwierig. Man kann manches, das man glaubt einzusehen, für eine Widerlegung des oben in dieser Beziehung Ausgeführten halten, während es in Wahrheit eine Bestätigung darstellt. Solches ist der Fall, zum Beispiel, mit den Bemerkungen, die Eduard von Hartmann auf Seite 55f. seines »Grundrisses der Psychologie«[2]) über das »Ich« angibt: »Zunächst ist das Selbstbewußtsein älter als das Wort Ich. Die persönlichen Fürwörter sind ein ziemlich spätes Produkt der Sprachentwicklung und haben für die Sprache nur den Wert von Abkürzungen. Das Wort Ich ist ein kürzerer Ersatz für den Eigennamen des Redenden, aber ein Ersatz, den jeder Redende als solcher von sich braucht, gleichviel mit welchem Eigennamen die anderen ihn benennen. Das Selbstbewußtsein kann sich bei Tieren und bei ununterrichteten taubstummen Menschen sehr hoch entwickeln, selbst ohne an einen Eigennamen anzuknüpfen. Das Bewußtsein des Eigennamens kann vollständig den fehlenden Gebrauch des Ich ersetzen. Mit dieser Einsicht ist der magische Nimbus beseitigt, mit dem für viele das Wörtchen Ich umkleidet ist; es kann dem Begriff des Selbstbewußtseins nicht das mindeste hinzusetzen, sondern empfängt seinen ganzen Inhalt lediglich von diesem.« Man kann mit solchen Ansichten ganz einverstanden sein; auch damit, daß dem Wörtchen Ich kein magischer Nimbus verliehen werde, der die besonnene Anschauung über die Sache nur trübt. Aber für das Wesen einer *Sache* entscheidet nicht, wie allmählich die *Wortbezeichnung* für diese Sache herbeigeführt wird. Eben darauf kommt es an, daß die wirkliche Wesenheit des Ich im Selbstbewußtsein »älter ist als das Wort Ich«. Und daß der Mensch genötigt ist, *dieses* mit seinen nur ihm zukommenden Eigenheiten behaftete Wörtchen für das zu gebrauchen, was er im Wechselverhältnis zur Außenwelt anders erlebt, als es das Tier erleben kann. So wenig irgend etwas über die Wesenheit des Dreiecks erkannt werden kann dadurch, daß man zeigt, wie das »Wort« Dreieck sich gebildet hat, so wenig entscheidet über die Wesenheit des Ich, was man wissen kann darüber, wie aus anderem Wortgebrauch der des Ich in der *Sprachentwicklung* sich gestaltet hat.

In der Bewußtseinsseele enthüllt sich erst die wirkliche Natur des »Ich«. Denn während sich die Seele in Empfindung und Verstand an anderes verliert, ergreift sie als Bewußtseinsseele ihre eigene Wesenheit. Daher kann dieses »Ich« durch die Bewußtseinsseele auch nicht anders als durch eine gewisse innere Tätigkeit wahrgenommen werden. Die Vorstellungen von äußeren Gegenständen werden gebildet, so wie diese Gegenstände kommen und gehen; und diese Vorstellungen arbeiten im Verstande weiter durch ihre eigene Kraft. Soll aber das »Ich« sich selbst wahrnehmen, so kann es nicht bloß sich *hingeben;* es muß durch innere Tätigkeit seine Wesenheit aus den eigenen Tiefen erst heraufholen, um ein Bewußtsein davon zu haben. Mit der Wahrnehmung des »Ich« – mit der *Selbstbesinnung* – beginnt eine innere Tätigkeit des »Ich«. Durch diese Tätigkeit hat die Wahrnehmung des Ich in der Bewußtseinsseele für den Menschen eine ganz andere Bedeutung als die Beobachtung alles dessen, was durch die drei Leibesglieder und durch die beiden andern Glieder der Seele an ihn herandringt. Die Kraft, welche in der Bewußtseinsseele das Ich offenbar macht, ist ja dieselbe wie diejenige, welche sich in aller übrigen Welt kundgibt. Nur tritt sie in dem Leibe und in den niederen Seelengliedern nicht unmittelbar hervor, sondern offenbart sich stufenweise in ihren Wirkungen. Die unterste Offenbarung ist diejenige durch den physischen Leib; dann geht es stufenweise hinauf bis zu dem, was die Verstandesseele erfüllt. Man könnte sagen, mit dem Hinansteigen über jede Stufe fällt einer der Schleier, mit denen das Verborgene umhüllt ist. In dem, was die Bewußtseinsseele erfüllt, tritt dieses Verborgene hüllenlos in den innersten Seelentempel. Doch zeigt es sich da eben nur wie ein Tropfen aus dem Meere der alles durchdringenden Geistigkeit. Aber der Mensch muß diese Geistigkeit hier zunächst ergreifen. Er muß sie in sich selbst erkennen; dann kann er sie auch in ihren Offenbarungen finden.

Was da wie ein Tropfen hereindringt in die Bewußtseinsseele, das nennt die Geheimwissenschaft den *Geist.* So ist die Bewußtseinsseele mit dem Geiste verbunden, der das *Verborgene* in allem Offenbaren ist. Wenn der Mensch nun den Geist in aller Offenbarung ergreifen will, so muß er dies auf dieselbe Art tun, wie er das Ich in der Bewußtseinsseele ergreift. Er muß die Tätigkeit, welche ihn zum Wahrnehmen dieses Ich geführt hat, auf die offenbare Welt hinwenden. Dadurch aber entwickelt er sich zu höheren Stufen seiner Wesenheit. Er setzt den Leibes- und Seelengliedern Neues an. Das nächste ist, daß er dasjenige auch noch selbst erobert, was in den niederen Gliedern seiner Seele verborgen liegt. Und dies geschieht durch seine vom Ich ausgehende Arbeit an seiner Seele. Wie der Mensch in dieser Arbeit begriffen ist, das wird anschaulich, wenn man einen

Menschen, der noch ganz niederem Begehren und sogenannter sinnlicher Lust hingegeben ist, vergleicht mit einem edlen Idealisten. Der letztere wird aus dem ersteren, wenn jener sich von gewissen niederen Neigungen abzieht und höheren zuwendet. Er hat dadurch *vom Ich aus* veredelnd, vergeistigend auf seine Seele gewirkt. Das Ich ist Herr geworden innerhalb des Seelenlebens. Das kann so weit gehen, daß in der Seele keine Begierde, keine Lust Platz greift, ohne daß das Ich die Gewalt ist, welche den Einlaß ermöglicht. Auf diese Art wird dann die ganze Seele eine Offenbarung des Ich, wie es vorher nur die Bewußtseinsseele war. Im Grunde besteht alles Kulturleben und alles geistige Streben der Menschen aus einer Arbeit, welche diese Herrschaft des Ich zum Ziele hat. *Jeder* gegenwärtig lebende Mensch ist in dieser Arbeit begriffen: er mag wollen oder nicht, er mag von dieser Tatsache ein Bewußtsein haben oder nicht.

Durch diese Arbeit aber geht es zu höheren Stufen der Menschenwesenheit hinan. Der Mensch entwickelt durch sie neue Glieder seiner Wesenheit. Diese liegen als Verborgenes hinter dem für ihn Offenbaren. Es kann sich der Mensch aber nicht nur durch die Arbeit an seiner Seele vom Ich aus zum Herrscher über diese Seele machen, so daß diese aus dem Offenbaren das Verborgene hervortreibt, sondern er kann diese Arbeit auch erweitern. Er kann übergreifen auf den Astralleib. Dadurch bemächtigt sich das Ich dieses Astralleibes, indem es sich mit dessen verborgener Wesenheit vereinigt. Dieser durch das Ich eroberte, von ihm umgewandelte Astralleib kann das *Geistselbst* genannt werden. (Es ist dies dasselbe, was man in Anlehnung an die morgenländische Weisheit »Manas« nennt.) In dem Geistselbst ist ein höheres Glied der Menschenwesenheit gegeben, ein solches, das in ihr gleichsam keimhaft vorhanden ist und das im Laufe ihrer Arbeit an sich selbst immer mehr herauskommt.

Wie der Mensch seinen Astralleib erobert dadurch, daß er zu den verborgenen Kräften, die hinter ihm stehen, vordringt, so geschieht das im Laufe der Entwicklung auch mit dem Ätherleibe. Die Arbeit an diesem Ätherleibe ist aber eine intensivere als die am Astralleibe; denn was sich in dem ersteren verbirgt, das ist in zwei, das Verborgene des Astralleibes jedoch nur in einen Schleier gehüllt. Man kann sich einen Begriff von dem Unterschiede in der Arbeit an den beiden Leibern bilden, indem man auf gewisse Veränderungen hinweist, die mit dem Menschen im

Verlaufe seiner Entwicklung eintreten können. Man denke zunächst, wie gewisse Seeleneigenschaften des Menschen sich entwickeln, wenn das Ich an der Seele arbeitet. Wie Lust und Begierden, Freude und Schmerz sich ändern können. Der Mensch braucht da nur zurückzudenken an die Zeit seiner Kindheit. Woran hat er da seine Freude gehabt; was hat ihm Leid verursacht? Was hat er zu dem hinzugelernt, was er in der Kindheit gekonnt hat? Alles das aber ist nur ein Ausdruck davon, wie das Ich die Herrschaft erlangt hat über den Astralleib. Denn dieser ist ja der Träger von Lust und Leid, von Freude und Schmerz. Und man vergleiche damit, wie wenig sich im Laufe der Zeit gewisse andere Eigenschaften des Menschen ändern, zum Beispiel sein Temperament, die tieferen Eigentümlichkeiten seines Charakters usw. Ein Mensch, der als Kind jähzornig ist, wird gewisse Seiten des Jähzorns auch für seine Entwicklung in das spätere Leben hinein oft beibehalten. Die Sache ist so auffallend, daß es Denker gibt, welche die Möglichkeit ganz in Abrede stellen, daß der Grundcharakter eines Menschen sich ändern könne. Sie nehmen an, daß dieser etwas durch das Leben hindurch Bleibendes sei, welches sich nur nach dieser oder jener Seite offenbare. Ein solches Urteil beruht aber nur auf einem Mangel in der Beobachtung. Wer den Sinn dafür hat, solche Dinge zu sehen, dem wird klar, daß sich auch Charakter und Temperament des Menschen unter dem Einflusse seines Ich ändern. Allerdings ist diese Änderung im Verhältnis zur Änderung der vorhin gekennzeichneten Eigenschaften eine langsame. Man kann den Vergleich gebrauchen, daß das Verhältnis der beiderlei Änderungen ist wie das Vorrücken des Stundenzeigers der Uhr im Verhältnis zum Minutenzeiger. Nun gehören die Kräfte, welche diese Änderung von Charakter oder Temperament bewirken, dem verborgenen Gebiet des Ätherleibes an. Sie sind gleicher Art mit den Kräften, welche im Reiche des Lebens herrschen, also mit den Wachstums-, Ernährungskräften und denjenigen, welche der Fortpflanzung dienen. Auf diese Dinge wird durch die weiteren Ausführungen dieser Schrift das rechte Licht fallen. – Also nicht, wenn sich der Mensch bloß hingibt an Lust und Leid, an Freude und Schmerz, arbeitet das Ich am Astralleib, sondern wenn sich die Eigentümlichkeiten dieser Seeleneigenschaften ändern. Und ebenso erstreckt sich die Arbeit auf den Ätherleib, wenn das Ich seine Tätigkeit an eine

Änderung seiner Charaktereigenschaften, seiner Temperamente usw. wendet. Auch an dieser letzteren Änderung arbeitet jeder Mensch: er mag sich dessen bewußt sein oder nicht. Die stärksten Impulse, welche im gewöhnlichen Leben auf diese Änderung hinarbeiten, sind die religiösen. Wenn das Ich die Antriebe, die aus der Religion fließen, immer wieder und wieder auf sich wirken läßt, so bilden diese in ihm eine Macht, welche bis in den Ätherleib hineinwirkt und diesen ebenso wandelt, wie geringere Antriebe des Lebens die Verwandlung des Astralleibes bewirken. Diese geringeren Antriebe des Lebens, welche durch Lernen, Nachdenken, Veredelung der Gefühle usw. an den Menschen herankommen, unterliegen dem mannigfaltig wechselnden Dasein; die religiösen Empfindungen drücken aber allem Denken, Fühlen und Wollen etwas Einheitliches auf. Sie breiten gleichsam ein gemeinsames, einheitliches Licht über das ganze Seelenleben aus. Der Mensch denkt und fühlt heute dies, morgen jenes. Dazu führen die verschiedensten Veranlassungen. Wer aber durch sein wie immer geartetes religiöses Empfinden etwas ahnt, das sich durch allen Wechsel hindurchzieht, der wird, was er heute denkt und fühlt, ebenso auf diese Grundempfindung beziehen wie die morgigen Erlebnisse seiner Seele. Das religiöse Bekenntnis hat dadurch etwas Durchgreifendes im Seelenleben; seine Einflüsse verstärken sich im Laufe der Zeit immer mehr, weil sie in fortdauernder Wiederholung wirken. Deshalb erlangen sie die Macht, auf den Ätherleib zu wirken. – In ähnlicher Art wirken die Einflüsse der wahren Kunst auf den Menschen. Wenn er durch die äußere Form, durch Farbe und Ton eines Kunstwerkes die geistigen Untergründe desselben mit Vorstellen und Gefühl durchdringt, dann wirken die Impulse, welche dadurch das Ich empfängt, in der Tat auch bis auf den Ätherleib. Wenn man diesen Gedanken zu Ende denkt, so kann man ermessen, welch ungeheure Bedeutung die Kunst für alle menschliche Entwicklung hat. Nur auf einiges ist hiermit hingewiesen, was dem Ich die Antriebe liefert, auf den Ätherleib zu wirken. Es gibt viele dergleichen Einflüsse im Menschenleben, die dem beobachtenden Blick nicht so offen liegen wie die genannten. Aber schon aus diesen ist ersichtlich, daß im Menschen ein weiteres Glied seiner Wesenheit verborgen ist, welches das Ich immer mehr und mehr herausarbeitet. Man kann dieses Glied als das zweite des Geistes, und zwar als den *Lebensgeist* bezeichnen. (Es ist dasselbe, was man mit Anlehnung an die morgenländische Weisheit »Buddhi« nennt.)

Der Ausdruck »Lebensgeist« ist deshalb der entsprechende, weil in dem, was er bezeichnet, dieselben Kräfte wirksam sind wie in dem »Lebensleib«; nur ist in diesen Kräften, wenn sie als Lebensleib sich offenbaren, das menschliche Ich nicht tätig. Äußern sie sich aber als Lebensgeist, so sind sie von der Tätigkeit des Ich durchsetzt.

Die intellektuelle Entwicklung des Menschen, seine Läuterung und Veredelung von Gefühlen und Willensäußerungen sind das Maß seiner Verwandlung des Astralleibes zum Geistselbst; seine religiösen Erlebnisse und manche anderen Erfahrungen prägen sich dem Ätherleibe ein und machen diesen zum Lebensgeist. Im gewöhnlichen Verlaufe des Lebens geschieht dies mehr oder weniger unbewußt, dagegen besteht die sogenannte *Einweihung* des Menschen darin, daß er durch die übersinnliche Erkenntnis auf die Mittel hingewiesen wird, wodurch er diese Arbeit im Geistselbst und Lebensgeist ganz bewußt in die Hand nehmen kann. Von diesen Mitteln wird in späteren Teilen dieser Schrift die Rede sein. Vorläufig handelte es sich darum, zu zeigen, daß im Menschen außer der Seele und dem Leibe auch der Geist wirksam ist. Auch das wird sich später zeigen, wie dieser Geist zum *Ewigen* des Menschen, im Gegensatz zu dem vergänglichen Leibe, gehört.

Mit der Arbeit am Astralleib und am Ätherleib ist aber die Tätigkeit des Ich noch nicht erschöpft. Diese erstreckt sich auch auf den physischen Leib. Einen Anflug von dem Einflusse des Ich auf den physischen Leib kann man sehen, wenn durch gewisse Erlebnisse zum Beispiel Erröten oder Erbleichen eintreten. Hier ist das Ich in der Tat der Veranlasser eines Vorganges im physischen Leib. Wenn nun durch die Tätigkeit des Ich im Menschen Veränderungen eintreten in bezug auf seinen Einfluß im physischen Leibe, so ist das Ich wirklich vereinigt mit den verborgenen Kräften dieses physischen Leibes. Mit denselben Kräften, welche seine physischen Vorgänge bewirken. Man kann dann sagen, das Ich arbeitet durch eine solche Tätigkeit am physischen Leibe. Es darf dieser Ausdruck nicht mißverstanden werden. Die Meinung darf gar nicht aufkommen, als ob diese Arbeit etwas Grob-Materielles sei. Was am physischen Leibe als das Grob-Materielle erscheint, das ist ja nur das Offenbare an ihm. Hinter diesem Offenbaren liegen die verborgenen Kräfte seines Wesens. Und diese sind geistiger Art. Nicht von einer Arbeit an dem Materiellen, als welches der physische Leib *erscheint*, soll hier gesprochen werden, sondern von der geistigen Arbeit an den unsichtbaren Kräften, welche ihn entstehen lassen und wieder zum Zerfall bringen. Für das gewöhnliche Leben kann dem Menschen diese Arbeit des Ich am physischen Leibe nur mit einer sehr geringen Klarheit zum Bewußtsein kommen. Diese Klarheit kommt im vollen Maße erst, wenn unter dem Einfluß der übersinnlichen Erkenntnis der Mensch die Arbeit bewußt in die Hand nimmt. Dann aber tritt zutage, daß es noch ein drittes geistiges Glied im Menschen gibt. Es ist dasjenige, welches der *Geistesmensch* im Gegensatze zum physischen Menschen genannt werden kann. (In der morgenländischen Weisheit heißt dieser »Geistesmensch« das »Atma«.)

Man wird in bezug auf den Geistesmenschen auch dadurch leicht irregeführt, daß man in dem physischen Leibe das niedrigste Glied des Menschen sieht und sich deswegen mit der Vorstellung nur schwer abfindet, daß die Arbeit an diesem physischen Leibe zu dem höchsten Glied in der Menschenwesenheit kommen soll. Aber gerade deswegen, weil der physische Leib den in ihm tätigen Geist unter drei Schleiern verbirgt, gehört die höchste Art von menschlicher Arbeit dazu, um das Ich mit dem zu einigen, was sein verborgener Geist ist.

So stellt sich der Mensch für die Geheimwissenschaft als eine aus verschiedenen Gliedern zusammengesetzte Wesenheit dar. Leiblicher Art sind: der physische Leib, der Ätherleib und der Astralleib. Seelisch sind: Empfindungsseele, Verstandesseele und Bewußtseinsseele. In der Seele breitet das Ich sein Licht auf. Und geistig sind: Geistselbst, Lebensgeist und Geistesmensch. Aus den obigen Ausführungen geht hervor, daß die Empfindungsseele und der Astralleib eng vereinigt sind und in einer gewissen Beziehung ein Ganzes ausmachen. In ähnlicher Art sind Bewußtseinsseele und Geistselbst ein Ganzes. Denn in der Bewußtseinsseele leuchtet der Geist auf und von ihr aus durchstrahlt er die andern Glieder der Menschennatur. Mit Rücksicht darauf kann man auch von der folgenden Gliederung des Menschen sprechen. Man kann Astralleib und Empfindungsseele als ein Glied zusammenfassen, ebenso Bewußtseinsseele und Geistselbst, und kann die *Verstandesseele*, weil sie an der Ich-Natur

Teil hat, weil sie in einer gewissen Beziehung schon das »Ich« ist, das sich seiner Geistwesenheit nur noch nicht bewußt ist, als »Ich« schlechtweg bezeichnen und bekommt dann sieben Teile des Menschen: 1. Physischer Leib; 2. Ätherleib oder Lebensleib; 3. Astralleib; 4. Ich; 5. Geistselbst; 6. Lebensgeist; 7. Geistmensch.

Auch für den an materialistische Vorstellungen gewöhnten Menschen würde diese Gliederung des Menschen im Sinne der Siebenzahl nicht das »unklar Zauberhafte« haben, das er ihr oft zuschreibt, wenn er sich genau an den Sinn der obigen Auseinandersetzungen halten würde und nicht von vornherein dieses »Zauberhafte« selbst in die Sache hineinlegen würde. In keiner andern Art, nur vom Gesichtspunkte einer höheren Form der Weltbeobachtung aus, sollte von diesen »sieben« Gliedern des Menschen gesprochen werden, so wie man von den sieben Farben des Lichtes spricht oder von den sieben Tönen der Tonleiter (indem man die Oktave als eine Wiederholung des Grundtones betrachtet). Wie das Licht in sieben Farben, der Ton in sieben Stufen erscheint, so die *einheitliche* Menschennatur in den gekennzeichneten sieben Gliedern. So wenig die Siebenzahl bei Ton und Farbe etwas von »Aberglauben« mit sich führt, so wenig ist das mit Bezug auf sie bei der Gliederung des Menschen der Fall. (Es ist bei einer Gelegenheit, als dies einmal mündlich vorgebracht worden ist, gesagt worden, daß die Sache bei den Farben mit der Siebenzahl doch nicht stimme, da jenseits des »Roten« und des »Violetten« doch auch noch Farben liegen, welche das Auge nur nicht wahrnimmt. Aber auch in Anbetracht dessen stimmt der Vergleich mit den Farben, denn auch jenseits des physischen Leibes auf der einen Seite und jenseits des Geistesmenschen anderseits setzt sich die Wesenheit des Menschen fort; nur sind für die Mittel der geistigen Beobachtung diese Fortsetzungen »geistig unsichtbar«, wie die Farben jenseits von Rot und Violett für das physische Auge unsichtbar sind. Diese Bemerkung mußte gemacht werden, weil so leicht die Meinung aufkommt, die übersinnliche Anschauung nehme es mit dem naturwissenschaftlichen Denken nicht genau, sie sei in bezug auf dasselbe dilettantisch. Wer aber richtig zusieht, was mit dem Gesagten gemeint ist, der kann finden, daß dies in Wahrheit nirgends in einem Widerspruch steht mit der echten Naturwissenschaft; weder wenn naturwissenschaftliche Tatsachen zur

Veranschaulichung herangezogen werden, noch auch wenn mit den hier gemachten Äußerungen auf ein unmittelbares Verhältnis zu der Naturforschung gedeutet wird.)

6. Wiederverkörperung des Geistes und Schicksal*

In der Mitte zwischen Leib und Geist lebt die *Seele.* Die Eindrücke, die ihr durch den Leib zukommen, sind vorübergehend. Sie sind nur so lange vorhanden, als der Leib seine Organe den Dingen der Außenwelt öffnet. Mein Auge empfindet die Farbe an der Rose nur so lange, als die Rose ihm gegenübersteht und es selbst geöffnet ist. Die *Gegenwart* sowohl des Dinges in der Außenwelt wie auch diejenige des leiblichen Organs sind notwendig, damit ein Eindruck, eine Empfindung oder Wahrnehmung zustande kommen können. Was ich aber im Geiste als *Wahrheit* über die Rose erkannt habe, das geht mit der Gegenwart nicht vorüber. Und es ist in seiner Wahrheit auch ganz und gar nicht von mir abhängig. Es wäre wahr, auch wenn ich niemals der Rose gegenübergetreten wäre. Was ich durch den Geist erkenne, ist in einem Elemente des Seelenlebens gegründet, durch das die Seele mit einem Weltinhalt zusammenhängt, der in ihr sich unabhängig von ihren vergänglichen Leibesgrundlagen offenbart. Es kommt nicht darauf an, ob das sich Offenbarende selbst überall ein Unvergängliches ist, sondern darauf, ob die Offenbarung für die Seele so geschieht, daß dabei nicht *ihre* vergängliche Leibesgrundlage in Betracht kommt, sondern dasjenige, was in ihr von diesem Vergänglichen unabhängig ist. Das Dauernde *in der Seele* ist in dem Augenblicke in die Beobachtung gestellt, in dem man gewahr wird, daß Erlebnisse da sind, die nicht durch ihr Vergängliches begrenzt sind. Auch darum handelt es sich nicht, ob diese Erlebnisse zunächst durch vergängliche Verrichtungen der Leibesorganisation bewußt werden, sondern darum, daß sie *etwas* enthalten, was zwar in der Seele lebt,

* Aus: Rudolf Steiner, *Theosophie – Einführung in übersinnliche Welterkenntnis und Menschenbestimmung,* Gesamtausgabe Band 9, Dornach 1978.

aber doch in seiner Wahrheit unabhängig ist von dem vergänglichen Vorgange der Wahrnehmung. Zwischen Gegenwart und Dauer ist die Seele gestellt, indem sie die Mitte hält zwischen Leib und Geist. Aber sie *vermittelt* auch Gegenwart und Dauer. Sie bewahrt das Gegenwärtige für die *Erinnerung*. Dadurch entreißt sie es der Vergänglichkeit und nimmt es in die Dauer ihres Geistigen auf. Auch prägt sie das Dauernde dem Zeitlich-Vergänglichen ein, indem sie in ihrem Leben sich nicht nur den vorübergehenden Reizen hingibt, sondern von sich aus die Dinge bestimmt, ihnen ihr Wesen in den Handlungen einverleibt, die sie verrichtet. Durch die Erinnerung bewahrt die Seele das Gestern; durch die Handlung bereitet sie das Morgen vor.

Meine Seele müßte das Rot der Rose immer von neuem wahrnehmen, um es im Bewußtsein zu haben, wenn sie es nicht durch die Erinnerung behalten könnte. Das, was nach dem äußeren Eindruck zurückbleibt, was von der Seele behalten werden kann, kann unabhängig von dem äußeren Eindrucke wieder *Vorstellung* werden. Durch diese Gabe macht die Seele die Außenwelt so zu ihrer eigenen Innenwelt, daß sie diese dann durch das *Gedächtnis* – für die Erinnerung – behalten und unabhängig von den gewonnenen Eindrücken mit ihr weiter ein eigenes Leben führen kann. Das Seelenleben wird so zur *dauernden Wirkung* der vergänglichen Eindrücke der Außenwelt.

Aber auch die Handlung erhält Dauer, wenn sie einmal der Außenwelt aufgeprägt ist. Schneide ich einen Zweig von einem Baume, so ist durch meine Seele etwas geschehen, was den Lauf der Ereignisse in der Außenwelt vollkommen ändert. Es wäre mit dem Zweige an dem Baume etwas ganz anderes geschehen, wenn ich nicht handelnd eingegriffen hätte. Ich habe eine Reihe von Wirkungen ins Leben gerufen, die ohne mein Dasein nicht vorhanden gewesen wären. Was ich *heute* getan habe, bleibt für *morgen* bestehen. Es wird dauernd durch die *Tat*, wie meine Eindrücke von gestern für meine Seele dauernd geworden sind durch das Gedächtnis.

Für dieses Dauerndwerden durch die Tat bildet man im gewöhnlichen Bewußtsein nicht in der gleichen Art eine Vorstellung aus, wie diejenige ist, die man für »Gedächtnis« hat, für das Dauerndwerden eines Erlebnisses, das auf Grund einer Wahrnehmung erfolgt. Aber wird nicht das »Ich« des Menschen mit der in der Welt erfolgten Veränderung durch seine Tat ebenso verbunden wie mit der aus einem Eindruck erfolgenden Erinnerung? Das »Ich« urteilt über neue Eindrücke anders, je nachdem es die eine oder die andere Erinnerung hat oder nicht. Aber es ist auch als »Ich« in eine andere Verbindung zur Welt getreten, je nachdem es die eine oder die andere Tat verrichtet hat oder nicht. Ob ich auf einen andern Menschen einen Eindruck gemacht habe durch eine Tat oder nicht, davon hängt es ab, ob etwas in dem Verhältnisse der Welt zu meinem »Ich« vorhanden ist oder nicht. Ich bin in meinem Verhältnis zur Welt ein anderer, nachdem ich auf meine Umgebung einen Eindruck gemacht habe. Daß man, was hier gemeint ist, nicht so bemerkt wie die Veränderung des »Ich« durch Erwerb einer Erinnerung, das rührt allein davon her, daß die Erinnerung sich sogleich bei ihrer Bildung verbindet mit dem Seelenleben, das man schon immer als das seinige empfunden hat; die äußere Wirkung der Tat aber verläuft, losgelöst von diesem Seelenleben, in Folgen, die noch etwas anderes sind, als was man davon in der Erinnerung behält. Dessenungeachtet aber sollte man zugeben, daß, nach einer vollbrachten Tat, etwas in der Welt ist, dem sein Charakter durch das »Ich« aufgeprägt ist. Man wird, wenn man das hier in Betracht Kommende wirklich durchdenkt, zu der Frage kommen: Könnte es nicht sein, daß die Folgen einer vollbrachten Tat, denen ihr Wesen durch das »Ich« aufgeprägt ist, eine Tendenz erhalten, zu dem Ich wieder hinzuzutreten, wie ein im Gedächtnis bewahrter Eindruck wieder auflebt, wenn sich dazu eine äußere Veranlassung ergibt? Das im Gedächtnis Bewahrte wartet auf eine solche Veranlassung. Könnte nicht das in der Außenwelt mit dem Ich-Charakter Bewahrte ebenso warten, um so von *außen* an die Menschenseele heranzutreten, wie die Erinnerung von innen an diese Seele bei gegebener Veranlassung herantritt? Hier wird diese Sache nur als Frage hingestellt: denn, gewiß, es könnte sein, daß sich die Veranlassung niemals gäbe, daß die mit dem Ich-Charakter behafteten Folgen einer Tat die Menschenseele treffen könnten. Aber daß sie *als solche* vorhanden sind und daß sie in ihrem Vorhandensein das Verhältnis der Welt zu dem Ich bestimmen, das erscheint sofort als eine mögliche Vorstellung, wenn man, was vorliegt, denkend verfolgt. Es soll in den nachfolgenden Betrachtungen untersucht werden, ob es im Menschenleben etwas gibt, was von dieser »möglichen« Vorstellung aus auf eine Wirklichkeit deutet.

Es sei nun erst das Gedächtnis betrachtet. Wie kommt es zustande? Offenbar auf ganz andere Art als die Empfindung oder Wahrnehmung. Ohne Auge kann ich nicht die Empfindung des »Blau« haben. Aber durch das Auge habe ich noch keineswegs die Erinnerung an das »Blau«. Soll mir das Auge jetzt diese Empfindung geben, so muß ihm ein blaues Ding gegenübertreten. Die Leiblichkeit würde alle Eindrücke immer wieder in Nichts zurücksinken lassen, wenn nicht, indem durch den Wahrnehmungsakt die *gegenwärtige* Vorstellung sich bildet, zugleich in dem Verhältnisse zwischen Außenwelt und Seele sich etwas abspielte, was in dem Menschen eine solche Folge hat, daß er später durch Vorgänge *in sich* wieder eine Vorstellung von dem haben kann, was früher eine Vorstellung von *außen her* bewirkt hat. (Wer sich Übung für seelisches Beobachten erworben hat, wird finden können, daß der Ausdruck ganz schief ist, der von der Meinung ausgeht: man habe heute eine Vorstellung und morgen trete durch das Gedächtnis *diese* Vorstellung wieder auf, nachdem sie sich inzwischen irgendwo im Menschen aufgehalten hat. Nein, *die* Vorstellung, die ich *jetzt* habe, ist eine Erscheinung, die mit dem »jetzt« vorübergeht. Tritt Erinnerung ein, so findet in mir ein Vorgang statt, der die Folge von etwas ist, das *außer* dem Hervorrufen der gegenwärtigen Vorstellung in dem Verhältnis zwischen Außenwelt und mir stattgefunden hat. Die durch die Erinnerung hervorgerufene Vorstellung ist eine neue und *nicht* die aufbewahrte alte. Erinnerung besteht darin, daß *wieder* vorgestellt werden kann, nicht, daß eine Vorstellung wieder aufleben kann. Was *wieder* eintritt, ist etwas anderes als die Vorstellung selbst. (Diese Anmerkung wird hier gemacht, weil auf geisteswissenschaftlichem Gebiete notwendig ist, daß man sich über gewisse Dinge *genauere* Vorstellungen macht als im gewöhnlichen Leben und sogar auch in der gewöhnlichen Wissenschaft.) – Ich erinnere mich, das heißt: ich erlebe etwas, was selbst nicht mehr da ist. Ich verbinde ein vergangenes Erlebnis mit meinem gegenwärtigen Leben. Es ist so bei jeder Erinnerung. Man nehme an, ich treffe einen Menschen und erkenne ihn wieder, weil ich ihn gestern getroffen habe. Er wäre für mich ein völlig Unbekannter, wenn ich nicht das Bild, das ich mir gestern durch die Wahrnehmung gemacht habe, mit meinem heutigen Eindruck von ihm verbinden könnte. Das heutige Bild gibt mir die Wahrnehmung, das heißt meine Sinnesorganisation.

Wer aber zaubert das gestrige in meine Seele herein? Es ist dasselbe Wesen in mir, das gestern bei meinem Erlebnis dabei war und das auch bei dem heutigen dabei ist. *Seele* ist es in den vorhergehenden Ausführungen genannt worden. Ohne diese treue Bewahrerin des Vergangenen wäre jeder äußere Eindruck für den Menschen immer wieder neu. Gewiß ist, daß die Seele den Vorgang, durch welchen etwas Erinnerung wird, dem Leibe wie durch ein Zeichen einprägt; doch muß eben die *Seele* diese Einprägung machen und dann ihre eigene Einprägung wahrnehmen, wie sie etwas Äußeres wahrnimmt. So ist sie die Bewahrerin der Erinnerung.

Als Bewahrerin des Vergangenen sammelt die Seele fortwährend Schätze für den Geist auf. Daß ich das Richtige von dem Unrichtigen unterscheiden kann, das hängt davon ab, daß ich als Mensch ein denkendes Wesen bin, das die Wahrheit im Geiste zu ergreifen vermag. Die Wahrheit ist ewig; und sie könnte sich mir immer wieder an den Dingen offenbaren, auch wenn ich das Vergangene immer wieder aus dem Auge verlöre und jeder Eindruck für mich ein neuer wäre. Aber der Geist in mir ist nicht allein auf die Eindrücke der Gegenwart beschränkt; die Seele erweitert seinen Gesichtskreis über die Vergangenheit hin. Und je mehr sie aus der Vergangenheit zu ihm hinzuzufügen vermag, desto reicher macht sie ihn. So gibt die Seele an den Geist weiter, was sie vom Leibe erhalten hat. – Der Geist des Menschen trägt dadurch in jedem Augenblicke seines Lebens zweierlei in sich. Erstens die ewigen Gesetze des Wahren und Guten und zweitens die Erinnerung an die Erlebnisse der Vergangenheit. Was er tut, das vollbringt er unter dem Einflusse dieser beiden Faktoren. Wollen wir einen Menschengeist verstehen, so müssen wir deshalb auch zweierlei von ihm wissen: erstens, wieviel von dem Ewigen sich ihm offenbart hat, und zweitens, wieviel Schätze aus der Vergangenheit in ihm liegen.

Diese Schätze bleiben dem Geiste keineswegs in unveränderter Gestalt. Die Eindrücke, die der Mensch aus den Erlebnissen gewinnt, schwinden dem Gedächtnisse allmählich dahin. Nicht aber ihre Früchte. Man erinnert sich nicht aller Erlebnisse, die man in der Kindheit durchgemacht hat, während man sich die Kunst des Lesens und des Schreibens angeeignet hat. Aber man könnte nicht lesen und schreiben, wenn man diese Erlebnisse nicht gehabt hätte und ihre Früchte nicht bewahrt geblieben wären in Form von Fähigkeiten. Und das ist die Umwandlung, die der Geist mit den Gedächtnisschätzen vornimmt. Er überläßt, was zu Bildern der einzelnen Erlebnisse führen kann, seinem Schicksale und entnimmt ihm nur die Kraft zu einer Erhöhung seiner Fähigkeiten. So geht gewiß kein Erlebnis ungenützt vorüber: die Seele bewahrt es als Erinnerung, und der Geist saugt aus ihm dasjenige, was seine Fähigkeiten, seinen Lebensgehalt bereichern kann. Der Menschengeist *wächst* durch die verarbeiteten Erlebnisse. – Kann man also auch die vergangenen Erlebnisse im Geiste nicht wie in einer Sammelkammer aufbewahrt finden, man findet ihre *Wirkungen* in den Fähigkeiten, die sich der Mensch erworben hat.

Bisher sind der Geist und die Seele nur betrachtet worden innerhalb der Grenzen, die zwischen Geburt und Tod liegen. Man kann dabei nicht stehenbleiben. Wer das tun wollte, der gliche dem, welcher auch den menschlichen Leib nur innerhalb derselben Grenzen betrachten wollte. Man kann gewiß vieles innerhalb dieser Grenzen finden. Aber man kann nimmermehr aus dem, was zwischen Geburt und Tod liegt, die *menschliche Gestalt* erklären. Diese kann sich nicht aus bloßen physischen Stoffen und Kräften unmittelbar auferbauen. Sie kann nur von einer ihr gleichen Gestalt abstammen, die sich auf Grund dessen ergibt, was sich fortgepflanzt hat. Die physischen Stoffe und Kräfte bauen den Leib während des Lebens auf: die Kräfte der Fortpflanzung lassen aus ihm einen andern hervorgehen, der seine Gestalt haben kann, also einen solchen, der Träger desselben Lebensleibes sein kann. – Jeder Lebensleib ist eine Wiederholung seines Vorfahren. Nur *weil* er dieses ist, erscheint er nicht in jeder beliebigen Gestalt, sondern in derjenigen, die ihm vererbt ist. Die Kräfte, die meine Menschengestalt möglich gemacht haben, lagen in meinen Vorfahren. Aber auch der Geist des Menschen erscheint in einer bestimmten Gestalt (wobei das Wort Gestalt natürlich geistig gemeint ist). Und die Gestalten des Geistes sind die denkbar verschiedensten bei den einzelnen Menschen. Nicht zwei Menschen haben die gleiche geistige Gestalt. Man muß auf diesem Gebiete nur ebenso ruhig und sachlich beobachten wie auf dem physischen. Man kann nicht sagen, die Verschiedenheiten der Menschen in geistiger Beziehung rühren allein von den Verschiedenheiten ihrer Umgebung, ihrer Erziehung und so weiter her. Nein, das ist durchaus nicht der Fall; denn zwei Menschen entwickeln sich unter den gleichen Einflüssen der Umgebung, der Erziehung und so weiter in ganz verschiedener Art. Deshalb muß man zugeben, daß sie mit ganz verschiedenen Anlagen ihren Lebensweg angetreten haben. – Hier steht man vor einer wichtigen Tatsache, die Licht ausbreitet über die Wesenheit des Menschen, wenn man ihre volle Tragweite erkennt. Wer seine Anschauung nur nach der Seite des materiellen Geschehens hin richten will, der könnte allerdings sagen, die individuellen Verschiedenheiten menschlicher Persönlichkeiten rühren von den Verschiedenheiten in der Beschaffenheit der stofflichen Keime her. (Und unter Berücksichtigung der von Gregor Mendel gefundenen und von andern weitergebildeten Vererbungsgesetze kann eine solche Ansicht vieles sagen, was ihr den Schein von Berechtigung auch vor dem wissenschaftlichen Urteil gibt.) Ein solcher Beurteiler zeigt aber nur, daß er keine Einsicht in das wirkliche Verhältnis des Menschen zu dessen Erleben hat. Denn die sachgemäße Beobachtung ergibt, daß die äußeren Umstände auf verschiedene Personen in verschiedener Art durch etwas wirken, das gar nicht *unmittelbar* mit der stofflichen Entwicklung in Wechselbeziehung tritt. Für den wirklich genauen Erforscher auf diesem Gebiete zeigt sich, daß, was aus den stofflichen Anlagen kommt, sich unterscheiden läßt von dem, was zwar durch Wechselwirkung des Menschen mit den Erlebnissen entsteht, aber nur dadurch sich gestalten kann, daß die *Seele* selbst diese Wechselwirkung eingeht. Die Seele steht da deutlich mit etwas innerhalb der Außenwelt in Beziehung, das *seinem Wesen nach* keinen Bezug zu stofflichen Keimanlagen haben kann.

Durch ihre physische Gestalt unterscheiden sich die Menschen von ihren tierischen Mitgeschöpfen auf der Erde. Aber sie sind innerhalb gewisser Grenzen in bezug auf diese Gestalt untereinander gleich. Es gibt nur eine menschliche Gattung. Wie groß auch die Unterschiede der Rassen, Stämme, Völker und Persönlichkeiten sein mögen: in physischer Beziehung ist die Ähnlichkeit zwischen Mensch und Mensch größer als die zwischen dem Menschen und irgendeiner Tiergattung. Alles, was in der menschlichen Gattung sich ausprägt, wird bedingt durch die Vererbung von Vorfahren auf die Nachkommen. Und die menschliche Gestalt ist an diese Vererbung gebunden. Wie der Löwe nur durch Löwenvorfahren, so kann der Mensch nur durch menschliche Vorfahren seine physische Gestalt erben.

So wie die physische Ähnlichkeit der Menschen klar vor Augen liegt, so enthüllt sich dem vorurteilslosen geistigen Blicke die Verschiedenheit ihrer geistigen Gestalten. – Es gibt eine offen zutage liegende Tatsache, durch welche dies zum Ausdrucke kommt. Sie besteht in dem Vorhandensein der Biographie eines Menschen. Wäre der Mensch bloßes Gattungswesen, so könnte es keine Biographie geben. Ein Löwe, eine Taube nehmen das Interesse in Anspruch, insofern sie der Löwen-, der Taubenart angehören. Man hat das Einzelwesen in allem Wesentlichen verstanden, wenn man die Art beschrieben hat. Es kommt hier wenig darauf an, ob man es mit Vater, Sohn oder Enkel zu tun hat. Was bei ihnen interessiert, das haben eben Vater, Sohn und Enkel gemeinsam. Was der Mensch bedeutet, das aber fängt erst da an, wo er nicht bloß Art-, oder Gattungs-, sondern wo er Einzelwesen ist. Ich habe das Wesen des Herrn Schulze in Krähwinkel durchaus nicht begriffen, wenn ich seinen Sohn oder seinen Vater beschrieben habe. Ich muß seine eigene Biographie kennen. Wer über das Wesen der Biographie nachdenkt, der wird gewahr, daß in geistiger Beziehung *jeder Mensch eine Gattung für sich ist.* – Wer freilich Biographie bloß als eine äußerliche Zusammenstellung von Lebensereignissen faßt, der mag behaupten, daß er in demselben Sinne eine Hunde- wie eine Menschenbiographie schreiben könne. Wer aber in der Biographie die wirkliche Eigenart eines Menschen schildert, der begreift, daß er in ihr etwas hat, was im Tierreiche der Beschreibung einer ganzen Art entspricht. Nicht darauf kommt es an, daß man – was ja wirklich selbstverständlich ist – auch von einem Tiere – besonders von einem klugen – etwas Biographieartiges sagen kann, sondern darauf, daß die Menschenbiographie nicht dieser Tierbiographie, sondern der Beschreibung der tierischen Art entspricht. Es wird ja immer wieder Menschen geben, die das hier Gesagte damit werden widerlegen wollen, daß sie sagen, Menageriebesitzer zum Beispiel wissen, wie individuell einzelne Tiere derselben Gattung sich unterscheiden. Wer so urteilt, der zeigt aber nur, daß er individuelle Verschiedenheit nicht zu unterscheiden vermag von Verschiedenheit, die *nur* durch Individualität erworben sich zeigt.

Wird nun die Art oder Gattung im physischen Sinne nur verständlich, wenn man sie in ihrer Bedingtheit durch die Vererbung begreift, so kann auch die geistige Wesenheit nur durch eine ähnliche *geistige Vererbung* verstanden werden. Meine physische Menschengestalt habe ich wegen meiner Abstammung von menschlichen Vorfahren. Woher habe ich dasjenige, was in meiner Biographie zum Ausdrucke kommt? Als physischer Mensch wiederhole ich die Gestalt meiner Vorfahren. Was wiederhole ich als geistiger Mensch? Wer behaupten will: dasjenige, was in meiner Biographie eingeschlossen ist, bedürfe keiner weiteren Erklärung, das müsse eben hingenommen werden, der soll nur auch gleich behaupten: er habe irgendwo einen Erdhügel gesehen, auf dem sich die Stoffklumpen ganz von selbst zu einem lebenden Menschen zusammengeballt haben.

Als physischer Mensch stamme ich von anderen physischen Menschen ab, denn ich habe dieselbe Gestalt wie die ganze menschliche Gattung. Die Eigenschaften der Gattung konnten also innerhalb der Gattung durch Vererbung erworben werden. Als geistiger Mensch habe ich meine eigene Gestalt, wie ich meine eigene Biographie habe. Ich kann also diese Gestalt von niemand anderm haben als von mir selbst. Und da ich nicht mit unbestimmten, sondern mit bestimmten seelischen Anlagen in die Welt eingetreten bin, da durch diese Anlagen mein Lebensweg, wie er in der Biographie zum Ausdruck kommt, bestimmt ist, so kann meine Arbeit an mir nicht bei meiner Geburt begonnen haben. Ich muß als geistiger Mensch vor meiner Geburt vorhanden gewesen sein. In meinen Vorfahren bin ich sicher nicht vorhanden gewesen, denn diese sind als geistige Menschen von mir verschieden. Meine Biographie ist nicht aus der ihrigen erklärbar. Ich muß vielmehr als geistiges Wesen die Wiederholung eines solchen sein, aus dessen Biographie die meinige erklärbar ist. Der andere *zunächst* denkbare Fall wäre der, daß ich die Ausgestaltung dessen, was Inhalt meiner Biographie ist, *nur* einem geistigen Leben *vor* der Geburt (beziehungsweise der Empfängnis) verdanke. Zu dieser Vorstellung hätte man aber nur Berechtigung, wenn man annehmen wollte, daß, was auf die Menschenseele aus dem physischen Umkreis hereinwirkt, gleichartig sei mit dem, was die Seele aus einer nur geistigen Welt hat. Eine solche Annahme widerspricht der wirklich genauen Beobachtung. Denn was aus dieser physischen

Umgebung bestimmend für die Menschenseele ist, das ist so, daß es wirkt wie ein später im physischen Leben Erfahrenes auf ein in gleicher Art früher Erfahrenes. Um diese Verhältnisse richtig zu beobachten, muß man sich den Blick dafür aneignen, wie es im Menschenleben wirksame Eindrücke gibt, die so auf die Anlagen der Seele wirken wie das Stehen vor einer zu verrichtenden Tat gegenüber dem, was man im physischen Leben schon geübt hat; nur daß solche Eindrücke eben nicht auf ein in diesem unmittelbaren Leben schon Geübtes auftreten, sondern auf Seelenanlagen, die sich so beeindrucken lassen wie die durch Übung erworbenen Fähigkeiten. Wer diese Dinge durchschaut, der kommt zu der Vorstellung von Erdenleben, die dem gegenwärtigen vorangegangen sein müssen. Er kann denkend nicht bei rein geistigen Erlebnissen vor *diesem* Erdenleben stehenbleiben. – Die physische Gestalt, die Schiller an sich getragen hat, die hat er von seinen Vorfahren ererbt. Sowenig aber diese physische Gestalt aus der Erde gewachsen sein kann, sowenig kann es die geistige Wesenheit Schillers sein. Er muß die Wiederholung einer andern geistigen Wesenheit sein, aus deren Biographie die seinige erklärbar wird, wie die physischen Menschengestalt Schillers durch menschliche Fortpflanzung erklärbar ist. – So wie also die physische Menschengestalt immer wieder und wieder eine Wiederholung, eine Wiederverkörperung der menschlichen Gattungswesenheit ist, so muß der geistige Mensch eine Wiederverkörperung *desselben* geistigen Menschen sein. Denn als geistiger Mensch ist eben jeder eine eigene Gattung.

Man kann gegen das hier Gesagte einwenden: das seien reine Gedankenausführungen; und man kann äußere Beweise verlangen, wie man sie von der gewöhnlichen Naturwissenschaft her gewohnt ist. Dagegen muß gesagt werden, daß die Wiederverkörperung des geistigen Menschen doch ein Vorgang ist, der nicht dem Felde äußerer physischer Tatsachen angehört, sondern ein solcher, der sich ganz im geistigen Felde abspielt. Und zu diesem Felde hat keine andere unserer *gewöhnlichen* Geisteskräfte Zutritt als allein das *Denken.* Wer der Kraft des Denkens nicht vertrauen will, der kann sich über höhere geistige Tatsachen eben nicht aufklären. – Für denjenigen, dessen geistiges Auge erschlossen ist, wirken die obigen Gedankengänge genau mit derselben Kraft, wie ein Vorgang wirkt, der sich vor seinem physischen Auge abspielt. Wer einem sogenannten »Beweise«, der nach der Methode der gewöhnlichen naturwissenschaftlichen Erkenntnis aufgenommen ist, mehr Überzeugungskraft zugesteht als den obigen Ausführungen über die Bedeutung der Biographie, der mag im gewöhnlichen Wortsinn ein großer Wissenschaftler sein: von den Wegen der echt *geistigen* Forschung ist er aber sehr weit entfernt.

Es gehört zu den bedenklichsten Vorurteilen, wenn man die geistigen Eigenschaften eines Menschen durch Vererbung von Vater oder Mutter oder anderen Vorfahren erklären will. Wer sich des Vorurteils schuldig macht, daß zum Beispiel Goethe das, was sein Wesen ausmacht, von Vater und Mutter ererbt habe, dem wird auch zunächst kaum mit Gründen beizukommen sein, denn in ihm liegt eine tiefe Antipathie gegen vorurteilslose Beobachtung. Eine materialistische Suggestion hindert ihn daran, die Zusammenhänge der Erscheinungen im rechten Lichte zu sehen.

In solchen Ausführungen sind die Voraussetzungen gegeben, um die menschliche Wesenheit über Geburt und Tod hinaus zu verfolgen. Innerhalb der durch Geburt und Tod bestimmten Grenzen gehört der Mensch den drei Welten, der Leiblichkeit, dem Seelischen und dem Geistigen, an. Die Seele bildet das Mittelglied zwischen Leib und Geist, indem sie das dritte Glied des Leibes, den Seelenleib, mit der Empfindungsfähigkeit durchdringt und indem sie das erste Glied des Geistes, das Geistselbst, als Bewußtseinsseele durchsetzt. Sie hat dadurch während des Lebens Anteil an dem Leibe sowohl wie an dem Geiste. Dieser Anteil kommt in ihrem ganzen Dasein zum Ausdruck. Von der Organisation des Seelenleibes wird es abhängen, wie die Empfindungsseele ihre Fähigkeiten entfalten kann. Und von dem Leben der Bewußtseinsseele wird es andererseits abhängig sein, wie weit das Geistselbst in ihr sich entwickeln kann. Die Empfindungsseele wird einen um so besseren Verkehr mit der Außenwelt entfalten, je wohlgebildeter der Seelenleib ist. Und das Geistselbst wird um so reicher, machtvoller werden, je mehr ihm die Bewußtseinsseele Nahrung zuführt. Es ist gezeigt worden, daß während des Lebens durch die verarbeiteten Erlebnisse und die Früchte dieser Erlebnisse dem Geistselbst diese Nahrung zugeführt wird. Denn die dargelegte Wechselwirkung zwischen Seele und Geist kann natürlich nur da geschehen, wo Seele und Geist ineinander befindlich, voneinander durchdrungen sind, also innerhalb der Verbindung von »Geistselbst mit Bewußtseinsseele«.

Es sei zuerst die Wechselwirkung von Seelenleib und Empfindungsseele betrachtet. Der Seelenleib ist, wie sich ergeben hat, zwar die feinste Ausgestaltung der Leiblichkeit, aber er gehört doch zu dieser und ist von ihr abhängig. Physischer Körper, Ätherleib und Seelenleib machen in gewisser Beziehung ein Ganzes aus. Daher ist auch der Seelenleib in die Gesetze der physischen Vererbung, durch die der Leib seine Gestalt erhält, mit einbezogen. Und da er die beweglichste, gleichsam flüchtigste Form der Leiblichkeit ist, so muß er auch die beweglichsten und flüchtigsten Erscheinungen der Vererbung zeigen. Während daher der physische Leib nur nach Rassen, Völkern, Stämmen am wenigsten verschieden ist und der Ätherleib zwar eine größere Abweichung für die einzelnen Menschen, aber doch noch eine überwiegende Gleichheit aufweist, ist diese Verschiedenheit beim Seelenleib schon eine sehr große. In ihm kommt zum Ausdruck, was man schon als *äußere, persönliche* Eigenart des Menschen empfindet. Er ist daher auch der Träger dessen, was sich von dieser persönlichen Eigenart von den Eltern, Großeltern und so weiter auf die Nachkommen vererbt. – Zwar führt die Seele als solche, wie auseinandergesetzt worden ist, ein vollkommenes Eigenleben; sie schließt sich mit ihren Neigungen und Abneigungen, mit ihren Gefühlen und Leidenschaften in sich selbst ab. Aber sie ist doch als Ganzes wirksam, und deshalb kommt auch in der Empfindungsseele dieses Ganze zur Ausprägung. Und weil die Empfindungsseele den Seelenleib durchdringt, gleichsam ausfüllt, so formt sich dieser nach der Natur der Seele, und er kann dann als Vererbungsträger die Neigungen, Leidenschaften und so weiter von den Vorfahren auf die Nachkommen übertragen. Auf dieser Tatsache beruht, was Goethe sagt: »Vom Vater hab' ich die Statur, des Lebens ernstes Führen; vom Mütterchen die Frohnatur und Lust zu fabulieren.«[1]) Das Genie hat er natürlich von beiden nicht. Auf diese Art zeigt sich uns, was der Mensch von seinen seelischen Eigenschaften an die Linie der physischen Vererbung gleichsam abgibt. – Die Stoffe und Kräfte des physischen Körpers sind in gleicher Art auch in dem ganzen Umkreis der äußeren physischen Natur. Sie werden von da fortwährend aufgenommen und an sie wieder abgegeben. Innerhalb einiger Jahre erneuert sich die Stoffmasse, die unsern physischen Körper zusammensetzt, vollständig. Daß diese Stoffmasse die Form des menschlichen Körpers annimmt und daß sie innerhalb dieses Körpers sich immer wieder erneuert, das hängt davon ab, daß sie von dem Ätherleib zusammengehalten wird. Und dessen Form ist nicht allein durch die Vorgänge zwischen Geburt – oder Empfängnis – und Tod bestimmt, sondern sie ist von den Gesetzen der Vererbung abhängig, die über Geburt und Tod hinausreichen. Daß auf dem Wege der Vererbung auch seelische Eigenschaften übertragen werden können, also der Fortgang der physischen Vererbung einen seelischen Einschlag erlangt, das hat seinen Grund darin, daß der Seelenleib von der Empfindungsseele beeinflußt werden kann.

Wie gestaltet sich nun die Wechselwirkung zwischen Seele und Geist? Während des Lebens ist der Geist in der oben angegebenen Art mit der Seele verbunden. Diese empfängt von ihm die Gabe, in dem Wahren und Guten zu leben und dadurch in ihrem Eigenleben, in ihren Neigungen, Trieben und Leidenschaften den Geist selbst zum Ausdruck zu bringen. Das Geistselbst bringt dem »Ich« aus der Welt des Geistes die ewigen Gesetze des Wahren und Guten. Diese verknüpfen sich durch die Bewußtseinsseele mit den Erlebnissen des seelischen Eigenlebens. Diese Erlebnisse selbst gehen vorüber. Aber ihre Früchte bleiben. Daß das Geistselbst mit ihnen verknüpft war, macht einen bleibenden Eindruck auf dasselbe. Tritt der menschliche Geist an ein solches Erlebnis heran, das einem andern ähnlich ist, mit dem es schon einmal verknüpft war, so sieht er in ihm etwas Bekanntes und weiß sich ihm gegenüber anders zu verhalten, als wenn es zum erstenmal ihm gegenüberstände. Darauf beruht ja alles Lernen. Und die Früchte des Lernens sind angeeignete Fähigkeiten. – Dem ewigen Geiste werden auf diese Art Früchte des vorübergehenden Lebens eingeprägt. – Und nehmen wir nicht diese Früchte wahr? Worauf beruhen die Anlagen, die als das Charakteristische des geistigen Menschen oben dargelegt worden sind? Doch nur in Fähigkeiten zu diesem oder jenem, die der Mensch mitbringt, wenn er seinen irdischen Lebensweg beginnt. Es gleichen in gewisser Beziehung diese Fähigkeiten durchaus solchen, die wir uns auch während des Lebens aneignen können. Man nehme das Genie eines Menschen. Von Mozart[2]) ist bekannt, daß er als Knabe ein einmal gehörtes langes musikalisches Kunstwerk aus dem Gedächtnisse aufschreiben konnte. Er war dazu nur fähig, weil er das Ganze auf einmal überschauen konnte. Innerhalb gewisser Grenzen erweitert der Mensch auch während des Lebens seine Fähigkeit, zu überschauen, Zusammenhänge zu durchdringen, so daß er dann neue Fähigkeiten besitzt. Lessing[3]) hat doch von sich gesagt, daß er sich durch kritische Beobachtungsgabe etwas angeeignet habe, was dem Genie nahekommt. Will man solche Fähigkeiten, die in Anlagen begründet sind, nicht als Wunder anstaunen, so muß man sie für Früchte von Erlebnissen halten, die das Geistselbst durch eine Seele gehabt hat. Sie sind diesem Geistselbst eingeprägt worden. Und da sie nicht in diesem Leben eingepflanzt worden sind, so in einem früheren. Der menschliche Geist ist seine eigene Gattung. Und wie der Mensch als physisches Gattungswesen seine Eigenschaften innerhalb der Gattung vererbt, so der *Geist* innerhalb *seiner* Gattung, das heißt innerhalb seiner selbst. *In einem Leben erscheint der menschliche Geist als Wiederholung seiner selbst mit den Früchten seiner vorigen Erlebnisse in vorhergehenden Lebensläufen.* Dieses Leben ist somit die Wiederholung von andern und bringt mit sich, was das Geistselbst in dem vorigen Leben sich erarbeitet hat. Wenn dieses in sich etwas aufnimmt, was Frucht werden kann, so durchdringt es sich mit dem Lebensgeist. Wie der Lebensleib die Form von Art zu Art wiederholt, so der Lebensgeist die Seele vom persönlichen Dasein zu persönlichem Dasein.

Durch die vorangehenden Betrachtungen wird die Vorstellung in den Bereich der Gültigkeit erhoben, die den Grund für gewisse Lebensvorgänge des Menschen in wiederholten Erdenleben sucht. Ihre volle Bedeutung kann diese Vorstellung wohl nur erhalten durch eine Beobachtung, die aus geistigen Einsichten entspringt, wie sie durch das Betreten des am Schlusse dieses Buches beschriebenen Erkenntnispfades erworben werden. Hier sollte nur gezeigt werden, daß eine durch das Denken recht orientierte gewöhnliche Beobachtung schon zu dieser Vorstellung führt. Eine solche Beobachtung wird zunächst allerdings die Vorstellung gewissermaßen silhouettenhaft lassen. Und sie wird sie nicht ganz bewahren können vor den Einwürfen einer nicht genauen, von dem Denken nicht richtig geleiteten Beobachtung. Aber andererseits ist richtig, daß, wer sich eine solche Vorstellung durch gewöhnlich denkende Beobachtung erwirbt, sich bereitmacht zur übersinnlichen Beobachtung. Er bildet gewissermaßen etwas aus, was man haben muß vor dieser übersinnlichen Beobachtung, wie man das Auge haben muß *vor* der sinnlichen Beobachtung. Wer einwendet, daß man sich ja durch Bildung einer solchen Vorstellung die übersinnliche Beobachtung selbst suggerieren könne, der beweist nur, daß er nicht in freiem Denken auf die Wirklichkeit einzugehen vermag und daß gerade *er* sich *dadurch* seine Einwände selbst suggeriert.

So werden die seelischen Erlebnisse dauernd nicht nur innerhalb der Grenzen von Geburt und Tod, sondern über den Tod hinaus bewahrt. Aber nicht nur dem Geiste, der in ihr aufleuchtet, prägt die Seele ihre Erlebnisse ein, sondern, wie gezeigt worden ist, auch der äußeren Welt durch die *Tat.* Was der Mensch gestern verrichtet hat, ist heute noch in seiner Wirkung vorhanden. Ein Bild des Zusammenhanges von Ursache und Wirkung in dieser Richtung gibt das Gleichnis von Schlaf und Tod. – Oft ist der Schlaf der jüngere Bruder des Todes genannt worden. Ich stehe des Morgens auf. Meine fortlaufende Tätigkeit war durch die Nacht unterbrochen. Es ist nun unter gewöhnlichen Verhältnissen nicht möglich, daß ich des Morgens meine Tätigkeit in beliebiger Weise wieder aufnehme. Ich muß an mein Tun von gestern anknüpfen, wenn Ordnung und Zusammenhang in meinem Leben sein soll. Meine Taten von gestern sind die Vorbedingungen derjenigen, die mir heute obliegen. Ich habe mir mit dem, was ich gestern vollbracht habe, für heute mein Schicksal geschaffen. Ich habe mich eine Weile von meiner Tätigkeit getrennt; aber diese Tätigkeit gehört zu mir und sie zieht mich wieder zu sich, nachdem ich mich eine Weile von ihr zurückgezogen habe. Meine Vergangenheit bleibt mit mir verbunden; sie lebt in meiner Gegenwart weiter und wird mir in meine Zukunft folgen. Nicht *erwachen* müßte ich heute morgen, sondern neu, aus dem Nichts heraus geschaffen werden, wenn die Wirkungen meiner Taten von gestern nicht mein Schicksal von heute sein sollten. Sinnlos wäre es doch, wenn ich unter regelmäßigen Verhältnissen ein Haus, das ich mir habe bauen lassen, nicht beziehen würde.

Ebensowenig wie der Mensch am Morgen neu geschaffen ist, ebensowenig ist es der Menschengeist, wenn er seinen irdischen Lebensweg beginnt. Man versuche sich klarzumachen, was bei dem Betreten dieses Lebensweges geschieht. Ein physischer Leib tritt auf, der seine Gestalt durch die Gesetze der Vererbung erhält. Dieser Leib wird der Träger eines Geistes, der ein früheres Leben in neuer Gestalt wiederholt. Zwischen beiden steht die Seele, die ein in sich geschlossenes Eigenleben führt. Ihre Neigungen und Abneigungen, ihre Wünsche und Begierden dienen ihr; sie stellt das Denken in ihren Dienst. Sie empfängt als Empfindungsseele die Eindrücke der Außenwelt; und sie trägt sie dem Geiste zu, auf daß er die Früchte daraus sauge für die Dauer. Sie hat gleichsam eine Vermittlerrolle, und ihre Aufgabe ist erfüllt, wenn sie dieser Rolle genügt. Der Leib formt ihr die Eindrücke; sie gestaltet sie zu Empfindungen um, bewahrt sie im Gedächtnisse als Vorstellungen und gibt sie an den Geist ab, auf daß er sie durch die Dauer trage. Die Seele ist eigentlich das, wodurch der Mensch seinem irdischen Lebenslauf angehört. Durch seinen Leib gehört er der physischen Menschengattung an. Durch ihn ist er ein *Glied* dieser Gattung. Mit seinem Geiste lebt er in einer höheren Welt. Die Seele bindet zeitweilig beide Welten aneinander.

Aber die physische Welt, die der Menschengeist betritt, ist ihm kein fremder Schauplatz. In ihr sind die Spuren seiner Taten eingeprägt. Es gehört von diesem Schauplatz etwas zu ihm. Das trägt das Gepräge seines Wesens. Es ist verwandt mit ihm. Wie die Seele einst die Eindrücke der Außenwelt ihm übermittelt hat, auf daß sie ihm dauernd werden, so hat sie, als sein Organ, die ihr von ihm verliehenen Fähigkeiten in Taten umgesetzt, die in ihren Wirkungen ebenfalls dauernd sind. Dadurch ist die Seele in diese Taten tatsächlich eingeflossen. In den Wirkungen seiner Taten lebt des Menschen Seele ein zweites selbständiges Leben weiter. Dies aber kann die Veranlassung dazu geben, das Leben daraufhin anzusehen, wie die Schicksalsvorgänge in dieses Leben eintreten. Etwas »stößt« dem Menschen zu. Er ist wohl zunächst geneigt, ein solch »Zustoßendes« wie ein »zufällig« in sein Leben Eintretendes zu betrachten. Allein er kann gewahr werden, wie er selbst das Ergebnis solcher »Zufälle« ist. Wer sich in seinem vierzigsten Lebensjahre betrachtet und mit der Frage nach seinem Seelenwesen nicht bei einer wesenlos abstrakten Ich-Vorstellung stehenbleiben will, der darf sich sagen: ich bin ja gar nichts anderes, als was ich geworden bin durch dasjenige, was mir bis heute schicksalsmäßig »zugestoßen« ist. Wäre ich nicht ein anderes, wenn ich zum Beispiel mit zwanzig Jahren eine bestimmte Reihe von Erlebnissen gehabt hätte statt derjenigen, die mich getroffen haben? Er wird dann sein »Ich« nicht nur in seinen von »innen« herauskommenden Entwicklungsimpulsen suchen, sondern in dem, was »von außen« gestaltend in sein Leben eingreift. In dem, was »ihm geschieht«, wird er das eigene Ich erkennen. Gibt man sich solch einer Erkenntnis unbefangen hin, dann ist nur ein weiterer Schritt wirklich intimer Beobachtung des Lebens dazu nötig, um in dem, was einem durch gewisse Schicksalserlebnisse zufließt, etwas zu sehen, was das Ich von außen so ergreift, wie die Erinnerung von innen wirkt, um ein vergangenes Erlebnis wieder aufleuchten zu lassen. Man kann sich so geeignet dazu machen, in dem Schicksalserlebnis wahrzunehmen, wie eine frühere Tat der Seele den Weg zu dem Ich nimmt, so wie in der Erinnerung ein früheres Erlebnis den Weg zur Vorstellung nimmt, wenn eine äußere Veranlassung dazu da ist. Es wurde früher als von einer »möglichen« Vorstellung gesprochen, daß die *Folgen der Tat* die Menschenseele wieder treffen können (vergleiche Seite 136ff.). Innerhalb des einzelnen Erdenlebens ist für gewisse Tatfolgen deshalb ein *solches* Treffen ausgeschlossen, weil dieses Erdenleben dazu veranlagt war, die Tat zu vollbringen. Da liegt in dem Vollbringen das Erleben. Eine gewisse *Folge* der Tat kann da die Seele so wenig treffen, wie man sich an ein Erlebnis erinnern kann, in dem man noch darinnen steht. Es kann sich in dieser Beziehung nur handeln um ein Erleben von Tatfolgen, welche das »Ich« nicht mit den Anlagen treffen, die es in dem Erdenleben hat, aus dem heraus es die Tat verrichtet. Es kann der Blick nur auf Tatfolgen aus anderen Erdenleben sich richten. So kann man – sobald man empfindet: was als Schicksalserlebnis scheinbar einem »zustößt«, ist verbunden mit dem Ich, wie das, was »aus dem Innern« dieses Ich selbst sich bildet – nur denken, man habe es in einem solchen Schicksalserlebnis mit Tatfolgen aus früheren Erdenleben zu tun. Man sieht, zu der für das gewöhnliche Bewußtsein paradoxen Annahme, die Schicksalserlebnisse eines Erdenlebens hängen mit den Taten vorangehender Erdenleben zusammen, wird man durch eine intime, vom Denken geleitete Lebenserfassung geführt. Wieder kann diese Vorstellung nur durch die übersinnliche Erkenntnis ihren Vollgehalt bekommen: ohne diese bleibt sie silhouettenhaft. Aber wieder bereitet sie, aus dem gewöhnlichen Bewußtsein gewonnen, die Seele vor, damit diese ihre Wahrheit in wirklich übersinnlicher Beobachtung *schauen* kann.

Nur der eine Teil meiner Tat ist in der Außenwelt; der andere ist in mir selbst. Man mache sich durch einen einfachen Vergleich aus der Naturwissenschaft dieses Verhältnis von Ich und Tat klar. Tiere, die einmal als Sehende in die Höhlen von Kentucky eingewandert sind, haben durch das Leben in denselben ihr Sehvermögen verloren. Der Aufenthalt im Finstern hat die Augen außer Tätigkeit gesetzt. In diesen Augen wird dadurch nicht mehr die physische und chemische Tätigkeit verrichtet, die während des Sehens vor sich geht. Der Strom der Nahrung, der für diese Tätigkeit früher verwendet worden ist, fließt nunmehr anderen Organen zu. Nun *können* diese Tiere nur in diesen Höhlen leben. Sie haben durch ihre Tat, durch die Einwanderung, die Bedingungen ihres späteren Lebens geschaffen. Die Einwanderung ist zu einem Teil ihres Schicksals geworden. Eine Wesenheit, die einmal tätig war, hat sich mit den Ergebnissen der Taten verknüpft. So ist es mit dem Menschengeiste. Die Seele hat ihm gewisse Fähigkeiten nur vermitteln können, indem sie tätig war. Und entsprechend den Taten sind diese Fähigkeiten. Durch eine Tat, welche die Seele verrichtet hat, lebt in ihr die krafterfüllte Anlage, eine andere Tat zu verrichten, welche die Frucht dieser Tat ist. Die Seele trägt dieses als Notwendigkeit in sich, bis die letztere Tat geschehen ist. Man kann auch sagen, durch eine Tat ist der Seele die Notwendigkeit eingeprägt, die Folge dieser Tat zu verrichten.

Mit seinen Taten hat der Menschengeist wirklich sein Schicksal bereitet. An das, was er in seinem vorigen Leben getan hat, findet er sich in einem neuen geknüpft. – Man kann ja die Frage aufwerfen: wie kann das sein, da doch wohl der Menschengeist bei seiner Wiederverkörperung in eine völlig andere Welt versetzt wird, als diejenige war, die er einstens verlassen hat? Dieser Frage liegt eine sehr am Äußerlichen des Lebens haftende Vorstellung von Schicksalsverkettung zugrunde. Wenn ich meinen Schauplatz von Europa nach Amerika verlege, so befinde ich mich auch in einer völlig neuen Umgebung. Und dennoch hängt mein Leben in Amerika ganz von meinem vorhergehenden in Europa ab. Bin ich in Europa Mechaniker geworden, so gestaltet sich mein Leben in Amerika ganz anders, als wenn ich Bankbeamter geworden wäre. In dem einen Falle werde ich wahrscheinlich in Amerika von Maschinen, in dem andern von Bankeinrichtungen umgeben sein. In jedem Falle bestimmt mein Vorleben meine Umgebung; es zieht gleichsam aus der ganzen Umwelt diejenigen Dinge an sich, die ihm verwandt sind. So ist es mit dem Geistselbst. Es umgibt sich in einem neuen Leben notwendig mit demjenigen, mit dem es aus den vorhergehenden Leben verwandt ist. – Und deswegen ist der Schlaf ein brauchbares Bild für den Tod, weil der Mensch während des Schlafes dem Schauplatz entzogen ist, auf dem sein Schicksal ihn erwartet. Während man schläft, laufen die Ereignisse auf diesem Schauplatz weiter. Man hat eine Zeitlang auf diesen Lauf keinen Einfluß. Dennoch hängt unser Leben an einem neuen Tage von den Wirkungen der Taten am vorigen Tage ab. Wirklich verkörpert sich unsere Persönlichkeit jeden Morgen aufs neue in unserer Tatenwelt. Was während der Nacht von uns getrennt war, ist tagsüber gleichsam um uns gelegt. – So ist es mit den Taten der früheren Verkörperungen des Menschen. Sie sind mit ihm als sein Schicksal verbunden, wie das Leben in den finstern Höhlen mit den Tieren verbunden bleibt, die durch Einwanderung in diese Höhlen das Sehvermögen verloren haben. Wie diese Tiere nur leben können, wenn sie sich in der Umgebung befinden, in die sie sich selbst versetzt haben, so *kann* der Menschengeist nur in der Umwelt leben, die er sich durch seine Taten selbst geschaffen hat. Daß ich am Morgen die Lage vorfinde, die ich am vorhergehenden Tage selbst geschaffen, dafür sorgt der unmittelbare Gang der Ereignisse. Daß ich, wenn ich mich wieder verkörpere, eine Umwelt vorfinde, die dem Ergebnis meiner Taten aus dem vorhergehenden Leben entspricht, dafür sorgt die Verwandtschaft meines wieder verkörperten Geistes mit den Dingen der Umwelt. Man kann sich danach eine Vorstellung davon bilden, wie die *Seele* dem Wesen des Menschen eingegliedert ist. Der physische Leib unterliegt den Gesetzen der Vererbung. Der Menschengeist dagegen muß sich immer wieder und wieder verkörpern; und sein Gesetz besteht darin, daß er die Früchte der vorigen Leben in die folgenden hinübernimmt. Die Seele lebt in der Gegenwart. Aber dieses Leben in der Gegenwart ist nicht unabhängig von den vorhergehenden Leben. Der sich verkörpernde Geist bringt ja aus seinen vorigen Verkörperungen sein Schicksal mit. Und dieses Schicksal bestimmt das Leben. Welche

Eindrücke die Seele wird haben können, welche Wünsche ihr werden befriedigt werden können, welche Freuden und Leiden ihr erwachsen, mit welchen Menschen sie zusammenkommen wird: das hängt davon ab, wie die Taten in den vorhergehenden Verkörperungen des Geistes waren. Menschen, mit welchen die Seele in einem Leben verbunden war, wird sie in einem folgenden wiederfinden müssen, weil die Taten, welche zwischen ihnen gewesen sind, ihre Folgen haben müssen. Wie die eine Seele, werden auch die mit dieser verbundenen in derselben Zeit ihre Wiederverkörperung anstreben. Das Leben der Seele ist somit ein Ergebnis des selbstgeschaffenen Schicksals des Menschengeistes. Dreierlei bedingt den Lebenslauf eines Menschen innerhalb von Geburt und Tod. Und dreifach ist er dadurch abhängig von Faktoren, die *jenseits* von Geburt und Tod liegen. Der Leib unterliegt dem Gesetz der *Vererbung*; die Seele unterliegt dem selbstgeschaffenen Schicksal. Man nennt dieses von dem Menschen geschaffene Schicksal mit einem alten Ausdrucke sein *Karma.* Und der Geist steht unter dem Gesetze der *Wiederverkörperung*, der wiederholten Erdenleben. – Man kann demnach das Verhältnis von Geist, Seele und Körper auch so ausdrücken: Unvergänglich ist der Geist; Geburt und Tod walten nach den Gesetzen der physischen Welt in der Körperlichkeit; das Seelenleben, das dem Schicksal unterliegt, vermittelt den Zusammenhang von beiden während eines irdischen Lebenslaufes. Alle weiteren Erkenntnisse über das Wesen des Menschen setzen die Bekanntschaft mit den »drei Welten« selbst voraus, denen er angehört. Von diesen soll das Folgende handeln.

Ein Denken, welches den Erscheinungen des Lebens sich gegenüberstellt und das sich nicht scheut, die sich aus einer lebensvollen Betrachtung ergebenden Gedanken bis in ihre letzten Glieder zu verfolgen, *kann* durch die bloße Logik zu der Vorstellung von den wiederholten Erdenleben und dem Gesetze des Schicksals kommen. So wahr es ist, daß dem Seher mit dem geöffneten »geistigen Auge« die vergangenen Leben wie ein aufgeschlagenes Buch als *Erlebnis* vorliegen, so wahr ist es, daß die *Wahrheit* von alledem der betrachtenden *Vernunft* aufleuchten kann.

7. Die geistige Führung der Menschen und der Menschheit*

Der Mensch, welcher sich auf sich selbst besinnt, kommt bald zu der Einsicht, daß er außer dem Selbst, das er mit seinen Gedanken, Gefühlen und vollbewußten Willensimpulsen umfaßt, noch ein zweites kraftvolleres Selbst in sich trägt. Er wird gewahr, wie er sich diesem zweiten Selbst als einer höheren Macht unterordnet. Zunächst wird der Mensch allerdings dieses zweite Selbst wie eine niedrigere Wesenheit empfinden gegenüber demjenigen, das er mit seinem klaren, nach dem Guten und Wahren neigenden vollbewußten Seelenwesen umspannt. Und er wird diese niedrigere Wesenheit zu überwinden trachten.

Eine intimere Selbstprüfung kann aber über das zweite Selbst noch etwas anderes lehren. Wenn man im Leben öfter eine Art Rückschau hält auf dasjenige, was man erlebt oder getan hat, so wird man an sich eine eigentümliche Entdeckung machen. Und man wird diese Erfahrung um so bedeutungsvoller finden, je älter man wird. Wenn man sich fragt: Was hast du in dieser oder jener Zeit deines Lebens getan oder gesprochen?, dann stellt sich heraus, daß man eine ganze Menge von Dingen getan hat, die man eigentlich erst in einem späteren Lebensalter versteht. Da hat man vor sieben oder acht Jahren, oder vielleicht vor zwanzig Jahren Dinge getan, von denen man ganz genau weiß: jetzt erst, nach langer Zeit, reicht eigentlich dein Verstand so weit, daß du die Dinge verstehen kannst, die du damals getan oder gesprochen hast. – Viele Menschen machen solche Selbstentdeckungen nicht, weil sie nicht darauf ausgehen. Aber es ist außerordentlich fruchtbar, wenn der Mensch öfter eine solche Einkehr in seine

* Aus: Rudolf Steiner, *Die geistige Führung des Menschen und der Menschheit. Geisteswissenschaftliche Ergebnisse über die Menschheits-Entwicklung.* Gesamtausgabe Band 15, Dornach 1974.

Seele hält. Denn von einem solchen Moment, in welchem der Mensch gewahr wird: Du hast eigentlich in früheren Jahren Dinge getan, die du jetzt erst anfängst zu verstehen; damals war dein Verstand noch nicht reif, um die Dinge zu verstehen, welche du getan oder doch gesprochen hast – von einem solchen Moment, in welchem man eine Entdeckung dieser Art macht, geht etwas aus wie die folgende Empfindung der Seele: Man fühlt sich wie geborgen durch eine gute Macht, die in den eigenen Wesenstiefen waltet; man fängt an, immer mehr und mehr Vertrauen zu gewinnen zu der Tatsache, daß man eigentlich im höchsten Sinne des Wortes doch nicht allein ist in der Welt, und daß alles dasjenige, was man versteht, was man bewußt kann, im Grunde genommen nur ein kleiner Teil dessen ist, was man in der Welt vollbringt.

Man kann, wenn man diese Beobachtung öfters macht, etwas, was ja theoretisch sehr leicht einzusehen ist, zu voller Lebenspraxis erheben. Theoretisch leicht einzusehen ist, daß der Mensch im Leben nicht sehr weit kommen könnte, wenn er alles, was er vollbringen muß, mit vollbewußtem Verstande, mit einer alle Verhältnisse überschauenden Intelligenz vollbringen müßte. Um dies theoretisch einzusehen, braucht man nur die folgende Überlegung anzustellen. In welchem Lebensabschnitt vollbringt der Mensch eigentlich an sich selber die für das Dasein wichtigsten Taten? Wann handelt er am allerweisesten an sich selber? Das tut er ungefähr von der Geburt an bis zu dem Zeitpunkte, bis zu dem er sich noch zurückerinnern kann, wenn er im späteren Leben zurückblickt auf die verflossenen Jahre seines Erdendaseins. Wenn man zurückdenkt an das, was man vor drei, vier, fünf Jahren und dann immer weiter zurück getan hat, so kommt man bis zu einem gewissen Punkt der Kindheit; weiter geht die Rückerinnerung nicht. Was davor liegt, können dem Menschen die Eltern oder andere Personen erzählen; aber die eigene Erinnerung reicht nur bis zu einem gewissen Punkt zurück. Das ist auch der Zeitpunkt, in welchem der Mensch gelernt hat, sich als ein *Ich* zu fühlen. Bei den Menschen, deren Erinnerung über die Lebensnorm nicht hinausgeht, muß immer ein solcher Lebenspunkt da sein. *Vor* diesem Zeitpunkte aber hat die menschliche Seele am Menschen selbst die allerweisesten Dinge getan, und niemals kann der Mensch später, wenn er zu seinem Bewußtsein gekommen ist, so Großartiges und Gewaltiges an sich selber leisten, wie er in den allerersten Jahren seiner Kindheit aus unterbewußten Seelengründen heraus vollzieht. Denn man weiß, daß der Mensch durch seine Geburt in die physische Welt das hineinträgt, was er mitgebracht hat als die Früchte der früheren Erdenleben. Wenn der Mensch geboren wird, ist zum Beispiel sein physisches Gehirn noch ein sehr unvollkommenes Werkzeug. Es muß nun des Menschen Seele in dieses Werkzeug erst die feineren Gliederungen hineinarbeiten, die es zum Vermittler alles dessen machen, wessen die Seele fähig ist. In der Tat arbeitet die Menschenseele, bevor sie vollbewußt ist, an dem Gehirn so, daß dieses ein solches Werkzeug werden kann, wie es gebraucht wird zum Ausleben all der Fähigkeiten, Anlagen, Eigenschaften und so weiter, welche der Seele eignen als Ergebnisse ihrer früheren Erdenleben. Diese Arbeit am eigenen Leibe ist von Gesichtspunkten geleitet, die weiser sind als alles dasjenige, was der Mensch später aus seinem vollen Bewußtsein heraus an sich tun kann. Und noch mehr: während dieser Zeiten muß nicht nur das geschehen, daß der Mensch sein Gehirn plastisch ausarbeitet, sondern er muß lernen drei der wichtigsten Dinge für sein Erdendasein.

Als erstes lernt er die eigene Körperlichkeit im Raume zu orientieren. Was damit gesagt ist, beachtet der heutige Mensch eigentlich gar nicht. Es wird damit einer der wesentlichsten Unterschiede des Menschen vom Tier berührt. Das Tier ist von vornherein bestimmt, seine Gleichgewichtslage im Raume in einer gewissen Art zu entwickeln; das eine Tier ist zum Klettertier vorbestimmt, das andere zum Schwimmtier und so weiter. Das Tier ist von vornherein so organisiert, daß es sich in richtiger Weise in den Raum hineinstellt; und das ist bis hinauf zu den menschenähnlichsten Säugetieren der Fall. Wenn die Zoologen über dieses Faktum nachdenken würden, so würden sie weniger betonen, daß zum Beispiel Mensch und Tier so und so viele gleichartige Knochen und Muskeln haben und so weiter; denn dieses kommt viel weniger in Betracht als die Tatsache, daß der Mensch nicht von vornherein die volle Anlage für seine Gleichgewichtsverhältnisse mitbekommt. Er muß sich diese erst aus seinem Gesamtwesen herausgestalten. Es ist bedeutungsvoll, daß der Mensch an sich selbst arbeiten muß, um sich aus einem Wesen, das nicht gehen kann, zu einem solchen zu machen, das aufrecht gehen kann. Der Mensch ist es selbst, der sich seine vertikale Lage, seine Gleichgewichtslage im Raum gibt. Er bringt sich selbst in ein Verhältnis zur Schwerkraft. Einer Betrachtung, welche nicht in die Tiefe der Sache dringen will, wird es selbstverständlich ein leichtes sein, mit scheinbar guten Gründen dies zu bestreiten. Man kann sagen, der Mensch sei eben für seinen aufrechten Gang ebenso hinorganisiert wie zum Beispiel ein Klettertier zum Klettern. Ein genaueres Zusehen aber kann zeigen, daß es beim Tier die Eigenart der Organisation ist, welche das Hineinstellen in den Raum bewirkt. Beim Menschen aber ist es die Seele, welche sich in Beziehung zum Raum bringt und die Organisation bezwingt.

Das zweite, was der Mensch sich selber lehrt, und zwar aus der Wesenheit heraus, welche von Verkörperung zu Verkörperung als dieselbe weiterschreitet, ist die *Sprache.* Durch sie setzt er sich zu seinen Mitmenschen in ein Verhältnis, welches ihn zum Träger desjenigen geistigen Lebens macht, das die physische Welt zunächst von ihm aus durchdringt. Es ist oft mit gutem Grunde betont worden, daß ein Mensch, der auf eine einsame Insel versetzt würde und nicht mit andern Menschen zusammen wäre, bevor er sprechen kann, die Sprache nicht lernen würde. Was wir ererbt erhalten, was eingepflanzt ist für spätere Jahre, so daß es den Vererbungsprinzipien unterliegt, das hängt nicht davon ab, daß der Mensch mit seinen Mitmenschen zusammen ist. Er ist zum Beispiel von vornherein durch die Vererbungsverhältnisse dazu veranlagt, im siebenten Jahre die Zähne zu wechseln. Da könnte er auf einer einsamen Insel sein; wenn er nur die Möglichkeit hätte, heranzuwachsen, würde er die Zähne wechseln. Sprechen aber lernt er nur, wenn sein Seelenwesen als solches angeregt wird, als dasjenige, was von Leben zu Leben getragen wird. Der Mensch muß in jener Zeit den Keim für seine Kehlkopfentwicklung formen, in der er noch nicht sein Ich-Bewußtsein hat. *Vor* der Zeit, bis zu der er sich zurückerinnert, muß er den Keim legen zur Formung seiner Kehlkopfentwicklung, so daß der Kehlkopf zum Sprachorganismus werden kann.

Und dann gibt es ein Drittes, von dem es weniger bekannt ist, daß es der Mensch durch sich selbst lernt, durch das, was er in seinem Innern von Verkörperung zu Verkörperung trägt. Das ist das Leben innerhalb der Gedankenwelt selber. Die Bearbeitung des Gehirns wird aus dem Grunde vorgenommen, weil das Gehirn das Werkzeug des Denkens ist. Es ist dieses Organ im

Lebensbeginne deshalb noch plastisch, weil der Mensch es selbst erst so formen soll, wie das Instrument seines Denkens im Sinne der Wesenheit sein muß, die von Leben zu Leben getragen wird. So wie das Gehirn unmittelbar nach der Geburt ist, so mußte es werden gemäß den Kräften, die von Eltern, Voreltern und so weiter vererbt sind. Der Mensch aber muß in seinem Denken zum Ausdruck bringen, was er als Eigenwesen ist, gemäß seinen früheren Erdenleben. Deshalb muß er sich die Eigentümlichkeiten seines Gehirns, die er ererbt hat, dann umformen, wenn er – nach der Geburt – physisch unabhängig von Eltern, Voreltern und so weiter geworden ist.

Man sieht, daß der Mensch in den allerersten Jahren seines Lebens bedeutungsvolle Dinge vollbringt. Er arbeitet im Sinne höchster Weisheit an sich selber. Er könnte in der Tat, wenn es auf seine Klugheit ankäme, das nicht vollbringen, was er *ohne* seine Klugheit in der ersten Lebenszeit vollbringen muß. Warum wird aus den Seelentiefen, die außer dem Bewußtsein liegen, dies alles vollbracht? Es geschieht aus dem Grunde, weil der Mensch in den ersten Jahren seines Lebens mit seiner Seele, mit seiner ganzen Wesenheit viel mehr angeschlossen ist an die geistigen Welten der höheren Hierarchien, als dies später der Fall ist. Für den Hellseher, der eine geistige Entwicklung durchgemacht hat, so daß er die wirklichen geistigen Vorgänge verfolgen kann, zeigt sich an dem Zeitpunkte, in welchem der Mensch sein Ich-Bewußtsein so erlangt, daß er sich später bis zu diesem Zeitpunkte zurückerinnern kann, etwas ungeheuer Bedeutungsvolles. Während das, was wir die »kindliche Aura« nennen, in den ersten Lebensjahren wie eine wunderbare, menschlich-übermenschliche Macht das Kind umschwebt – so umschwebt, daß diese kindliche Aura, der eigentliche höhere Teil des Menschen, überall seine Fortsetzung in die geistige Welt hinein hat –, dringt in jenem Zeitpunkt, bis zu welchem der Mensch sich zurückerinnern kann, diese Aura mehr in das Innere des Menschen hinein. Der Mensch kann sich, bis zu diesem Zeitpunkte zurück, als zusammenhängendes Ich empfinden, weil dasjenige, was früher an die höheren Welten angeschlossen war, dann in sein Ich hineingezogen ist. Von da ab stellt das Bewußtsein überall sich selber in Verbindung zu der Außenwelt. Das geschieht im Kindesalter noch nicht. Da waren die Dinge für den Menschen so, als wenn sie wie eine Traumwelt ihn umschwebten. Aus einer

Weisheit heraus, die nicht *in ihm* ist, arbeitet der Mensch an sich. Diese Weisheit ist mächtiger, umfassender als alle spätere bewußte Weisheit. Diese höhere Weisheit verdunkelt sich für die menschliche Seele, welche dann dafür die Bewußtheit eintauscht. Sie wirkt aus der geistigen Welt heraus tief in die Körperlichkeit herein, so daß der Mensch durch sie sein Gehirn aus dem Geiste heraus formen kann. Nicht mit Unrecht darf gesagt werden, von einem Kinde kann auch der Weiseste lernen. Denn was an dem Kinde arbeitet, ist die Weisheit, die dann später nicht in das Bewußtsein eintritt, und durch welche der Mensch etwas wie einen »Telephonanschluß« nach den geistigen Wesenheiten hat, in deren Welt er sich zwischen dem Tode und einer neuen Geburt befindet. Von dieser Welt strömt noch etwas ein in die kindliche Aura, und der Mensch ist da unmittelbar als einzelnes Wesen unterstehend der Führung der *ganzen* geistigen Welt, zu welcher er gehört. Die geistigen Kräfte aus dieser Welt strömen in das Kind noch ein. Sie hören auf einzuströmen in dem Zeitpunkte, bis zu dem die normale Rückerinnerung geht. Diese Kräfte sind es, die den Menschen fähig machen, ein bestimmtes Verhältnis zur Schwerkraft zu bringen. Sie sind es auch, die seinen Kehlkopf formen, die sein Gehirn so bilden, daß es ein lebendiges Werkzeug für Gedanken-, Empfindungs- und Willensausdruck wird.

Was nun in allerhöchstem Maße in der Kindheit vorhanden ist, daß der Mensch aus einem Selbst heraus arbeitet, das noch mit höheren Welten in unmittelbarem Zusammenhange steht: das bleibt bis zu einem gewissen Grade doch im späteren Leben bestehen, trotzdem sich die Verhältnisse im angegebenen Sinne ändern. Wenn man in einem späteren Lebensabschnitt fühlt: man habe dies oder jenes vor Jahren getan oder gesagt, was man erst jetzt verstehen lernt, so hat man eben früher aus einer höheren Weisheit heraus sich führen lassen. Und erst nach Jahren ist man dazu gelangt, die Einsicht in die Gründe zu besitzen, nach denen man sich verhalten hat. Aus all dem kann man fühlen, wie man unmittelbar nach der Geburt noch nicht so ganz entlaufen war der Welt, in welcher man vor dem Eintreten in das physische Dasein war, und wie man ihr ganz eigentlich niemals entlaufen kann. Es tritt das, was man als seinen Anteil an höherer Geistigkeit hat, in das physische Leben herein und folgt einem. Oft ist es so, daß man fühlt: Was in einem gelegen ist, ist nicht nur ein höheres Selbst, das nach und nach ausgebildet werden soll, sondern es ist etwas, was schon da ist und einen dazu bringt, daß man so oft über sich selber hinauswächst.

Alles, was der Mensch hervorbringen kann an Idealen, an künstlerischem Schaffen, aber auch alles, was er hervorbringen kann an naturgemäßen Heilkräften im eigenen Leibe, durch die ein fortwährendes Ausgleichen der Schädigungen des Lebens eintritt, alles das kommt nicht von dem gewöhnlichen Verstande, sondern von den tieferen Kräften, die in den ersten Jahren arbeiten an unserer Orientierung im Raum, an der Prägung des Kehlkopfes und am Gehirn. Denn es sind dieselben Kräfte später noch im Menschen. Wenn oftmals bei Lebensschädigungen gesagt wird, äußere Kräfte können uns nicht helfen, es muß unser Organismus die in ihm liegenden Heilkräfte aus sich entwickeln, so hat man ja auch eine im Menschen vorhandene weisheitsvolle Wirkung im Auge. Und weiter kommen aus derselben Quelle auch die besten Kräfte, durch welche man zur Erkenntnis der geistigen Welt gelangt, das heißt zu einem wahren Hellsehertum.

Nun liegt die Frage sehr nahe: Warum wirken die gekennzeichneten höheren Kräfte nur in den ersten Kindheitsjahren in den Menschen herein?

Die eine Hälfte der Antwort kann man leicht geben; denn sie liegt in folgendem. Wenn jene höheren Kräfte in derselben Weise weiterwirkten, würde der Mensch immer Kind bleiben; er würde nicht zum vollen Ich-Bewußtsein kommen. Es muß in seine eigene Wesenheit verlegt werden, was vorher von außen gewirkt hat. Aber es gibt einen bedeutungsvolleren Grund, der noch mehr aufklären kann als das eben Gesagte über die Geheimnisse des Menschenlebens; und das ist der folgende. Durch die Geisteswissenschaft kann erfahren werden, daß der menschliche Leib, wie er im gegenwärtigen Erdenentwicklungsstadium ist, als ein Gewordenes betrachtet werden muß, das aus anderen Zuständen sich zu seiner gegenwärtigen Form fortgebildet hat. Dem Kenner der Geisteswissenschaft ist bekannt, daß diese Evolution sich so vollzogen hat, daß auf die Gesamtwesenheit des Menschen verschiedene Kräfte gewirkt haben; gewisse Kräfte auf den physischen Leib, andere auf den Ätherleib und andere auf den Astralleib. Die menschliche Wesenheit ist zu ihrer gegenwärtigen Form dadurch gekommen, daß auf sie jene Wesenheiten gewirkt haben, die wir die luziferischen und die ahrimanischen nennen. Durch diese Kräfte ist die menschliche Wesenheit in einer gewissen Weise schlechter geworden, als sie dann hätte werden müssen, wenn nur diejenigen Kräfte wirksam gewesen wären, die von den geistigen Weltenlenkern kommen, welche den Menschen in einer geraden Weise weiterentwickeln wollen. Es ist ja die Ursache der Leiden, der Krankheiten und auch des Todes darin zu suchen, daß außer den Wesenheiten, welche den Menschen in einer geraden Linie vorwärtsentwikkeln, noch die luziferischen und die ahrimanischen walten, welche die geradlinige Vorwärtsentwickelung stets durchkreuzen. In dem, was der Mensch durch die Geburt ins Dasein hereinbringt, liegt etwas, das besser ist als dasjenige, was in späterem Leben der Mensch daraus machen kann.

Die luziferischen und die ahrimanischen Kräfte haben in den ersten Kindheitsjahren nur geringen Einfluß auf das Menschenwesen; sie sind im wesentlichen in all dem nur wirksam, was der Mensch durch sein bewußtes Leben aus sich macht. Würde er länger als in den ersten Kindheitstagen denjenigen Teil seines Wesens, der besser ist als sein anderer, in voller Kraft in sich haben, so würde er der Wirkung desselben nicht gewachsen sein, weil die entgegenstrebenden luziferischen und ahrimanischen Kräfte seine Gesamtwesenheit schwächen. Es hat der Mensch in der physischen Welt eine solche Organisation, daß er die unmittelbaren Kräfte der geistigen Welt, welche in den ersten Kindheitsjahren an ihm wirksam sind, nur so lange an sich ertragen kann, als er gleichsam kindlich weich und bildsam ist. Er würde zerbrechen, wenn jene Kräfte, die der Orientierung im Raume, der Formung des Kehlkopfes und des Gehirns zugrunde liegen, auch im späteren Lebensalter noch in unmittelbarer Art wirksam blieben. Diese Kräfte sind so gewaltig, daß, wenn sie später noch wirken würden, unser Organismus hinsiechen müßte unter der Heiligkeit dieser Kräfte. Nur zu derjenigen Betätigung muß sich der Mensch an diese Kräfte wenden, welche ihn mit der übersinnlichen Welt in bewußten Zusammenhang bringt.

Daraus aber geht uns ein Gedanke hervor, der große Bedeutung hat, wenn er richtig verstanden wird. Er ist im Neuen Testament mit den Worten ausgesprochen: »So ihr nicht werdet wie die Kindlein, könnt ihr nicht in die Reiche der Himmel kommen!« Denn was erscheint als das höchste Ideal für den Menschen, wenn das als richtig angenommen wird, was in dem

Vorhergehenden gesagt ist? Doch wohl dieses: sich immer mehr und mehr dem zu nähern, was man ein bewußtes Verhältnis zu den Kräften nennen kann, die in den ersten Kindheitsjahren unbewußt am Menschen wirken. – Nur muß in Betracht gezogen werden, daß der Mensch unter der Gewalt dieser Kräfte zusammenbrechen müßte, wenn sie *ohne weiteres* in sein bewußtes Leben hineinwirken würden. Deshalb ist für die Erlangung jener Fähigkeiten, die ein Wahrnehmen der übersinnlichen Welten herbeiführen, eine sorgsame Vorbereitung notwendig. Diese Vorbereitung hat das Ziel, den Menschen geeignet zu machen zum Ertragen dessen, was er im gewöhnlichen Leben eben nicht ertragen kann.

Das Durchgehen durch die aufeinanderfolgenden Verkörperungen hat seine Bedeutung für die Gesamtentwicklung der menschlichen Wesenheit. Diese ist in der Vergangenheit durch aufeinanderfolgende Leben geschritten; sie schreitet weiter, und parallel damit schreitet auch die Erde in ihrer Entwicklung vorwärts. Es wird einmal der Zeitpunkt kommen, in welchem die Erde am Ende ihrer Laufbahn angelangt sein wird; dann muß der Erdplanet als physische Wesenheit abfallen von der Gesamtheit der Menschenseelen, wie der menschliche Leib mit dem Tode vom Geiste abfällt, wenn die Menschenseele, um weiter zu leben, eintritt in das geistige Reich, das ihr zwischen dem Tode und einer neuen Geburt angemessen ist. Dies ins Auge gefaßt, muß es als höchstes Ideal erscheinen, daß es der Mensch beim Erdentode so weit gebracht hat, daß er alle Früchte, die er aus dem Erdenleben gewinnen kann, sich auch angeeignet hat.

Nun kommen diejenigen Kräfte, durch welche der Mensch jenen andern nicht gewachsen ist, welche auf ihn in seiner Kindheit wirken, aus dem Erdenorganismus. Ist dieser selbst einmal von dem Menschenwesen abgefallen, so muß der Mensch, wenn er sein Ziel erreicht haben soll, so weit gekommen sein, daß er in der Tat sich mit seiner ganzen Wesenheit den Kräften hingeben kann, die gegenwärtig nur in der Kindheit tätig sind. Der Sinn der Entwicklung durch die aufeinanderfolgenden Erdenleben hindurch ist also, den ganzen Menschen, somit auch den bewußten Teil, allmählich zum Ausdruck der Kräfte zu machen, die in den ersten Lebensjahren unter Einwirkung der geistigen Welt an ihm – ihm unbewußt – walten. Der Gedanke, der aus solchen Betrachtungen heraus sich der Seele bemächtigt, muß mit Demut, aber auch mit richtigem Bewußtsein der Menschenwürde erfüllen. Es ist der Gedanke: Der Mensch ist nicht allein; in ihm lebt etwas, was ihm immerdar den Beweis liefern kann: Es kann der Mensch sich über sich selbst erheben, zu etwas, was gegenwärtig schon über ihn hinauswächst und was wachsen wird von Leben zu Leben. Immer bestimmtere und bestimmtere Gestalt kann dieser Gedanke annehmen; er liefert dann etwas ungeheuer Beruhigendes und Erhebendes; aber er durchdringt auch die Seele mit entsprechender Demut und Bescheidenheit. – Was hat in diesem Sinne der Mensch in sich? Wahrhaftig einen höheren, einen göttlichen Menschen, von dem er sich lebendig durchdrungen fühlen kann, sich sagend: *Er ist mein Führer in mir.*

Von solche Gesichtspunkten aus kommt wohl leicht der Gedanke in die Seele, daß man mit allem, was man tun kann, den Einklang suchen soll mit demjenigen im Menschenwesen, das weiser ist als die bewußte Intelligenz. Und es wird von dem unmittelbar bewußten Selbst auf ein erweitertes Selbst hingewiesen, dem gegenüber alles, was falscher Stolz, und alles, was Überhebung im Menschenwesen ist, abgetilgt und bekämpft werden kann. Es bildet sich dieses Gefühl zu einem andern fort, das ein richtiges Verständnis eröffnet in bezug auf die Art, in welcher der Mensch gegenwärtig unvollkommen ist; und dies Gefühl läßt erkennen, wie er vollkommen werden kann, wenn einmal die in ihm waltende umfassendere Geistigkeit zu seinem Bewußtsein dasselbe Verhältnis haben darf, das sie in den ersten Kindheitsjahren zu dem unbewußten Seelenleben hat.

Wenn nun die Rückerinnerung im Leben sich oftmals so gestaltet, daß sie nicht bis in das vierte Kindheitsjahr zurückgeht, so darf man doch sagen, daß die Einwirkung des höheren Geistgebietes im obigen Sinne durch die ersten drei Lebensjahre geht. Am Ende dieser Zeitspanne wird der Mensch fähig, die Eindrücke der Außenwelt mit seiner Ich-Vorstellung zu verbinden. Es ist zwar richtig, daß diese zusammenhängende Ich-Vorstellung nur so weit zurückgezählt werden darf, als die Rückerinnerung reicht. Doch wird man sagen müssen, daß *im wesentlichen* die Rückerinnerung bis zum Beginne des vierten Lebensjahres reicht; nur ist sie erst für den Anfang des deutlichen

Ich-Bewußtseins so schwach, daß sie unbemerkbar bleibt. Deshalb kann gelten, daß jene höheren den Menschen in den Kindheitsjahren bestimmenden Kräfte durch *drei Jahre* wirksam sein können. Es ist der Mensch in der gegenwärtigen mittleren Erdenorganisation somit so organisiert, daß er *nur* drei Jahre diese Kräfte aufnehmen kann.

Stünde nun ein Mensch vor uns, und könnte es durch irgendwelche Weltenmächte bewirkt werden, daß das gewöhnliche Ich von diesem Menschen entfernt würde – man müßte also annehmen: es könnte erreicht werden, dieses gewöhnliche Ich, das mit dem Menschen durch die Verkörperungen gegangen ist, aus physischem Leib, Ätherleib und Astralleib zu entfernen –, und man könnte dann in die drei Leiber ein solches Ich bringen, das im Zusammenhange wirkt mit den geistigen Welten – was würde mit einem solchen Menschen geschehen müssen? Nach drei Jahren müßte sein Leib zerbrechen! Es müßte etwas geschehen durch das Weltenkarma, daß das Geisteswesen, das mit den höheren Welten zusammenhängt, nicht länger als drei Jahre in diesem Leibe leben könnte.* Erst am Ende aller Erdenleben wird der Mensch das in sich haben können, was ihn länger als drei Jahre mit jenem Geisteswesen leben läßt. Aber dann wird der Mensch sich auch sagen: Nicht ich, sondern dieses Höhere in mir, das immer da war, das arbeitet jetzt in mir. – Bis dahin kann er das noch nicht sagen, sondern höchstens dies: er fühle dieses Höhere, aber er ist noch nicht mit seinem wirklichen realen Menschheits-Ich dahin gekommen, es in sich zum vollen Leben zu bringen.

Würde nun irgendeinmal in der mittleren Erdenzeit ein menschlicher Organismus in die Welt gestellt, der in einem späteren Lebensjahre durch gewisse Weltenmächte von seinem Ich befreit würde und dafür jenes Ich in sich aufnähme, das sonst nur in den ersten drei Kindheitsjahren wirkt, und das im Zusammenhang stünde mit den geistigen Welten, in denen der Mensch zwischen dem Tode und einer neuen Geburt ist: wie lange könnte ein solcher Mensch im Erdenleibe leben? – Drei Jahre

* Beim Übergange vom Kindheits- zum späteren Menschenalter erhält sich die Lebensfähigkeit des menschlichen Organismus, weil er sich in dieser Zeit ändern kann. Im späteren Lebensalter kann er sich nicht mehr ändern; daher kann er auch mit jenem Selbst nicht weiterbestehen.

ungefähr; denn dann müßte durch das Weltenkarma etwas eintreten, was die betreffende Menschheitsorganisation zerstörte.

Was hier vorausgesetzt wurde, war aber in der Geschichte da. Der menschliche Organismus, welcher bei der Johannestaufe am Jordan stand, als das Ich des Jesus von Nazareth aus den drei Leibern fortging, barg nach der Taufe in voller bewußter Ausgestaltung jenes höhere Menschheitsselbst, das sonst, den Menschen unbewußt, mit Weltenweisheit am Kinde wirkt. Aber damit war die Notwendigkeit gegeben, daß dieses mit der höheren Geisteswelt zusammenhängende Selbst nur drei Jahre in dem entsprechenden Menschheitsorganismus leben konnte. Es mußten dann die Tatsachen so verlaufen, daß nach drei Jahren das irdische Leben des Wesens zu Ende war.

Die äußeren Ereignisse, welche im Leben des Christus Jesus eintraten, sind durchaus so aufzufassen, daß sie durch die auseinandergesetzten inneren Ursachen bedingt sind. Sie stellen sich als *äußerer Ausdruck* dieser Ursachen dar.

Damit ist der tiefere Zusammenhang gegeben zwischen dem, was der Führer ist im Menschen, was wie im Dämmerlichte in unsere Kindheit hereinscheint, was immer wirkt unter der Oberfläche unseres Bewußtseins als das, was unser Bestes ist, und zwischen dem, was einmal hereintrat in die ganze Menschheitsevolution, so daß es drei Jahre in einer menschlichen Hülle sein konnte.

Was zeigt sich an diesem »höheren« Ich, das zusammenhängt mit den geistigen Hierarchien, und das in den Menschenleib des Jesus von Nazareth in der Zeit eintrat, so daß sein Eintreten dargestellt wird symbolisch unter der Signatur des herabsteigenden Geistes in Gestalt der Taube mit den Worten: »Dies ist mein vielgeliebter Sohn, heute habe ich ihn gezeuget!« (denn so hießen die Worte ursprünglich)? Wenn man dieses Bild ins Auge faßt, so hat man das höchste menschliche Ideal vor sich hingestellt. Denn es bedeutet nichts anderes, als daß in der Geschichte des Jesus von Nazareth berichtet wird: In jedem Menschen ist erkennbar der Christus! Und wenn auch keine Evangelien und keine Überlieferung vorhanden wären, die besagen: Irgendeinmal habe ein Christus gelebt – so würde man durch Erkenntnis der Menschennatur erfahren, daß der Christus im Menschen lebt.

Die am Menschen im Kindheitsalter wirksamen Kräfte erkennen, heißt, den Christus im Menschen erkennen. Es entsteht nun die Frage: Führt *diese* Erkenntnis auch zur Anerkennung der Tatsache, daß dieser Christus wirklich einmal in einem Menschenleibe auf Erden gewohnt hat? Ohne daß irgendwelche Dokumente herangezogen werden, kann diese Frage bejaht werden. Denn eine wirkliche seherische Selbsterkenntnis führt *für den gegenwärtigen Menschen* dahin, einzusehen, daß *in* der Menschenseele Kräfte gefunden werden können, welche von diesem Christus ausgehen. In den ersten drei Kindheitsjahren wirken diese Kräfte, ohne daß der Mensch etwas dazu tut. Im späteren Leben *können* sie wirken, wenn der Mensch durch innere Versenkung den Christus in sich sucht. So wie nun gegenwärtig der Mensch den Christus in sich findet, so konnte er dieses nicht immer. Es gab Zeiten, wo keine innere Versenkung den Menschen zum Christus führen konnte. Daß dies so ist, lehrt wieder die seherische Erkenntnis. In der Zwischenzeit zwischen jener Vergangenheit, da der Mensch den Christus in sich nicht finden konnte, und der Gegenwart, da er ihn finden kann, liegt das Erdenleben Christi. Und dieses Erdenleben selbst ist der Grund, warum in der angegebenen Art der Mensch den Christus in sich finden kann. So beweist sich für die seherische Erkenntnis das Erdenleben Christi ohne alle geschichtlichen Urkunden.

Man könnte denken, der Christus habe gesagt: Ich will für euch Menschen ein solches Ideal sein, das in den Geist erhoben euch dasjenige darstellt, was sonst im Leiblichen erfüllt ist. In den ersten Lebensjahren lernt der Mensch physisch gehen aus dem Geiste heraus; das heißt, der Mensch weist sich seinen *Weg* für das Erdenleben aus dem Geiste heraus. Er lernt sprechen, das heißt, die *Wahrheit* prägen aus dem Geiste heraus – oder mit anderen Worten: Der Mensch entwickelt das Wesen der Wahrheit aus dem Laute heraus in den ersten drei Jahren seines Lebens. Und auch das *Leben,* das der Mensch auf der Erde als Ich-Wesen lebt, das bekommt sein Lebensorgan durch das, was sich in den ersten drei Jahren der Kindheit ausbildet. So also lernt der Mensch leiblich gehen, das heißt »den Weg« finden, er lernt die »Wahrheit« durch seinen Organismus darstellen, und er lernt das »Leben« aus dem Geiste heraus im Leibe zum Ausdrucke bringen. Keine bedeutungsvollere Umprägung des Wortes: »Wenn ihr nicht werdet wie die Kindlein, könnt ihr nicht in die Reiche der Himmel kommen« scheint denkbar. Und als ein bedeutsames Wort muß es gelten, daß die Ich-Wesenheit des

Christus so zum Ausdrucke kommt: »Ich bin der Weg, die Wahrheit und das Leben!« Wie die höheren Geisteskräfte den Kindheitsorganismus – diesem unbewußt – so gestalten, daß er leiblich wird der Ausdruck für den Weg, die Wahrheit und das Leben, so wird der Menschengeist allmählich dadurch, daß er sich mit dem Christus durchdringt, *bewußt* der Träger des Weges, der Wahrheit und des Lebens. Er macht sich dadurch selbst im Laufe des Erdenwerdens zu jener Kraft, die im Kindheitsalter in ihm waltet, ohne daß er der bewußte Träger ist.

Solche Worte, wie die von dem Weg, der Wahrheit und dem Leben, sind geeignet, die Türen der Ewigkeit zu öffnen. Sie tönen dem Menschen aus seinen Seelengründen, wenn die Selbsterkenntnis eine wahre, wesenhafte wird.

In einem zweifachen Sinn eröffnen solche Betrachtungen den Ausblick auf die geistige Führung des Menschen und der Menschheit. Man findet als Mensch in sich den Christus durch Selbsterkenntnis als den Führer, zu dem man seit Christi Erdenzeit immer gelangen kann, weil er immer im Menschen ist. Und man findet dann ferner, wenn man dasjenige, was man ohne die geschichtlichen Dokumente erkannt hat, auf diese anwendet, die wahre Natur dieser Dokumente. Sie sprechen geschichtlich etwas aus, was im Innern der Seele sich durch sich selbst offenbart. Sie sind deshalb zu jener *Führung* der Menschheit zu zählen, welche die Hinlenkung der Seele auf sich selbst bewirken soll.

Wird so die Ewigkeitsstimmung der Worte verstanden: »Ich bin der Weg, die Wahrheit und das Leben!«, dann kann man fühlen, daß es unberechtigt ist, zu fragen: Warum tritt der Mensch, wenn er schon viele Verkörperungen durchgemacht hat, immer wieder als Kind in das Dasein? Denn es zeigt sich, daß diese scheinbare Unvollkommenheit eine immerwährende Erinnerung an das Höchste ist, was im Menschen lebt. Und man kann nicht oft genug – wenigstens jedesmal am Eingange eines Lebens – an die große Tatsache erinnert werden, was der Mensch eigentlich jener Wesenheit nach ist, welche allem Erdensein zugrunde liegt, aber von den Unvollkommenheiten dieses Seins nicht berührt wird.

Es ist nicht gut, wenn man in der Geisteswissenschaft oder Theosophie oder überhaupt im Okkultismus viel definiert, viel in Begriffen redet. Besser ist es, wenn man charakterisiert und eine Empfindung hervorzurufen versucht von dem, was wirklich ist. Deshalb sollte auch hier versucht werden, eine Empfindung anzuregen von dem, was die ersten drei Jahre des Menschenlebens kennzeichnet, und wie sich dies verhält zu jenem Lichte, das ausstrahlt von dem Kreuze auf Golgatha. Diese Empfindung besagt, daß ein Impuls durch die menschliche Evolution geht, von dem man mit Recht sagen kann, daß das Paulinische Wort durch ihn Wahrheit werden muß: »Nicht ich, sondern der Christus in mir!« Man braucht nur zu wissen, was der Mensch in Wirklichkeit ist, und man kann von solcher Erkenntnis aus zu der Einsicht in die Wesenheit Christi vorschreiten. Wenn man aber durch die wahre Menschheitsbetrachtung zu dieser Christus-Idee gekommen ist und weiß, daß man den Christus am besten entdeckt, wenn man ihn erst in sich selber sucht, und wenn man dann zurückgeht zu den biblischen Urkunden, dann gewinnt erst die Bibel ihren großen Wert. Und es gibt keinen größeren, aber auch keinen bewußteren Schätzer der Bibel als einen Menschen, der im angedeuteten Sinne den Christus gefunden hat. Es wäre denkbar, daß ein Wesen, man sage ein Marsbewohner, herunterkäme auf die Erde, das nie etwas gehört hat von dem Christus und seinem Wirken. Vieles, was sich hier auf der Erde abgespielt hat, würde ein solcher Marsbewohner nicht verstehen; vieles, was die Menschen heute interessiert, würde ihn nicht interessieren. Aber das würde ihn interessieren, was der Mittelpunktsimpuls der Erdenrevolution ist: die Christus-Idee, wie sie die Wesenheit des Menschen selber ausdrückt! – Wer das begriffen hat, der erkennt dann erst recht die Bibel; denn er findet, was er vorher in sich erschaut hat, in ihr in einer wunderbaren Weise ausgedrückt und sagt sich dann: Ich brauche gar nicht erzogen zu sein zu einer besonderen Schätzung der Evangelien, sondern trete als ein vollbewußter Mensch vor dieselben, und durch das, was ich durch die Geisteswissenschaft erkannt habe, erscheinen sie mir in ihrer ganzen Größe.

Es ist wohl nicht zu viel gesagt, wenn man behauptet, es werde eine Zeit kommen, wo man der Ansicht sein wird: Die Menschen, welche durch die Geisteswissenschaft erkannt haben, den Inhalt der Evangelien in richtiger Weise zu schätzen, die werden in denselben führende Schriften der Menschheit anerkennen in einem Sinne, der diesen Schriften mehr gerecht wird, als man ihnen bis zur Gegenwart geworden ist. Die Menschheit wird erst lernen, durch die Erkenntnis des Wesens des Menschen selber das einzusehen, was in diesen tiefen Urkunden ruht. Man wird sich dann sagen: Wenn man dasjenige in den Evangelien findet, was so zum Wesen des Menschen gehört, so muß dies durch die Menschen in die Dokumente hineingekommen sein, die sie auf der Erde geschrieben haben, so daß für die Verfasser dieser Urkunden besonders gelten muß, was man bei einem wahrhaftigen Nachdenken – je älter man wird, desto mehr – sich vom eigenen Leben sagen muß. Man hat so manches gemacht, was man erst viele Jahre hinterher versteht. In den Schreibern der Evangelien können Menschen gesehen werden, welche aus dem höheren Selbst heraus schrieben, das am Menschen in den Kindheitsjahren arbeitet. So sind die Evangelien Schriftwerke, welche aus der Weisheit stammen, die den Menschen gestaltet. Der Mensch ist Offenbarung des Geistes durch seinen Leib; die Evangelien sind solche Offenbarung durch die Schrift.

Unter solchen Voraussetzungen bekommt der Inspirationsbegriff wieder seine gute Bedeutung. Wie in das Gehirn in den ersten drei Jahren der Kindheit höhere Kräfte hineinarbeiten, so wurden hineingeprägt in die Seelen der Evangelienschreiber aus den geistigen Welten Kräfte, aus welchen heraus die Evangelien geschrieben wurden.– In einer solchen Tatsache spricht sich die geistige Führung der Menschheit aus. Eine Menschheit muß wahrhaftig *geführt* werden, wenn innerhalb ihrer Personen wirken, welche Urkunden aus denselben Kräften heraus schreiben, aus welchen der Mensch selbst weisheitsvoll gestaltet wird. – Und wie der einzelne Mensch Dinge sagt oder tut, die er erst in einem späteren Lebensalter versteht, so hat die Gesamtmenschheit in den Evangelienschreibern sich die Mittler hervorgebracht, die in ihren Schriften Offenbarungen lieferten, die erst nach und nach begriffen werden können. Es wird, je weiter die Menschheit vorrückt, immer mehr und mehr das Verständnis dieser Urkunden gefunden werden. Der Mensch kann in sich die geistige Führung fühlen; die Gesamtmenschheit kann sie in denjenigen Personen fühlen, welche in der Art der Evangelienschreiber wirken.

Der so gewonnene Begriff der Menschenführerschaft kann nun in mancher Hinsicht erweitert werden. Man nehme an, ein Mensch habe Schüler gefunden, einige Leute, die sich zu ihm bekennen. Ein solcher wird durch echte Selbsterkenntnis leicht gewahr werden, daß ihm gerade die Tatsache, daß er Bekenner gefunden hat, das Gefühl gibt: was er zu sagen habe, rühre nicht von ihm her. Es sei vielmehr so, daß sich geistige Kräfte aus höheren Welten den Bekennern mitteilen wollen, und diese finden in dem Lehrer das geeignete Werkzeug, um sich zu offenbaren.

Einem solchen Menschen wird der Gedanke nahetreten: Als ich Kind war, habe ich an mir durch Kräfte gearbeitet, die aus der geistigen Welt hereinwirkten, und das, was ich jetzt als mein Bestes geben kann, muß auch aus höheren Welten hereinwirken; ich darf es *nicht* als meinem gewöhnlichen Bewußtsein angehörig betrachten. Ja, ein solcher Mensch darf sagen: etwas Dämonisches, etwas wie ein Dämon – aber das Wort »Dämon« im Sinne einer *guten* geistigen Macht genommen –, wirkt aus einer geistigen Welt durch mich auf die Bekenner. – So etwas empfand Sokrates, von dem Plato erzählt, daß er von seinem »Dämon« sprach als von dem, was ihn lenkte und leitete. Viel hat man versucht, um diesen »Dämon« des Sokrates zu erklären. Aber man kann ihn nur erklären, wenn man sich dem Gedanken hingeben will, daß Sokrates so etwas empfinden konnte, wie aus obiger Betrachtung sich ergibt. Dann kann man auch begreifen, daß durch die drei bis vier Jahrhunderte, da das sokratische Prinzip in Griechenland gewirkt hat, eine Stimmung durch Sokrates in die griechische Welt kam, die vorbereitend wirken konnte für ein anderes großes Ereignis. Die Stimmung, daß der Mensch nicht so, wie er dasteht, dasjenige *ganz* ist, was aus höheren Welten hereinragt, diese Stimmung wirkte weiter. Die Besten, bei denen diese Stimmung vorhanden war, sind die gewesen, welche später auch am besten das Wort verstanden: »Nicht ich, sondern der Christus in mir!« Denn sie konnten sich sagen: Sokrates hat noch wie von einem dämonisch aus höheren Welten Wirkenden gesprochen; durch das Christus-Ideal wird klar, wovon Sokrates gesprochen hat. Nur konnte Sokrates noch nicht von Christus sprechen, weil zu seiner Zeit noch niemand die Christus-Wesenheit *in sich* finden konnte.

Da fühlen wir wieder etwas von *geistiger* Führung der Menschheit: Nichts kann in die Welt hineingestellt werden ohne Vorbereitung. Warum hat Paulus gerade die besten Anhänger in Griechenland gefunden? Weil dort durch den Sokratismus der Boden vorbereitet war durch die gekennzeichnete Stimmung. Das heißt: Was später in der Menschheitsentwicklung geschieht, führt zurück zu Ereignissen, die früher gewirkt haben und welche die Menschen reif gemacht haben, um das Spätere auf sich wirken zu lassen. Fühlen wir da nicht, wie *weit* der führende Impuls reicht, der durch die menschliche Evolution geht, und wie er im rechten Moment die richtigen Menschen dort hinstellt, wo sie für die Evolution gebraucht werden? In solchen Tatsachen spricht sich zunächst im allgemeinen die Führung der Menschheit aus.

8. Jesus und sein geschichtlicher Hintergrund*

In der Mysterienweisheit ist der Boden zu suchen, aus dem der Geist des Christentums hervorgewachsen ist. Es bedurfte nur des Überhandnehmens der Grundüberzeugung, daß dieser Geist in höherem Maße ins *Leben* eingeführt werden müsse, als dies durch das Mysterienwesen selbst geschehen war. Aber auch eine solche Grundüberzeugung fand sich in weiten Kreisen vor. Man braucht bloß auf die Lebenshaltung der Essäer und Therapeuten zu sehen, die vor der Entstehung des Christentums lange vorhanden waren. Die Essäer waren eine in sich abgeschlossene palästinensische Sekte, deren Zahl zur Zeit Christi auf viertausend geschätzt wird. Sie bildeten eine Gemeinde, die es als Anforderung an ihre Mitglieder stellte, ein Leben zu führen, das innerhalb der Seele ein höheres Selbst entwickelt und damit eine Wiedergeburt bewirkt. Der Aufzunehmende wurde einer strengen Prüfung unterworfen, ob er auch reif sei, sich für ein höheres Leben vorzubereiten. Wer aufgenommen war, mußte eine Probezeit durchmachen. Ein feierliches Gelübde mußte abgelegt werden, an die Fremden die Geheimnisse der Lebensführung nicht zu verraten. Das Leben selbst war geeignet, die niedere Natur im Menschen zu erdrücken, damit der in ihm schlummernde Geist immer mehr geweckt werde. Wer den Geist bis zu einer bestimmten Stufe in sich erlebt hatte, der stieg zu einem höheren Ordensgrad auf; und er genoß eine dementsprechende, nicht äußerlich auferzwungene, sondern in den Grundüberzeugungen naturgemäß bedingte Autorität. – Verwandt mit den Essäern waren die in Ägypten wohnenden Therapeuten. Über ihre Lebensführung erlangt man allen wünschenswerten Auf-

* Aus: Rudolf Steiner, *Das Christentum als mystische Tatsache und die Mysterien des Altertums*, Gesamtausgabe Band 8, Dornach 1976.

schluß durch eine Schrift des Philosophen Philo[1]) »Über das beschauliche Leben«. (Der Streit darüber, ob diese Schrift echt oder unecht sei, muß heute als geschlichtet betrachtet und die Annahme als berechtigt angesehen werden, daß Philo wirklich das Leben einer lange vor dem Christentum bestehenden, ihm wohlbekannten Gemeinschaft beschrieben hat. (Vergleiche darüber G. R. Mead, Fragmente eines verschollenen Glaubens, Leipzig 1902).) Man braucht sich nur einzelne Stellen aus dieser Schrift vorzuhalten, um zu sehen, auf was es ankam. »Die Wohnungen der Gemeindemitglieder sind äußerst einfach, sie gewähren nur den notwendigen Schutz gegen äußerste Sonnenhitze und äußerste Kälte. Die Wohnungen liegen nicht dicht beeinander wie in den Städten, denn Nachbarschaft ist weniger anziehend für jemand, der die Einsamkeit sucht; noch sind sie weit voneinander entfernt, um die geselligen Beziehungen, die ihnen so lieb sind, nicht zu erschweren und um sich bei einem Räuberanfall leicht Hilfe gewähren zu können. In jeder Behausung ist ein geheiligter Raum, Tempel oder Monasterium genannt, ein kleines Zimmer oder Kammer oder Zelle, in welchen sie den Geheimnissen des *höheren Lebens* nachgehen[2]) . . . Sie besitzen auch Werke alter Schriftsteller, die einst ihre Schule leiteten und viele Erklärungen über die in den allegorischen Schriften übliche Methode hinterließen[3]) . . . Die Auslegung der heiligen Schriften ist bei ihnen auf den *tieferen* Sinn der allegorischen Erzählungen gerichtet.«[4]) – Man sieht: es handelte sich um eine Verallgemeinerung dessen, was im engeren Kreise der Mysterien auch angestrebt worden ist. Nur wird natürlich durch eine solche Verallgemeinerung der strenge Charakter abgeschwächt worden sein. – Die Essäer- und Therapeutengemeinden bilden einen natürlichen Übergang von den Mysterien zu dem Christentum. Das Christentum wollte aber zu einer Menschheitsangelegenheit machen, was sie zu einer Sektenangelegenheit gemacht hatten. Dadurch war natürlich die Grundlage für eine weitere Abschwächung des strengen Charakters gegeben.

Aus dem Vorhandensein solcher Sekten wird verständlich, inwiefern die damalige Zeit reif war für eine Erfassung des Christus-Geheimnisses. In den Mysterien war der Mensch künstlich vorbereitet worden, damit auf entsprechender Stufe in seiner Seele die höhere geistige Welt aufging. Innerhalb der

Essäer- oder Therapeutengemeinde suchte sich die Seele durch einen entsprechenden Lebenswandel für die Erweckung des »höheren Menschen« reif zu machen. Ein weiterer Schritt ist dann der, daß man sich zu einer Ahnung davon durchringt: eine Menschen-Individualität könne in wiederholten Erdenleben sich zu immer höheren und höheren Stufen der Vollkommenheit entwickelt haben. Wer solches ahnen konnte, vermochte auch eine Empfindung dafür haben, daß in Jesus eine Individualität von hoher Geistigkeit erschienen sei. Je höher die Geistigkeit, desto größer die Möglichkeit, Bedeutsames zu vollbringen. Und so konnte die Jesus-Individualität fähig werden, jene Tat zu vollbringen, welche die Evangelien in dem Vorgang der Johannes-Taufe so geheimnisvoll andeuten, und durch die Art, wie sie darauf hinweisen, doch so klar als etwas Wichtigstes bezeichnen. – Die Persönlichkeit des Jesus wurde fähig, in die eigene Seele aufzunehmen Christus, den Logos, so daß dieser in ihr Fleisch wurde. Seit dieser Aufnahme ist das »Ich« des Jesus von Nazareth der Christus, und die äußere Persönlichkeit ist der Träger des Logos. Dieses Ereignis, daß das »Ich« des Jesus der Christus wird, das ist durch die Johannes-Taufe dargestellt. Während der Mysterien-Epoche war die »Vereinigung mit dem Geiste« für wenige Menschen die Angelegenheit der Einzuweihenden. Bei den Essäern sollte sich eine ganze Gemeinde eines Lebens befleißigen, durch das deren Angehörige zu der »Vereinigung« kommen konnten; durch das Christus-Ereignis sollte vor die ganze Menschheit etwas – eben die Taten des Christus – hingestellt werden, so daß die »Vereinigung« eine Erkenntnis-Angelegenheit der ganzen Menschheit sein konnte.

KURT E. BECKER / HANS-PETER SCHREINER

Nachwort
Anthropsophie – Überwindung der Menschheitskrise?

> In der deutschen Sprache gibt es ein einziges Wort, welches sich auf kein anderes reimt und das sich deshalb auf alle reimt: der Mensch.[1])
>
> JEAN GEBSER

Das Gewahrwerden der Menschheitskrise beinhaltet noch lange nicht ihre Lösung. Das »Herumdoktern« an der Morbidität der ihr zugrundeliegenden Gesellschaftsordnungen und ihrer sozialen Strukturen, hat nur ein Ergebnis: das immer tiefere Hineinschlittern in eben diese Krise. JEAN GEBSER hat möglicherweise recht, wenn er sagt, daß es keine Teilrezepte zur Heilung geben kann. Die abendländische Gesellschaft muß fähig werden, die ihr liebgewordenen, nun totkranken gesellschaftlichen »Ordnungen« völlig in Frage zu stellen und gänzlich neu zu gestalten. Sie muß in der Lage sein, ihre unantastbar gewordenen Systeme angeblicher Freiheit, die in Wirklichkeit nichts anderes ist als »demokratischer« Dogmatismus, ihrem eigenen Fortbestand zu opfern. Die immer wieder beschworenen »freiheitlichen Grundordnungen« haben den Niedergang der gegenwärtigen Epoche weder verzögern noch werden sie ihn gar verhindern können. Die von RUDOLF STEINER so titulierte »materialistische« Wissenschaft, die schon von FOURIER[2]) neben das »allgemeine Unglück«[3]) gestellt wurde, hat den Schein der physischen Lebenssicherung verbreitet und sich dem Menschen als Krisenbewältiger an die Seite gestellt, ohne über Worte hinaus ihre zweifellos unbestreitbaren Erkenntnisse zur Krisenbewältigung nutzbar zu machen.

Die Fortschrittsgläubigen unserer Zeit, die die Wissenschaften wie das »Goldene Kalb« verehren und unsere Gesellschaftssysteme als einzig zukunftsrettend sehen – sie sind, trotz wachsender

Opposition, die absolute Mehrheit. Gebser bezweifelte ihre Fähigkeit, geistige Gehalte zu erkennen und somit den Wandel mitzugestalten. Er sah in seinen letzten Lebensjahren gar die Menschheit rettungslos verloren, weil er keine Anzeichen des Umdenkens dieser Mehrheit entdecken konnte: »Da sie den mechanischen Verstand, die von ihnen betätigte Denkapparatur, die Denkmaschine Gehirn mit dem Geist verwechseln, weil dieser für sie uneinsichtiges und fälschlicherweise ein irrationales Nebulosum ist«[4]), dürfte es schwierig sein, die Katastrophe abzuwenden. Denn nur von der Einsicht in ihre Versäumnisse hängt die Wandlungsfähigkeit der Mehrheit ab. Die Einsicht, Fehler begangen zu haben, genügt allein nicht, etwas zu ändern. Die Einsicht, aktive Konsequenzen zu ziehen, das hat, so meinte Rudolf Steiner »für den gegenwärtigen Menschen etwas außerordentlich Unangenehmes«[5]). Er empfindet das als einen Angriff auf seine Menschenwürde. Findet dieser Wandel im Denken und Handeln nicht statt, dann mag der Gebsersche Pessimismus recht bekommen.

Das Phänomen der grassierenden Untergangs-Angst ist, auch wenn es so scheinen mag, noch lange nicht die Hinwendung zur tatsächlichen Änderung. Es ist lediglich das Unbehagen, das manifest wird. Auch wenn die Angst eine Kurskorrektur bewirkt, muß diese eigentlich scheitern, weil ihr die Grundlage der Neuerung fehlt. »Menschheitlich entscheidende Geschehnisse«, so Jean Gebser, »die unpersönlicher Art sind, werden nur denen zuteil oder durch jene ermöglicht, die der vertrauensvollen Überantwortung an die uns übergeordneten Kräfte, dank derer wir leben, fähig sind; die also weder – als Ursache– mit den sogenannten Mächten noch mit der Macht, die immer von der Ohnmacht bedroht ist, techtel-mächteln oder liebäugeln . . .[6])

Diese übergeordneten Kräfte, deren Schauen Rudolf Steiners Anthroposophie zugrunde liegt, zeichnen schicksalhaft den Weg vor, den die Menschheit gehen soll. Aus diesem Schauen heraus hat Rudolf Steiner nicht nur den »anthroposophischen Weg«, der in diesem Band beschrieben ist, aufgezeichnet, er hat auch konkret gesagt, wie die soziale, gesellschaftliche Zukunft aussehen muß, um die Wandlung aus der Krise zu vollziehen.

Die anthroposophischen Institutionen leben den Wandel praktisch vor. Die Steiner-Schulen, die Krankenhäuser, die

Bauernhöfe – sie alle sind Keimzellen einer neuen funktionsfähigen anthroposophischen Sozialordnung, die »Wege aus der Gefahr« zeigen. Nicht alternativ im herkömmlichen Sinne sind STEINERS Vorstellungen einer neuen Gesellschaft, sondern originär und menschengemäß.

»Im menschlichen Organismus«, schreibt der Sozialwissenschaftler und Arzt LOTHAR VOGEL, »findet sich als harmonische Ordnung eine vorgegebene Gliederung, in die sich das Menschenwesen im Laufe seiner Entwicklung einlebt. Die soziale Umwelt der Menschen ist dagegen seiner freien Gestalt anheimgestellt. Er hat es in der Hand, ob zerstörende oder aufbauende Sozialformen entstehen. Zerstörend wirken sie immer, wenn sie sich im Widerspruch zur menschlichen Organisation befinden«[7]).

Die anthroposophischen Einrichtungen, die neue, menschengemäße Sozialformen vorleben, sind zahlreich geworden. »Inseln«, die mit eigenständigen Strukturen (vgl. BECKER, KURT E., und SCHREINER, HANS-PETER, *Antroposophie heute,* Reihe Geist und Psyche, München 1981) aufzeigen, wie eine gewandelte abendländische und gar globale Gesellschaft aussehen könnte. RUDOLF STEINER hat nach dem Ersten Weltkrieg sein Modell einer sozialen Neuordnung als »Dreigliederung des sozialen Organismus« niedergelegt. In genialer Weise hat er seine neue Ordnung, aufbauend und ausgehend von den Prinzipien der Französischen Revolution, konzipiert, die Krankheitssymptome der Gegenwartsgesellschaft diagnostiziert und ihre gordischen Knoten entwirrt. Die zentrale Staatsmacht wird beschnitten, auf das Rechtsleben beschränkt, ihr Einfluß auf Wirtschaft (sowie deren Einfluß auf das Rechtsleben) und Geistesleben aufgehoben. »Wer das Leben der neuen Entwicklung der Menschheit durchforscht, der wird finden, daß diese drei Lebenselemente – Geistesleben, Rechts- und Staats- oder politisches Leben und Wirtschaftsleben – chaotisch allmählich bis in unsere Gegenwart herein in eine Gesamtheit, in eine Einheit zusammengeflossen sind und aus diesem Zusammenfließen heraus unsere gegenwärtigen sozialen Schäden entstanden sind.«[8])

STEINERS soziale Dreigliederung ist entwickelt am Beispiel der Dreigliederung im menschlichen Organismus, der aus dem Kopforganismus, also dem Nerven- und Sinnesleben, dem rhythmischen System, also der Atmung, Blutzirkulation und allen rhythmischen Vorgängen des menschlichen Organismus, und schließlich aus dem Stoffwechselsystem besteht. »In diesen drei Systemen ist enthalten alles dasjenige, was in gesunder Art unterhält, wenn es aufeinander organisiert ist, den Gesamtvorgang des menschlichen Organismus . . .«[9]) Der soziale Organismus muß, so STEINER, wenn er gesund sein will, ebenso dreigliedrig sein, wie der natürliche Organismus. Jedes Glied dieses sozialen Organismus führt ein weitgehend eigenständiges Leben. Die Losungen der Französischen Revolution gelten nun für das Wirtschaftsleben, in dem die *Brüderlichkeit* assoziativen Zusammenwirkens zwischen Produzent und Konsument herrscht, für das Rechtsleben, das eigentliche politische System, das das Zusammenleben der Menschen in *Gleichheit* regelt, und für das Geistesleben, in dem als Grundprinzip die *Freiheit* bestimmend ist.

Keinesfalls will STEINER nun drei Parlamente einrichten, die demokratisch über die jeweiligen Bereiche entscheiden. Ein demokratisches System wird es lediglich im Rechtsleben geben. Dort wird allerdings nicht mehr über Wirtschaft, Geistesleben, Erziehung, Unterrichtswesen debattiert und entschieden, sondern ausschließlich das staatliche Zusammenleben der Menschen geregelt. Das Wirtschaftswesen verwaltet sich auf assoziativer Basis völlig eigenständig, das Geistesleben, besonders Erziehungs- und Unterrichtswesen wird gleichfalls selbständig verwaltet. Zwischen den drei Gliedern des sozialen Organismus gibt es natürlich Beziehungen, gegenseitige Wirkungen, weil die Menschen ja zugleich mit den drei Gliedern des sozialen Organismus leben. Im Gebiet des Staatslebens, des Rechtslebens, das die politischen Verhältnisse ordnet, ist jeder mündige Mensch dazu berufen, aus demokratischem Bewußtsein heraus mitzuarbeiten. Wenn so mit der Demokratie ernst gemacht und das Staatsleben ganz demokratisiert werden soll, kann das Geistes- und Wirtschaftsleben keinesfalls einbezogen werden in diese Demokratie. In einem solchen demokratischen Parlament kann niemals über das entschieden werden, was sich auf dem Boden des Geisteslebens, auch auf dem Boden des Erziehungs- und Unterrichtswesens zu vollziehen habe.«[10]) Auch das Wirtschaftsleben muß aus »eigenen Bedingungen heraus« verwaltet werden – und zwar von denen, die sich aktiv in einem Wirtschaftszweig betätigen. Das Geistesleben wirkt befruchtend auf die beiden anderen sozialen Säulen. Es wird die Kraft bekommen, »wirklich von sich aus fruchtbar einzugreifen in das Staats- und namentlich in das Wirtschaftsleben.«[11])

Wirtschaftsleben

Oberste Grundlage des Wirtschaftslebens ist das Assoziationsprinzip. Zuerst müssen, erklärt STEINER, Menschen da sein, die produzieren können, die sachkundig und »fachtüchtig« sind. Von ihnen hängt der Produktionsprozeß ab. Diese Menschen müssen sich zusammenschließen »und das Wirtschaftsleben besorgen auf der Grundlage jener Produktion, die aus der Initiative des einzelnen fließt. – Das ist das wirkliche Assoziationsprinzip. Da wird zuerst produziert und dann das Produkt auf der Grundlage des Zusammenschlusses der produzierenden Personen zum Konsum gebracht.«[12])

In erster Linie stehen sich im Wirtschaftsprozeß Produzent und Konsument gegenüber – ebenso wie die verschiedenen untereinander konkurrierenden Berufsstände. Zwischen den Assoziationen gibt es Verträge, in denen die gegenseitigen Leistungen geregelt werden.

Die Arbeit wird aus dem Wirtschaftsprozeß völlig herausgenommen. Eine Wirtschaftsverwaltung hat sich somit ausschließlich damit zu befassen, den gegenseitigen Wert der Produkte zu regeln. Die Ausgliederung der Arbeit aus dem Wirtschaftsleben bedeutet das Ende des Strebens nach »bloßem Profit, nach bloßem Gewinn«. Arbeit kann also nicht bezahlt werden (STEINER: Geld und Arbeit sind keine austauschbaren Werte, sondern nur Geld und Arbeitserzeugnis). »Gebe ich daher Geld für Arbeit, so tue ich etwas Falsches. Ich schaffe einen Scheinvorgang. Denn in Wirklichkeit kann ich nur Geld für Arbeitserzeugnis geben.«[13])

Durch die Assoziationen soll erreicht werden, daß Ware so erzeugt wird, wie sie durch Marktforschung als den Bedürfnissen entsprechend erkannt wurde. Die Einrichtungen, die die Produkte herstellen, werden dann diesen Bedürfnissen angepaßt. Vernunft soll bei der Umwandlung des Marktes an die Stelle des Marktzufalls treten.

Geld erhält eine neue Bedeutung. Dazu RUDOLF STEINER:

»Man wird es in Zukunft nicht mehr zu tun haben können mit dem Wirtschaften durch das Geld und für das Geld, denn die Einrichtungen werden es zu tun haben mit dem gegenseitigen Wert der Waren. Das heißt, man wird wiederum auf das Gediegene der Güter zurückgehen und damit auch zurückgehen auf die Leistungsfähigkeit, auf die Tüchtigkeit des Menschen.«[14])
»Das zirkulationsdynamische Geldwesen«, schreibt VOGEL, »ist eine unumgängliche Voraussetzung für die assoziative Wirtschaftsordnung. Das Geld hält sich ohne unreelle Einkommensbildung dem reinen Tausch und Leistungsausgleich zur Verfügung. Der Übermacht des Geldes wird damit der Rücken gebrochen.«[15])

Eine weitere Assoziationsvoraussetzung ist ein Bodenrecht, »das die Bodenrente der Allgemeinheit zuführt unter Beibehaltung aller privaten Nutzungsrechte, und auf diese Weise allen den Zugang zu den reinen Bodenwerten eröffnet.«[16]) Boden und Kapital sind nun bedingungsfrei im Strom der Arbeitsprozesse, um für jedermann die gleichen Arbeits- und Ertragsvoraussetzungen zu schaffen. Bodenspekulationen sind unmöglich geworden.

»In dem Augenblick, in dem die wirtschaftlichen ›Zwangsrechte‹ verschwinden, tritt jener wirtschaftsrechtliche Grundzustand ein, den wir als Assoziationsfähigkeit der Wirtschaftsteilnehmer zu bezeichnen haben.«[17]) Und entscheidend: assoziationsfähig sind alle Wirtschaftsteilnehmer erst dann, wenn sie ihre Arbeit *durch den freien Zugang zu den Produktionsfaktoren Boden und Kapital* individuell und selbstverantwortlich einsetzen können.[18])

Durch den Wegfall des Geld- und Bodenmonopols ist der Arbeitende aus seinen Zwängen befreit. Kredit gibt es nun nicht mehr für Verdienst- oder Investitionsnachweis und hohe Zinsen, sondern zinslos für »menschliche Tüchtigkeit«. Und, sagt STEINER, indem die menschliche Tüchtigkeit die Grenze abgibt, wie weit man Kredit gewährt, gibt es über diese Tüchtigkeit hinaus eben keinen Kredit mehr. Allein die Fähigkeit des Menschen wird so kreditwürdig.

Hier kann nur in fragmentarischen Umrissen wiedergegeben werden, was STEINER in Büchern, Vorträgen und Kursen über das Wirtschaftsleben und die anderen Säulen des Sozialorganismus gesagt und geschrieben hat.

Rechtsleben

STEINERS Vorstellungen vom Rechtsleben, vom eigentlichen politischen Leben, von dem also, was wir als »Staat« sehen, ist so weit von dem entfernt, was sich uns heute als Parteiendemokratie darstellt, wie die ganze Anthroposophie überhaupt von den Daseinsvorstellungen der gegenwärtigen Mehrheitsgesellschaft. Das Gesellschaftsverständnis STEINERS wird erst dann richtig verstanden, wenn auch ihre geistige Grundlage verstanden ist.

Im Rechtsleben werden die Probleme der *Gemeinschaft* gelöst, die nicht Probleme des Wirtschafts- und Geisteslebens sind – sie sind *individuumspezifische Säulen* des sozialen Organismus –, die Probleme also, die der einzelne gegenüber dem anderen hat, um das Zusammenleben zu regeln; demokratisch zu regeln, wie STEINER schreibt (auch das im Gegensatz zu Wirtschafts- und Geistesleben), aber keinesfalls parteien-demokratisch.

Die Parlamente, von denen RUDOLF STEINER spricht, sind basis-demokratische Institutionen, sofern der Begriff »Institution« hier noch anwendbar ist. Eine direkte Demokratie soll dem Menschen sein Gemeinschaftsleben erleichtern. Über Gesetze wird direkt entschieden. Das ist der große Vorteil gegenüber der Parteiendemokratie, in der Gruppeninteressen vorherrschend sind. Ein Ende der Parteien muß das allerdings nicht zwangsläufig bedeuten. Nur Einfluß auf die »Macht« sollen sie nicht mehr bekommen. Dazu LOTHAR VOGEL: »Die Parteien könnten in einer direkten Demokratie als freie, gesellschaftliche Zusammenschlüsse die Aufgabe der politischen Aufklärung übernehmen, sowie vor allem Gefäße der öffentlichen Willensbildung zu echten Interessengemeinschaften werden, die mit der Gruppierung um konkrete Probleme einen sinnvollen Inhalt bekommen.«[19]) Der Ausgleich zwischen ihnen kann nur durch eine von allen Gruppeninteressen unabhängige, nur der »Konstitution verpflichtete« Regierung erfolgen. Sie schlägt Gesetze vor und ist selbst von den Ergebnissen direkter Wahl abhängig. Die Grundlagen dieser direkten Demokratie sind alle Stufen der Selbstverwaltung von unten nach oben. Also von der Gemeinde bis zum Parlament. Vehement wendet sich LOTHAR VOGEL gegen das Parteikollektiv als Träger einer Regierungsgewalt, also gegen unsere Form der Demokratie. Somit wäre rein theoretisch die Dreigliederung »verfassungswidrig«, wie alles »verfassungswidrig« sein muß, was in irgendeiner Form eine wirkliche neue Gesellschaftsordnung darstellt. Sie *muß* mit der alten in Konflikt stehen. Für die Dreigliederer, das sei noch einmal ganz deutlich gesagt, sind westliche Demokratien nur Scheininstitutionen, hinter denen sich die »Machtinteressen kleiner Gruppenoligarchien« (Vogel) verbergen.

Wilhelm Schmundt schildert das Rechtsleben im dreigegliederten Organismus als »Unternehmen«, dem ein Ministerpräsident vorsteht und dem Minister und ihre Büros zur Seite stehen.[20]) Im Zukunftsgemälde Schmundts sind »Delegierte des Volkes« die »Mitarbeiter« des Unternehmens Staat. Der bei den Anthroposophen nicht unumstrittene Wissenschaftler gleicht die politischen Strukturen den wirtschaftlichen Assoziationen an. »Es wäre nicht richtig geschildert, wenn wir den Unternehmer, also das Ministerkollegium, aus der Mitarbeitergemeinschaft, aus den Volksvertretern im Wahlakt hervorgehend darstellen würden . . . Es bildet sich, aus den Notwendigkeiten des assoziativen Miteinanderwirkens in allen Bereichen des sozialen Lebens jenes Gewebe der kollegial beratenden Gremien, die von den »Aufsichtsräten«, den »Kuratorien« der Einzelunternehmen her sich zu immer umfassenderen Überblicken in solchen Zusammenhängen verbinden, die wir als »Industrie-, Handels- und Kulturkammern«[21]) beschrieben haben, und zu denen dann Kammern aus den Bereichen der tauschwirtschaftlichen Produktion (Landwirtschaftskammern, Handwerkskammern, Ärztekammern usw.) und ähnliche Gremien aus dem Bereich der Konsumenten-Institutionen (der Kulturvereine, der Kirchen usw.) gehören. Aus diesen kollegialen Gremien und ihren Zusammenhängen, aus dem »Geistesleben« hervorgehend, wird man sich ein Gremium vorstellen können, welches Erkenntnisgespräche, Beratungen pflegt über die Aufgaben und Ziele der Nation. Die Erkenntnisergebnisse werden von hier aus die Beratungen bis in die einzelnen Kollegien der Unternehmen befruchten, sie werden aber auch zu Vorschlägen über die Berufung der »Vorstandspersönlichkeiten« des Staatsunternehmens führen. Von dort her also – so kann man sich vorstellen – wird den Volksvertretern das Ministerkollegium vorgeschlagen, das nun durch deren Zustimmung seine Vollmacht erfährt. So kommt das »Unternehmerkollegium« von zwei Seiten her zustande – von zwei Seiten, die im Grunde eines, nämlich das Volk sind: Von der Seite des Geisteslebens durch die Berufung, von der Seite des Rechtslebens durch die Bevollmächtigung.[22]) SCHMUNDT deutet hier noch einmal an, was RUDOLF STEINER wollte: Nicht Einfluß und Macht des Staates auf Wirtschafts- und Geistesleben, sondern die *Befruchtung* des »Staates« durch Wirtschafts- und vor allem durch Geistesleben.

Das Rechtsleben bezieht etwas in sein Gefüge ein, was dort bisher weitgehend ausgeschlossen war: das Gefühl. Wer in seiner Betrachtung der Menschheit das Gefühl beiseite läßt, der eliminiert den entscheidenden Impuls des Rechtslebens im sozialen Organismus. Denn: »Die Rechtsverhältnisse können sich nur so entwickeln im Zusammenleben des Menschen, wie sich in diesem Zusammenleben der Menschen Gefühl an Gefühl abstreift, abschleift. So wie die Menschen gegenseitig zueinander fühlen, so ergibt sich, was öffentliches Recht ist . . .«[23]) Und so entzündet sich schließlich aus dem Gefühl »im Zusammenwirken mit dem Gefühl des anderen innerhalb des öffentlichen Lebens das Recht.«[24]) Die Menschen kommen durch ihre gegenseitigen Gefühle miteinander in Beziehung, und aus dieser Beziehung wird Recht.

Wie etwas Recht wird, das bestimmt das »demokratische Prinzip«. Menschen fassen Beschlüsse, die »aus jedem einzelnen hervorgehen«. Wenn jeder einzelne als einzelner dem anderen einzelnen als gleicher gegenübersteht, ist das demokratische Prinzip verwirklicht.

In uns lebt das Recht als unsere »eigentliche Seinswirklichkeit«. Es kann nur von der Individualität selber hervorgebracht werden.

Nur im Individuum sieht LOTHAR VOGEL das bloße Rechtsgefühl als Rechtswirklichkeit, als Antizipation einer möglichen Erkenntnis der Rechtsidee. »In der Identität von Freiheit und möglichem richtigem Recht finden wir inmitten des gesellschaftlichen Lebens die überindividuelle Ichverwirklichung.«[25])

Geistesleben

Die Freiheit des Geisteslebens ist RUDOLF STEINERS höchstes Anliegen. Denn: nur die Freiheit des Geisteslebens macht möglich, daß auch die anderen Teile des sozialen Organismus im beschriebenen Sinne funktionieren. Das freie Geistesleben ist der Ursprung allen Soziallebens.

Das Recht geht aus ihm ebenso hervor wie das Wirtschaftsleben. Damit ist eigentlich die zentrale Aufgabe des geistigen Lebens schon weitgehend umschrieben.

Für die Freiheit, die STEINER im Geistesleben fordert, gibt es keinerlei künstliche Grenzen: keine, die der Staat zieht, keine, die von der Wirtschaft gezogen wird. Das Geistesleben ist absolute und völlige Privatsache. Nur wer aus dem Geistesleben heraus etwas für den gemeinsamen sozialen Organismus leisten kann, »wird mit der freien Entscheidung derer rechnen können, denen das Geistesgut Bedürfnis ist«.[26]) Religion, Wissenschaft und Kunst stehen im Mittelpunkt des Geisteslebens. Ein freies Erziehungswesen nimmt eine ungleich wichtige Position ein.

In der zu seiner Zeit aktuellen *Kunst*entwicklung kritisiert RUDOLF STEINER die Trennung der Kunst vom Leben, die der Kunst das Künstlerische genommen hat. Die Kunst, die naturalistische Kunst vor allem, ist zu einem elitären Luxusartikel für Leute geworden, die Geld und Möglichkeit haben, sich um Kunst zu kümmern. Unsere alltägliche Umgebung, unsere Häuser, unsere Einrichtung, vor allem, aber auch die »klassische« bildende Kunst ist ohne den Zusammenhang mit dem Leben kunstlos geworden. »Will eine Kunst bloß nachahmen, so strauchelt sie vor der Gestaltung des praktischen Lebens, das gerade dadurch prosaisch nüchtern und trocken wird, daß wir nicht imstande sind, es so zu formen, daß wir *unmittelbar* vom Künstlerischen in diesem alltäglichen Leben umgeben sind.«[27]) – In den bildenden Künsten (Architektur, Plastik, Malerei) und Zeitkünsten (Musik, Tanzkunst, Dichtung) soll der Mensch sich immer reiner und reiner (VOGEL) verwirklichen. Kunst muß aus dem Übersinnlichen leben.

Die *Wissenschaften* haben sich, in der Interpretation STEINERS, eigentlich von den Religionen korrumpieren lassen: Diese haben die außerhalb des äußeren Lebens liegenden Dinge zu ihrem Gebiet proklamiert und der Wissenschaft nur noch die Möglichkeit gegeben, sich letztendlich zu einer »materialistischen« Wissenschaft zu entwickeln. Daß sich die Wissenschaft immer mehr um die »äußeren Sinnestatsachen«[28]) kümmerte, hat ihre Tragik und damit die unserer Epoche mitgeprägt und vor allem auch den

Intellektualismus der Gegenwart bestimmt: »Immer mehr und mehr breitete sich über der ganzen wissenschaftlichen Betätigung der neueren Zeit ein ausgesprochener Intellektualismus aus, und es herrscht bei Wissenschaftlern eine furchtbare Angst davor, bei ihrem Forschen nicht diesem Intellektualismus sich hinzugeben, sondern vielleicht in die Wissenschaft selber etwas von Phantasie, von künstlerischer Intuition hineinzutragen.«[29])

»Wahre« Wissenschaft beschäftigt sich heute weitgehend nur mit sinnlich Wahrnehmbaren, Greifbarem, Faßbarem. Ein Vordringen in das Geistige ist für sie undenkbar, »unwissenschaftlich«. Höchstens mit abstrakten Begriffen »haben sie in das geistige Gebiet einzudringen versucht«[30].

Die Wissenschaften sind heute vom Wesenskern des Menschen weiter entfernt denn je. Exakte Naturwissenschaft, intellektualisierte Geisteswissenschaften erkennen nicht mehr den Menschen als zentralen Mittelpunkt aller Forschungsbemühungen, als, wie LOTHAR VOGEL schreibt, »die Wesensgestalt, die Natur und Geist in sich vereinigt«[31]).

Die Anthroposophie fordert als »Steigerung« zwischen den polaren Gebieten der Natur- und Geisteswissenschaft eine neue Erkenntniswissenschaft vom Menschen – keineswegs unter völliger Ächtung der »materialistischen« Wissenschaft, sondern mit ihrer Anerkennung und der Zugrundelegung ihrer Resultate. Die Naturwissenschaft muß sich besinnen. Legt sie in ihrer Arbeit eine erkenntniskritisch-philosophische Methodik zugrunde, gelangt sie zu einer neuen Anthropologie, die sich »vereinen läßt mit einer Geisteswissenschaft, die es ihrerseits nicht verschmäht, naturwissenschaftlich-phänomenologische Methodik auf seelisch geistigen Gebieten anzuwenden. Zwischen den polaren Gebieten der Wissenschaft entwickelt sich durch diesen Prozeß eine überaus fruchtbare, eigentlich menschliche Erkenntniswelt. Wir betreten den »künstlerischen Funktionsbereich« der Wissenschaft.«[32])

Die *Religion*sgemeinschaften sind an überholten außersinnlichen Anschauungen hängengeblieben und haben sie zum modernen Dogma gemacht. Aber religiöse Arbeit darf heute keinesfalls überholte Theorien und Dogmen über die übersinnliche Welt verkünden, sondern »alle religiöse Arbeit sollte es damit zu tun haben, den Menschen die Gelegenheit zu geben, das Übersinnliche zu verehren. *Religion ist einfache Verehrung des Übersinnli-*

chen. Die Menschennatur braucht das Hinaufschauen in Verehrung zu dem Erhabenen im Übersinnlichen. Verwehrt man ihr das *gegenwärtige* Eindringen in die übersinnliche Welt, dann muß man ihr allerdings ein *altes* Eindringen in die übersinnliche Welt vorhalten. Da das aber dem gegenwärtigen Menschensinn nicht mehr gemäß sein kann, muß man es gebieten, muß man es befehlen. Daher das Äußerliche, das die religiösen Bekenntnisse gegenüber der gegenwärtigen Menschennatur haben. Alle Einsichten in die übersinnliche Welt werden den Menschen von ihren Führern befohlen.«[33])

Wer das Übersinnliche in Gedankenfreiheit *auf seine Art* erkannt hat, der kann es *in Gemeinschaft* pflegen und verehren. Wahre Religiosität ist für STEINER der »Dienst zum Übersinnlichen«, der sich nur dann entwickeln kann, wenn ihm absolute Gedankenfreiheit zugrunde liegt.

Im *Erziehungswesen,* der eigentlichen Grundlage eines freien Geisteslebens wurden die ersten sichtbaren Mosaiksteine noch zu STEINERS Lebzeiten aneinandergesetzt. Mit der Begründung der Freien Waldorfschule in Stuttgart kam eine Bewegung ins Leben, die heute umfassender und bedeutender als alle anderen anthroposophischen Einrichtungen ist. Pädagogik wird von STEINER zu einer freien Erziehungskunst, ja Menschheitskunst erhoben, die, wie die gesamte Anthroposophie überhaupt von der Erkenntnis des ganzen Menschen ausgeht. »Aus der Auffassung des Menschen als eines Wesens, das Leib, Seele und Geist ist, und aus der wirklichen Erkenntnis von Leib, Seele und Geist wird auch eine Erziehungskunst entstehen, so wie ich gezeigt habe, eine Kunst, die wirklich im sozialen Leben als eine Notwendigkeit empfunden werden kann.«[34])

Pädagogik wird in Zukunft nicht mehr Normwissenschaft sein. Damit unterstreicht STEINER den Anspruch der Pädagogik, frei von jedem staatlichen Eingriff zu sein.

Das Geistesleben verwaltet sich in völliger Freiheit selbst. Es muß nicht lediglich der Theorie nach, sondern auch dem Leben nach frei sein. Die Menschen, die am Geistesleben teilnehmen, müssen die Freiheit erleben. Das Geistesleben so zu organisieren bringt schon von der Sache her Schwierigkeiten mit sich. Auch das hat RUDOLF STEINER klar erkannt: Wird das Geistesleben nämlich nicht organisiert, kann es sich nicht verbreiten, wird es organisiert, besteht die Gefahr, daß die Organisation zur Tyrannin wird. »Daher muß fortwährend um die Freiheit, die lebendige Freiheit, gekämpft werden, gegen die Tyrannis, zu der Geistesleben selber neigt.«[35])

Die Gefahr, wie Autoritätsbildung im geistigen Leben, in seiner freiheitlichen Entwicklung, aufleben könnte, beschreibt LOTHAR VOGEL. Wenn sich nämlich eine Auffassung gegenüber anderen als Dogma durchsetzen will und das mit autokratischer Gewalt versucht – dann ist es mit der Freiheit des Geisteslebens weit her. Dagegen sollen »rechtskonstitutionelle Verfassungsprinzipien«[36]) helfen, die im Sinne von HUMBOLDTS negativer Fürsorge des Staates in der Kulturordnung das Prinzip der Freiheit auch in den kulturellen Einrichtungen gewährleisten. »Vor allem gehört hierher der freie Wettbewerb der Kultureinrichtungen untereinander, der schon neue Möglichkeiten individueller Schenkung für die Kultur ganz wesentlich tragen wird.«[37])

Keimzellen des Geisteslebens sind die *Familie*, das *Bildungswesen* und das *eigentliche Geistesleben*. Von ihnen gehen alle Impulse für eine freie Kultur und ein freies Geistesleben aus. Hier überall ist der Staat in keiner Weise kompetent. Durch die Dreigliederung wird er von jeder Einflußnahme ausgeschlossen. Denn: »Solange irgendein Staatsprinzip, ob es aus demokratischen oder obrigkeits-absolutistischen Verfahren heraus auf die Kulturveranstaltungen einwirkt, ist der einzelne und damit die Gesellschaft unterdrückt. Der Kultur gegenüber herrscht heute selbst in demokratischen Staaten der Absolutismus.«[38])

Kulturelle und damit auch finanzielle Selbstverwaltung des Geisteslebens ist für die Neuordnung des Sozialwesens unumgänglich. Musterbeispiele für beides ist der funktionierende Organismus der Steiner-Schulen, für die sowohl bei der Gründung, weitgehend bei der Finanzierung als auch bei der Unterrichtsgestaltung der Staat ausgeschlossen ist.

Zusammenwirken

»Und dieselben Menschen, die auf diese Weise mit diesem Geistesleben verbunden sind, die ihre Kraft aus diesem Geistesleben ziehen, stehen im Rechts- und Staatsleben und bestimmen in diesem, was als Rechtsordnung zwischen ihnen wirkt. Sie bestimmen aus dem Geiste heraus, den sie aus dem Geistesleben aufnehmen, diese Rechtsordnung . . . Und wiederum, was von Mensch zu Mensch demokratisch auf dem Boden der Rechtsordnung entwickelt wird, das, was so der Mensch annimmt als den Impuls seiner Beziehung zu anderen Menschen, das trägt er, weil es ja wiederum dieselben Menschen sind, die zum Geistesleben Beziehungen haben, im Rechtsleben drinnenstehen und wirtschaften, hinein in das Wirtschaftsleben.«[39])

Der Einheitsstaat entwirrt die zerstörenden Abhängigkeiten des Staates von der Wirtschaft und/oder umgekehrt, und die destruierende Wirkung des politischen Lebens auf Geist und Kultur wird beseitigt, so kann sich eine neue Einheit aus der Dreigliederung entwickeln. Sie ist für STEINER erst im richtigen Sinne eine Einheit, denn: gerade das abstrakte Streben nach Einheit hat im Prinzip diese Einheit zerstört. Die neue Einheit hängt nicht von diesem abstrakten Streben, von einer »Ordnung« ab, sondern einzig und allein vom Menschen. Jedes der Glieder des sozialen Organismus kann nur seine »eigene Natur und Wesenheit durch seine Selbständigkeit« ausbilden und so in »kraftvollster« Weise zur Einheit wirken.[40])

Die Dreigliederung des sozialen Organismus ist als lebendige Wirklichkeit gedacht, das Zusammenwirken der drei Glieder läßt diese Wirklichkeit als neuen sozialen Gesamtorganismus entstehen.

Die Realisierung solcher auf den ersten Blick utopischen Vorstellungen in der Gegenwartsgesellschaft scheint undenkbar. Aber: nur eigentlich »Undenkbares« kann die Gegenwartsordnung ablösen. Ohne Rücksichten auf angeblich erhaltenswerte »freiheitlich demokratische Grundordnungen«.

Ein In-die-Tat-Umsetzen der sozialen Dreigliederung ist nur und ausschließlich auf friedlichem Weg von unten nach oben möglich – und logischerweise *nicht* im Spektrum parteipolitischer Programme. Die Verwirklichung der Dreigliederung hat in »Mikro-Organismen« längst begonnen. Die zahlreichen Camphill-Dörfer, die biologisch-dynamischen Betriebe, die Krankenhäuser, die anthroposophischen Kultureinrichtungen – da vor allem die Steiner-Schulen – leben vor, daß die soziale Dreigliederung lebendige Wirklichkeit sein kann. STEINER war von vornherein klar, daß die realpolitischen Verhältnisse die Entwicklung der Dreigliederung verhindern können, auch wenn sie eine logische Notwendigkeit der gesellschaftlichen Entwicklung ist. Ohne einen unterstützenden oder wenigstens duldenden demokratischen Staat im konventionellen Sinn, der sich damit eigentlich selbst in Frage stellt, muß die Dreigliederung scheitern. Aber STEINER war fest davon überzeugt, daß es eine immer größere Anzahl von Menschen geben wird, die versteht, »was zu geschehen hat«. »Und wenn eine genügend große Anzahl von Menschen da ist, welche Verständnis dafür hat, was zu geschehen hat, dann werden sich, glaube ich, Wege ergeben.«[41])

Anmerkungen

Vorwort

[1]) Rudolf Steiner, »An das deutsche Volk und an die Kulturwelt«, 1919 als Flugblatt gedruckt und verbreitet. In: Rudolf Steiner, *Die Kernpunkte der sozialen Frage.* TB Dornach 1980, S. 126.

[2]) Jean Gebser (1905–1973). Schweizer Kulturphilosoph. Hauptwerke: *Abendländische Wandlungen* (1942), *Ursprung und Gegenwart* (1949/1953), *Der unsichtbare Ursprung* (1974).

[3]) Jean Gebser, *Ursprung und Gegenwart.* Gesamtausgabe Band II. Schaffhausen 1978. S. 162.

[4]) Oswald Spengler (1880–1936), Deutscher Geschichtsphilosoph. Hauptwerk: *Der Untergang des Abendlandes* 1918/1922).

[5]) Friedrich Hiebel (1903 geboren), Vorstand der Anthroposophischen Gesellschaft in Dornach. Vgl. auch: Kurzbiographien in diesem Band, S. 195.

[6]) »Apokalypse am Ende des Jahrhunderts«, Interview mit Friedrich Hiebel in die »Rheinpfalz«, Ludwigshafen 1981.

[7]) Rudolf Steiner, »Das Vergessen des Geisteslebens in den Weltfragen«. Aus: Rudolf Steiner, *Der Goetheanumgedanke inmitten der Kulturkrisis der Gegenwart.* 1924. Gesammelte Aufsätze 1921–1925. Dornach 1961, Gesamtausgabe Band 36, S. 39. (Die Ausführungen Steiners bezogen sich auf die Zustände der Weimarer Republik.)

[8]) Ebd.

[9]) Ebd., S. 41.

[10]) Rudolf Steiner, »Jugendansprache und Fragenbeantwortung. Über Wesen und Ziel der Jugendbewegung«. Breslau, 9. Juni 1924. Aus: Rudolf Steiner, *Die Konstitution der Allgemeinen Anthroposophischen Gesellschaft und der Freien Hochschule für Geisteswissenschaft.* Dornach 1966, S. 261.

[11]) Ebd.

[12]) Ebd.

[13]) Ebd.

Einleitung

[1]) Erschienen in: Rudolf Steiner, *Philosophie und Anthroposophie, Gesammelte Aufsätze 1904–1918,* Gesamtausgabe Band 35, Dornach 1965.
[2]) Ebd.

Rudolf Steiner

(Die mit * versehenen Fußnoten im laufenden Text sind von Rudolf Steiner eingesetzt, die numerierten Anmerkungen im Anhang wurden später von den Herausgebern der Steinerschen Werke hinzugefügt.)

2. Philosophie und Anthroposophie

[1]) Den Vortrag hielt Steiner am 17. August 1908 in Stuttgart.
[2]) Siehe *Martin Luthers Briefe,* herausgegeben von Reinhard Buchwald, Leipzig 1909, Bd. I, S. 17f., 222 und 254.
[3]) Gemeint ist Eduard von Hartmann, 1842–1906 (vgl.: Rudolf Steiner, *Mein Lebensgang,* Gesamtausgabe Dornach 1962).
[4]) Vinzenz Knauer, 1828–1894 (vgl.: Rudolf Steiner, *Vom Menschenrätsel,* Gesamtausgabe Dornach 1957, und *Methodische Grundlagen der Anthroposophie,* Gesamtausgabe Dornach 1961).
[5]) Dr. Carl Unger, 1878–1929, bedeutender Schüler Rudolf Steiners, Gründungsmitglied der Anthroposophischen Gesellschaft.
[6]) Nämlich als eine Tätigkeit, die keine Substanz voraussetzt.

3. Goethes Geistesart in ihrer Offenbarung durch seinen Faust

[1]) Siehe »Erster Entwurf einer allgemeinen Einleitung in dic vergleichende Anatomie«. Goethes Naturwissenschaftliche Schriften, hg. von Rudolf Steiner, Neuausg. Dornach 1975, Band I, S. 262: »Wir lernen mit Augen des Geistes sehen, ohne die wir, wie überall, so besonders auch in der Naturforschung, blind umhertasten.« Anmerkung von Rudolf Steiner: »In diesen Worten liegt der Schlüssel zum Verständnis der Goetheschen Naturauffassung. Mit den Augen des Geistes sehen ist nichts anderes, als die tierische Gestalt nicht bloß in ihrer sinnenfälligen Realität, sondern in der ihr zu Grunde liegenden Idee zu sehen und die Idee in ihrer eigenen Form (intuitiv) erfassen zu können. Jede empirische Form zeigt dann eine Abweichung davon, aber jene gibt uns die Norm und den Anhaltspunkt, wie eine solche besondere Form zu erklären ist.« Vgl. Ferner Goethes Aufsatz »Wenige Bemerkungen« (zu Kaspar Friedrich Wolff), ebenda S. 107: »Wie vortrefflich diese Methode auch sei, durch die er [K. F. Wolff] so viel geleistet hat, so dachte der treffliche Mann doch nicht, daß es

ein Unterschied sei zwischen sehen und sehen, daß die Geistesaugen mit den Augen des Leibes in stetem lebendigen Bunde zu wirken haben, weil man sonst in Gefahr gerät, zu sehen und doch vorbeizusehen.« Anmerkung von Rudolf Steiner: »Diese Worte beweisen wieder, wie viel tiefer Goethes Anschauungen sind als der bloße Empirismus. Während dieser nichts anerkennt, als was man mit den Sinnen wahrnimmt, wollte Goethe vor allem, daß mit den Augen des Geistes gesehen werde, das heißt, daß die nicht durch den Sinn gegebene, nur für den Geist bestehende Gesetzlichkeit, welche die sinnenfällig-wirklichen Tatsachen beherrscht, zum Ziele der Forschung gemacht werde.«

[2]) Vgl.: Rudolf Steiner, *Vier Mysteriendramen*, Bibl.-Nr. 14, Gesamtausgabe 1962.

[3]) Goethe zu Eckermann am 5. Juli 1827.

4. *Die Idee der Freiheit*

[1]) Immanuel Kant, *Kritik der praktischen Vernunft*, 1788, 1. Teil, 3. Hauptstück: »Von den Triebfedern der reinen praktischen Vernunft«, S. 121.

5. *Wesen der Menschheit*

[1]) Siehe hierzu den vom 20. bis 28. März 1911 in Prag gehaltenen Vortragszyklus: *Eine okkulte Physiologie,* Bibl.-Nr. 128, Gesamtausgabe Dornach 1971 (besonders die Ausführungen im 5. Vortrag).

[2]) Eduard von Hartmann, 1842–1906, »System der Philosophie im Grundriß«, Bd. III: *Grundriß der Psychologie,* Bad Sachsa 1908.

6. *Wiederverkörperung des Geistes und Schicksal*

[1]) Vgl.: Johann Wolfgang von Goethe, *Zahme Xenien,* VI. Buch.

[2]) Wolfgang Amadeus Mozart, 1756–1791.

[3]) Gotthold Ephraim Lessing, 1729–1781.

8. *Jesus und sein geschichtlicher Hintergrund*

[1]) Philo von Alexandrien, *De vita contemplativa* (Über das beschauliche Leben); die Schrift behandelt das Leben der in Ägypten wohnenden Therapeuten.

[2]) Philo, *De vita contemplativa,* S. 24f.

[3]) Ebd., S. 29.

[4]) Ebd., S. 78.

Nachwort:
Anthroposophie – Überwindung der Menschheitskrise?

[1]) Jean Gebser, *Notizen und Tagebuchaufzeichnungen 1922–1973*. Gesamtausgabe Band VII, Schaffhausen 1980, S. 290.
[2]) Charles Fourier (1772–1837), französischer Sozialist. Er entwarf ein System des utopischen Sozialismus in der Form kleiner, sich selbst genügender Phalanstères. Er beeinflußte entscheidend das Genossenschaftswesen.
[3]) Charles Fourier, *Theorie der vier Bewegungen und der allgemeinen Bestimmungen,* Frankfurt/M. 1966, S. 66.
[4]) Jean Gebser, *Das erste und das achte Jahrzehnt unseres Jahrhunderts* (1970). Gesamtausgabe Band VI, Schaffhausen 1977, S. 326.
[5]) Rudolf Steiner, *Soziale Zukunft – sechs Vorträge mit Fragenbeantwortung,* gehalten in Zürich vom 24. bis 30. Oktober 1919, GA Band 332a, Dornach 1977, S. 77.
[6]) Vgl. Anm. 4.
[7]) Lothar Vogel, *Die Verwirklichung des Menschen im sozialen Organismus,* Eckwälden 1973, S. 11.
[8]) Steiner, *Soziale Zukunft,* S. 38f.
[9]) Rudolf Steiner, *Die Kernpunkte der sozialen Frage in den Lebensnotwendigkeiten der Gegenwart und Zukunft,* 1919. GA Band 23 (TB), Dornach 1980, S. 47.
[10]) Steiner, *Soziale Zukunft,* S. 40.
[11]) Ebd., S. 41.
[12]) Ebd., S. 49.
[13]) Steiner, *Kernpunkte,* S. 63 (Fußnote).
[14]) Steiner, *Soziale Zukunft,* S. 59.
[15]) Vgl. Lothar Vogel, »Die Verwirklichung des Menschen im Wirtschaftsleben – Zirkulationsdynamische Wirtschaftsordnung«. Aus: Lothar Vogel, *Die Verwirklichung des Menschen im sozialen Organismus,* S. 122ff. und ebd., S. 341.
[16]) Ebd., S. 341.
[17]) Ebd.
[18]) Ebd.
[19]) Ebd., S. 335.
[20]) Wilhelm Schmudt, *Der soziale Organismus in seiner Freiheitsgestalt;* Studienmaterial der Freien Hochschule für Geisteswissenschaft GOETHEANUM, Dornach 1977, S. 70f.
[21]) Ebd., S. 45.
[22]) Ebd., S. 70f.
[23]) Steiner, *Soziale Zukunft,* S. 83.
[24]) Ebd.
[25]) Vogel, S. 337f.

[26]) Steiner, *Kernpunkte*, S. 69.
[27]) Steiner, *Soziale Zukunft*, S. 117.
[28]) Ebd., S. 117.
[29]) Ebd., S. 118.
[30]) Ebd., S. 119.
[31]) Vogel, S. 311.
[32]) Ebd., S. 311.
[33]) Steiner, *Soziale Zukunft*, S. 131.
[34]) Ebd., S. 136.
[35]) Rudolf Steiner, *Schweizerischer Rednerkurs*, 1921, IV. Vortrag. Zitiert nach Vogel, S. 318.
[36]) Vogel, S. 319.
[37]) Ebd., S. 319.
[38]) Ebd., S. 326.
[39]) Steiner, *Soziale Zukunft*, S. 159.
[40]) Ebd., S. 159.
[41]) Ebd., S. 104.

Kurzbiographie Rudolf Steiners (1861–1925)

Sohn eines österreichischen Eisenbahnbeamten, war als Mitherausgeber der Weimarer Goetheausgabe und als Herausgeber von Goethes naturwissenschaftlichen Schriften zum erstenmal einer breiteren Öffentlichkeit bekannt geworden. Auf der Grundlage seiner Weltanschauung, der Anthroposophie (Menschenweisheit), die zuerst 1894 in seiner »Philosophie der Freiheit« sichtbar wurde, hat sich eine Bewegung entwickelt, die heute wichtigen Einfluß auf die europäische Gesellschaft der Gegenwart ausübt: von Steiner ausgehend haben Ideen und Gedanken der Anthroposophie in nahezu alle Lebensbereiche Eingang gefunden. Die Erkenntnisse der Anthroposophie schöpfte Steiner aus geistigen Quellen, die er sich meditativ erschloß. Dieses Wissen über Herkunft, Entwicklung, Körper, Geist und Seele des Menschen, über Wiedergeburt (Reinkarnation) und Schicksal (Karma), hat Rudolf Steiner in vielen Büchern und Vorträgen dargelegt. Sein veröffentlichtes Gesamtwerk umfaßt über 300 Bände.

Perspektiven der Anthroposophie

Erhard Fucke
Lernziel: Handeln können
Erfahrungen u. Überlegungen zu einem erweiterten Bildungskonzept
Band 5501

Frans Carlgren
Erziehung zur Freiheit
Die Pädagogik Rudolf Steiners
Berichte aus der internationalen Waldorfschulbewegung
Band 5502

Rudolf Frieling
Christentum und Islam
Der Geisteskampf um das Menschenbild. Band 5503
Christentum und Wiederverkörperung
Band 5516

Rudolf Meyer
Die Weisheit der deutschen Volksmärchen
Band 5505

Emil Bock
Wiederholte Erdenleben
Die Wiederverkörperungsidee der deutschen Geistesgeschichte
Band 5506
Der Kreis der Jahresfeste
Band 5520

Karl König
Die ersten drei Jahre des Kindes
Erwerb des aufrechten Ganges. Erlernen der Muttersprache
Erwachen des Denkens. Band 5507

Johannes Hemleben
Das haben wir nicht gewollt
Sinn und Tragik der Naturwissenschaft. Band 5508

Hermann Poppelbaum
Mensch und Tier
Fünf Einblicke in ihren Wesensunterschied
Band 5509

2

Perspektiven der Anthroposophie

Hans-Werner Schroeder
Mensch und Engel
Die Wirklichkeit der Hierarchien. Band 5522

Hans-Georg Schweppenhäuser
Das kranke Geld
Vorschläge für eine soziale Geldordnung von morgen. Band 5523

Olaf Koob
Gesundheit – Krankheit – Heilung
Grundbegriffe einer menschengemäßen Heilkunst in der Anthroposophie. Band 5524

Gottfried Richter
Ideen zur Kunstgeschichte
Band 5525

Ernst Bindel
Die geistigen Grundlagen der Zahlen
Die Zahl im Spiegel der Kulturen. Band 5526

Renate Riemeck
Mitteleuropa
Bilanz eines Jahrhunderts
Band 5527

Werner Georg Haverbeck
Die andere Schöpfung
Technik – ein Schicksal von Mensch und Erde. Band 5528

Karl König
Bruder Tier
Mensch und Tier in Mythos und Evolution. Band 5530

Erich Gabert
Autorität und Freiheit
Das mütterliche und das väterliche Element
Band 5531

Die Veränderung der Zukunft

Helmut Swoboda
Der Kampf gegen die Zukunft
Band 4004
Helmut Swoboda hat sich mit seinem Buch über Utopien einen Namen gemacht. Auch im vorliegenden Buch geht der Autor von der Utopie einer kreativen Gesellschaft aus, in der sich jeder entfalten kann. Dabei malt Swoboda nicht ein Schlaraffenland an die Wand, er geht viemehr in schriftstellerischer Detailarbeit an die Analyse unseres Alltags. Dabei kommt der Autor zum Schluß, daß wir uns durch eine »realistische« Lebensweise den Weg in die Zukunft selber verbauen. Auf der einen Seite halten wir an starren Strukturen fest, um andererseits den Fortschritt aus kurzfristigen Überlegungen immer weiter voranzutreiben. Bestehendes, das wir einst in bester Absicht geschaffen haben, verliert so seinen Sinn, wodurch auch die Zukunft immer sinnloser wird.

Wege aus der Wohlstandsfalle
Der **NAWU**-Report:
Strategien gegen Arbeitslosigkeit und Umweltzerstörung
Herausgegeben von H. Chr. Binswanger/Werner Geissberger/ Theo Ginsburg. Band 4030
Die Ratlosigkeit der offiziellen Wirtschaftspolitik erfordert mutige und realisierbare Konzepte, die in Neuland vorstoßen. Solange die Alternative auf umweltschädigendes Wachstum *oder* Arbeitslosigkeit beschränkt wird, öffnet sich kein Weg aus der Wohlstandsfalle. Eine Strategie wie man Lebensqualität *und* Vollbeschäftigung erreichen kann, hat die Schweizer Gruppe für »**N**eue **A**nalysen **W**irtschaft **U**mwelt« (NAWU) entworfen. Dabei zeigt es sich immer mehr, daß unser Lebensstil überhaupt zur Diskussion steht. Wir müssen unsere Vorstellungen über die industrielle Massenproduktion, das Geld, die Eigentumsformen und unsere Art miteinander zu leben von Grund auf neu überdenken.

Fischer Taschenbuch Verlag

Arbeitslosigkeit oder Wachstum – die falsche Alternative

Hans Christoph Binswanger/
Werner Geissberger/Theo Ginsburg (Hrsg.)
Wege aus der Wohlstandsfalle
Der NAWU-Report: Strategien gegen Arbeitslosigkeit und Umweltzerstörung. Band 4030

Michael Busse
Arbeit ohne Arbeiter
Wem nützt der technische Fortschritt? Band 4015
Mit Mikroprozessoren lassen sich Arbeitskräfte in einer bisher ungeahnten Weise wegrationalisieren. Sie speichern einige tausend Informationen und vermögen kompliziertestе Arbeitsabläufe zu steuern. Die soziale Brisanz dieser Rationalisierung liegt auf der Hand: Sind technischer und sozialer Fortschritt noch das gleiche?

Joseph Huber
Anders arbeiten – anders wirtschaften
Dualwirtschaft: Nicht jede Arbeit muß ein Job sein. Band 4033
Nicht jede Arbeit, die sich als Geldwert in (steigenden) Bruttosozialprodukten ausdrückt, ist auch sozial produktiv. Wie eine »informelle« Wirtschaft (als zweiter Bereich einer Volkswirtschaft) aussehen kann, wird in diesem Band von international anerkannten Autoren wie Yona Friedman, Johan Galtung, Robert Jungk, Ivan Illich, Rolf Schwendter, Christine und Ernst von Weizäcker dargestellt.

Fischer Taschenbuch Verlag

Psychologie

Jean Piaget/
Bärbel Inhelder
Die Psychologie des Kindes
Band 6339

Theodor Reik
Hören mit dem
dritten Ohr
Band 6766
Der unbekannte Mörder
Band 6767
Aus Leiden Freuden
Masochismus und
Gesellschaft
Band 6768

Gitta Sereny
Ein Kind mordet –
Der Fall Mary Bell
Band 6721

A. C. Robin Skynner
Die Familie.
Schicksal und Chance
Band 6729

Stuart Sutherland
Die seelische Krise
Band 6720

Thomas S. Szasz
Die Fabrikation
des Wahnsinns
Band 6321

Thomas S. Szasz
Psychiatrie
Band 6389
Recht, Freiheit und
Psychiatrie
Band 6722
Schizophrenie
Band 6743

Claire Wesley/
Frank Wesley
Die Psychologie
der Geschlechter
Band 6728

Rainer Winkel
Pädagogische Psychiatrie
für Eltern, Lehrer und
Erzieher
Band 6709

Lew S. Wygotski
Denken und Sprechen
Band 6350

Reader zum Funk-Kolleg
Pädagogische Psychologie
Band 6113: Entwicklung
und Sozialisation
Band 6114: Lernen und
Instruktion

Funk-Kolleg
Pädagogische Psychologie
Band 6115/Band 6116